至高の十大指揮者

中川右介

角川文庫
22012

目次

はじめに　005

第1章「自由の闘士」アルトゥーロ・トスカニーニ　011
第2章「故国喪失者」ブルーノ・ワルター　067
第3章「第三帝国の指揮者」ヴィルヘルム・フルトヴェングラー　131
第4章「パリのドイツ人、ボストンのフランス人」シャルル・ミュンシュ　171
第5章「孤高の人」エフゲニー・ムラヴィンスキー　201
第6章「帝王」ヘルベルト・フォン・カラヤン　265
第7章「スーパースター」レナード・バーンスタイン　317
第8章「無欲にして全てを得た人」クラウディオ・アバド　371
第9章「冒険者」小澤征爾　413
第10章「革新者」サイモン・ラトル　475

あとがき　506
参考文献　509

はじめに

クラシック音楽には、ピアノ曲もあれば歌曲もあるが、やはり一般的なイメージとしては、オーケストラが奏でる交響曲だろう。

その、オーケストラの演奏会に欠かせないのが、指揮者だ。

専業の指揮者が音楽史に登場するのは十九世紀後半で、まだ百五十年前後の歴史しかない。最初のスター指揮者と言えるのが、ハンス・フォン・ビューローというドイツ人だ。一八三〇年に生まれ、フランツ・リストの弟子となりピアニストとしても超一流で、作曲家でもあった。いまでは指揮者としての名声のほうが残り、とくに、ベルリン・フィルハーモニーの初代首席指揮者として知られている。

「名指揮者の系譜」は、このビューローに始まる。

ビューローは一八九四年に亡くなったので、残念ながら、その録音は遺《のこ》っていない。オーケストラが演奏する曲の録音は一九二〇年代から始まる。この時代はレコード（後に「SP盤」と呼ばれるもの）も再生する機械も高価だったので、一部の富裕層しか聴けなかった。クラシック音楽が一般家庭でも聴けるようになるのは、ラジオが普及する一九三〇年代からになる。

そのラジオ時代のスター指揮者が、イタリア人ながらアメリカで活躍したアルトゥーロ・トスカニーニである。一八六七年に生まれ、二つの世界大戦を生き抜いて、一九五四年に引退、五七年に亡くなった。長寿だったので映像も遺っている。

本書は、このトスカニーニから、二十一世紀初頭までに活躍した無数の指揮者のなかから十人を選び、その略伝を記したものだ。

十人を選ぶのはかなり無謀で、誰もが納得する人選など不可能である。時代ごとに音楽界も変化する。さまざまな国がある。そこで各国ごとにひとりとか、一〇年代ごとにひとりを選ぶなど、地域・時代のバランスをとることを考えた。しかし、厳密にその基準だけで選ぶと、かえって歪《ゆが》むので、国別・時代別は考慮しつつも条件とはしないことにした。

クラシック音楽、とくに「交響曲」はドイツで発展した。「名指揮者」と言えば、ベルリン・フィルハーモニーの歴代首席指揮者を外せない。そこで、ベルリン・フィルハーモニー中心史観で書くことにした。この楽団の首席指揮者であるフルトヴェングラー、カラヤン、アバド、ラトルの四人がここに入る（フルトヴェングラーの前任者のニキシュは録音が数点しか遺っていないので、外した）。

一方、ビューローの影響を受けた指揮者としてマーラーがいる。この系譜にいるのが、ワルターだ。また、マーラーはニューヨーク・フィルハーモニックの指揮者として生涯を終えたが、このアメリカのトップオーケストラの音楽監督も大指揮者の系譜になり、トスカニーニ、ワルター、バーンスタインがここに属す。

これで七人になった。国別では、ドイツ（ワルター、フルトヴェングラー）、オーストリア（カラヤン）、イタリア（トスカニーニ、アバド）、アメリカ（バーンスタイン）、イギリス（ラトル）となったので、のこった三人はロシア（ソ連）のムラヴィンスキー、フランスのミュンシュ、日本の小澤《おざわ》とした。小澤はカラヤン、バーンスタイン、ミュンシュの三つの系譜にも属す。

結果として生年でも偏りがなくなった。最初が一八六七年生まれのトスカニーニで、七六年のワルター、八六年のフルトヴェングラー、九一年のミュンシュ、一九〇六年のムラヴィンスキー、〇八年のカラヤン、一八年のバーンスタイン、二〇年代生まれはなく、三三年のアバド、三五年の小澤、四〇年代がなく、最後のラトルは五五年生まれとなる。二〇年代・四〇年代も大指揮者は生まれているので、悩むところだったが、国別とベルリン・フィルハーモニーの系譜を優先させた。

通して読めば、二十世紀の音楽界の流れと、世界各国の事情も把握できるようにしたつもりである。

本書は、「同じ曲でも指揮者によってどう違うのか」といった演奏比較を目的とした本ではない。

そもそも違うのが当たり前である。指揮者は活動期間が長いので、若い頃と晩年でも異なる。極端に言えば、一日違っても、演奏は異なる。昔は、ひとりの指揮者のひとつの曲のレコードが一枚しかなかったので、それぞれの盤を聴き比べれば、その特徴が分かった気になり、「名盤名演」信仰が生まれた。その背景にはサラリーマンの月給が一万円なのに一枚のLPレコードが二千円もしたという経済事情があった。一枚のレコードを買うのには重大決心が必要で、事前に情報を集め、自分に合う演奏、世評の高い演奏は何かを吟味した上で買っていたので、「名盤選び」の必要があったのだ。

しかし、ネット時代のいまは、検索すればたいがいの演奏家の曲がすぐに見つかり、タダで聴くことができる。それがいいのか悪いのかは別として、かつてのような、「この曲はこの人の演奏」「この指揮者ならこの曲」という名曲名盤選びは必要なくなった。

この本では、演奏比較、その特色の解説といった観点ではなく、その指揮者がどのようにキャリアを積み上げ、何を成し遂げたかという人生の物語を提示する。

指揮者ごとの列伝なので、それぞれの章は独立しており、興味のある人物から読んでいただいてかまわないが、それぞれの物語にほかの指揮者が脇役として登場することも多いので、第1章から順に読んでいただいたほうが、わかりやすいと思う。

第1章
「自由の闘士」アルトゥーロ・トスカニーニ

Arturo Toscanini

1867年3月25日〜1957年1月16日

イタリア、パルマ生まれ

◉常任した楽団・歌劇場など

ミラノ・スカラ座、ニューヨーク・メトロポリタン歌劇場、
ニューヨーク・フィルハーモニック、NBC交響楽団

トスカニーニが遺《のこ》した録音はCDにして一〇〇枚近くあり、また演奏会を収録した映像もDVDで五枚ある。十九世紀半ばに生まれた指揮者としては、驚異的な数だ。

これだけ多くの録音・録画が遺っているのは、何よりもトスカニーニが新技術に興味を持つ、革新性のある人だったからだ。音楽家のなかには二十世紀の終わりになっても「私の音楽は、円盤に収まるものではない」と録音を拒否する人もいたのだから、高齢で巨匠中の巨匠になっても、新しいメディアに自分の音楽を載せることをためらわなかったトスカニーニの進取の精神には驚嘆する。

メディアへの対応だけではない。トスカニーニは現代のオペラ上演のスタイルを確立した人でもある。そしてまた、圧政に抵抗し、自由のために戦い抜いた闘士でもあった。

■生い立ち

アルトゥーロ・トスカニーニはイタリアのパルマに生まれた。その生家はトスカニーニ・ミュージアムとなっていて、見学できる。狭い路地に面した、ごく普通の三階建ての家だ。功成り名遂げたトスカニーニは、アメリカのニューヨーク近郊に建てた邸宅で生涯を終えるが、生まれた時は普通の庶民だったのだ。

両親とも音楽家ではない。父クラウディオ・トスカニーニはイタリア独立運動の活動家だった人だ。一八六一年に「イタリア王国」が建国されて、独立運動は一応の決着を得た。だがローマとヴェネツィアの解放がまだだったので、クラウディオは闘争を続け、逮捕され、禁錮《きんこ》刑を受けた。出獄後の一八六六年六月に、パオラという娘と結婚した。だが、その数日後に、またもヴェネツィア解放の闘いに参加した。今度の闘いは一か月で終わり、七月にクラウディオが妻のもとに帰ると、子どもができたことを知らされた。父となったクラウディオは闘争から身を引こうと決意し、以後は仕立て屋として生きる。

こうしてアルトゥーロ・トスカニーニは、一八六七年三月二十五日にパルマで生まれた。

一八六七年は日本では慶應《けいおう》三年にあたり、翌年が明治元年だ。さらにドイツがプロイセン王国を中心にした帝国となるのは一八七一年なので、第二次世界大戦で同盟を結ぶ三国は、ほぼ同時期に近代的統一国家になった。そして、トスカニーニの生涯はイタリア現代史と重なるのだ。

トスカニーニの両親は二人ともプロの音楽家ではなかったが、イタリア人の多くがそうであるように、オペラ好きで歌もうまかった。クラウディオはパルマ王立歌劇場の合唱団で歌うこともあった。

四歳になる一八七一年、アルトゥーロはパルマ王立歌劇場で初めてオペラを見た。ヴェルディ《仮面舞踏会》である。このオペラの初演は一八五九年で、ヴェルディはまだ現役の作曲家なので、古典ではなく「現代の作品」だ。この「初オペラ」が、トスカニーニが音楽に覚醒《かくせい》したきっかけとされている。しかし、まだ才能は見出《みいだ》されていない。

小学校に入り、二年生の時の女性教師が、アルトゥーロの記憶力のよさに気付いた。詩を読ませると、一度読めば暗記してしまうのだ。教師がピアノの前に座らせ「何か弾いてみなさい」と言うと、聴いたことのあるオペラのアリアなどを弾いた。教師は両親に、「この子は音楽の才能がある」と伝え、音楽院に入れることを勧めた。

一八七六年十一月、九歳のアルトゥーロは音楽院の試験を受けて、通学生としての入学が許された。七八年には学費が全額免除される寄宿生になる。

音楽院でアルトゥーロが学んだのは、ソルフェージュ（楽譜を読む訓練）、音楽理論、和声学、音楽史、ピアノ、合唱などで、二年目からはチェロも学んだ。指揮についても学び、作曲も始めた。

パルマ音楽院の学生は王立歌劇場のオーケストラの一員として演奏することになっていたので、アルトゥーロはチェロ奏者としてオーケストラピットに入り、演奏していた。一八八四年三月には、ワーグナー《ローエングリン》の上演に参加した。これがパルマでの初演であり、アルトゥーロが初めて演奏するワーグナーでもあった。

一八八五年、アルトゥーロ・トスカニーニはパルマ音楽院を卒業した。チェロと作曲では最高の成績だった。

卒業後もトスカニーニは王立歌劇場のオーケストラでチェロを弾いていた。当時のイタリアの歌劇場は、興行師がシーズンごとに劇場を借り受けて、歌手と楽団員を集めて上演するシステムを取っている。劇場専属の終身雇用の楽団はなく、音楽家たちは一シーズンごと、あるいは公演ごとに興行師と契約して演奏していた。

トスカニーニは音楽院を卒業した後の最初のシーズンはパルマで演奏していたが、一八八六年三月からは、興行師クラウディオ・ロッシの旅回りの歌劇団の一員として、ブラジルへ行くことになった。

このブラジル行きが、トスカニーニの人生を変え、音楽の歴史を変える。

■突然の代役

トスカニーニが加わったロッシの歌劇団は、一八八六年三月にジェノヴァ港を出て、大西洋を渡り、一か月近くかけて、ブラジルのサンパウロ港へ着いた。この旅の間にトスカニーニは十九歳になった。船中では歌手たちの練習にピアノ伴奏で付き合っていた。

歌劇団には歌手と楽団員がいるだけで、指揮者は現地で雇うことになっていた。やってきた指揮者はレオポルド・ミゲスといった。公演は四月十七日からサンパウロで始まり、次はリオデジャネイロへ向かった。

六月二十五日のリオデジャネイロでの公演は演奏が乱れた。ミゲスが歌手たちに責任をなすりつけたので、言い争いとなり、結局、ミゲスは解任された。三十日はヴェルディ《アイーダ》で、同行していたイタリア人カルロ・スペルティが代役として指揮をすることになっていたが、ブラジル人のミゲスが降ろされたことに、地元の観客が反感を抱き騒ぎとなり、幕が開けられなくなった。

スペルティは観客を恐れて「指揮できない」と言い出した。すると歌手たちが、「トスカニーニがいる」と叫んだ。歌手たちは船中の練習で、トスカニーニがスコアをすべて暗譜していることを思い出し、彼ならできるはずだと思ったのだ。歌手たちの懇願に応《こた》え、チェロの席にいたトスカニーニは指揮者の席に移った。

トスカニーニは音楽院の学生オーケストラを指揮したことはあったが、興行としてのオペラを指揮するのは初めてだった。それなのに、一度も練習せず、ぶっつけ本番で臨んだのだ。公演は成功した。ブラジルの人びとは若い指揮者に喝采《かっさい》をおくった。

ロッシは以後の公演もすべてトスカニーニに任せることにした。リオデジャネイロには八月半ばまで滞在し、十二のオペラを上演した。トスカニーニはそのすべてを暗譜で指揮した。

短い曲ならともかく、二時間も三時間もかかるオペラを、暗譜で指揮する指揮者は少ない。トスカニーニが暗譜で指揮ができたのは驚異的な記憶力があったからだが、極度の近眼で、楽譜を見ながら演奏するのが困難だったからでもあった。

ロッシの歌劇団がジェノヴァに戻ったのは九月下旬だった。

■修業時代

当時はメディアも未発達なので、十九歳のトスカニーニがブラジルで大成功したニュースは、イタリアには届かなかった。この偉業は同座していた歌手と楽団員しか知らない。ロッシの歌劇団は常設ではなかったので、この興行師もイタリアでトスカニーニに指揮の仕事を与えることはなかった。

トスカニーニはジェノヴァの歌劇場のオーケストラでチェロを弾いて過ごしていた。やがてブラジル公演に参加した歌手ニコライ・フィグネルが、トスカニーニを「ミラノへ来ないか」と誘ってくれた。ミラノではスカラ座の指揮者や出版社主に引き合わせてもらったが、すぐに指揮者にはなれない。

フィグネルはアルフレード・カタラーニの新作《エドメア》のトリノ公演に出るこ

とになっていた。彼のもとに楽譜が届いたので、フィグネルは「弾いてみてくれ」とトスカニーニに渡した。滞在していたホテルのロビーでトスカニーニが初見で弾いていると、二人の紳士がやって来て、「このオペラを知っているのか」と訊《き》くので「いいえ」と答えた。紳士のひとりは興行師ジョヴァンニ・デパネスで、もうひとりは作曲したカタラーニだった。二人はこの青年が初見で弾いていると知って驚いた。

これがきっかけで、トスカニーニはカタラーニと知り合い、一八八六年十一月四日、トリノのカリニャーノ劇場で《エドメア》を指揮し、イタリアでも指揮者としてデビューした。公演は大成功した。

しかし、まだ指揮者専業にはなれない。《エドメア》公演の翌月の十二月からは、ミラノのスカラ座のオーケストラでチェロを弾くことになった。

翌一八八七年四月、スカラ座のシーズンが終わり、トスカニーニのチェロ奏者としての契約も終わった。さて、今後どうするか。トスカニーニは指揮者になりたいと改めて決意した。そこでイタリア各地の劇場をまわってみることにした。

■旅回りの指揮者から、トリノの指揮者へ

トスカニーニの旅回り時代は、一八八七年六月から一八九五年十月まで九年にわたり続く。二十歳の青年は二十八歳になっていた。

この時代、イタリアにはシンフォニーを恒常的に演奏するオーケストラはなく、トスカニーニはオペラ指揮者として活躍していた。ヴェルディは存命だし、プッチーニはまだ新進の作曲家という時代だ。トスカニーニが指揮していたのは、同時代の作曲家の作品が多かった。出世のきっかけを作ってくれたカタラーニとの親交も続いていたが、一八九三年にこの作曲家は三十九歳の若さで亡くなってしまった。

こういう悲劇もあったが、一八九五年十二月、トスカニーニはトリノの王立歌劇場から、音楽監督に招聘《しょうへい》された。現在で言えば「音楽監督」なのだが、当時はそういう呼称はない。といって、正式な名称がほかにあるわけでもなく、単に「指揮者」と呼ばれていた。

イタリアの歌劇場には「音楽監督」は存在しなかった。「指揮者」はいたが、シーズンごと、あるいは公演ごとに雇われているだけで、現場監督的な仕事、音楽の進行係を請け負っていただけだった。歌手もオーケストラもシーズンごとに雇われており、専属の恒久的な歌劇団、楽団ではなく、寄せ集め集団だった。

そもそも劇場には「総支配人」も存在しない。劇場はシーズンごとに興行師と契約し、その興行師が歌手、楽団、指揮者を集めていたのだ。

トリノ市は、この寄せ集めシステムでは藝術《げいじゅつ》的水準が高まらないと判断し、劇場に専門の支配人を置き、劇場全体のマネージメントを担わせ、藝術面では別の専門家に全権を委《ゆだ》ねることとした。

こうして歌劇場に「音楽監督」あるいは「藝術監督」というポストが誕生した。この新しい試みの担い手に、二十八歳の若きマエストロ、トスカニーニは抜擢《ばってき》されたのだ。トスカニーニには楽団員の人選も委ねられた。オペラ指揮者はオーケストラの一員、楽団員の同僚という立場から、管理者へと立場を変えた。

トスカニーニは一八九五年十月、トレヴィーゾの歌劇場で旅回り時代に終止符を打ち、十二月にトリノに着任した。最初の公演はワーグナー《神々の黄昏《たそがれ》》のイタリア初演だった。このワーグナーの大作がバイロイトで世界初演されたのは一八七六年である。当時の感覚では「現代のオペラ」で、イタリアでは上演されていなかった。

トスカニーニ指揮の《神々の黄昏》は十二月二十二日が初日だった。オーディションにやってきた、ある女性歌手は母と妹も連れてきていた。トスカニーニはその妹に一目惚《ぼ》れし、恋に落ちた。妻となるカルラで、当時十八歳だった。姉のイダ・デ・マルティーニは合格して、ラインの乙女のひとりを歌うことになった。

《神々の黄昏》は好評で二十一回も上演される。当時はスケジュールが厳密に決まっていたわけではない。客足がよければ、何度も上演された。《神々の黄昏》の次にはヴェルディ《ファルスタッフ》が待っていた。このオペラは一八九三年が初演なので、新作と言っていい。劇場には《ファルスタッフ》の台本を書いたアッリーゴ・ボーイ

ト も観に来ていた。ボーイトはオペラ作曲家だが、台本作家でもあった。トスカニーニの指揮に感心し、以後、交流が始まる。

年が明けて一八九六年二月一日、プッチーニの第四作《ボエーム》の世界初演がトスカニーニの指揮で上演された。プッチーニは一八五八年生まれで、トスカニーニの九歳上になる。自分よりも若いトスカニーニが指揮をするのに、この作曲家は難色を示したが、リハーサルに立ち会うと、トスカニーニに感心し、すべてを任せることにした。

■コンサート指揮者

歌劇場には歌手とオーケストラの楽団員がいるが、ステージで主役となるのは歌手たちだ。楽団員は、たまには自分たちもステージで演奏したいと思うのか、演奏会を開くことがある。世界で最も有名な楽団であるウィーン・フィルハーモニーも、そのメンバーはウィーン国立歌劇場管弦楽団の楽団員である。トリノ王立歌劇場のオーケストラも、常設になると、シンフォニー・コンサートを開こうと言い出す者がいて、一八九六年春、オペラのシーズンが終わると、トスカニーニの指揮で開いた。

トスカニーニにとっても、これは初めてのコンサートで、シューベルトの交響曲《ザ・グレイト》、チャイコフスキー《くるみ割り人形》、ブラームス《悲劇的序曲》、ワーグナー《ラインの黄金》のなかの「神々のワルハラへの入城の音楽」が演奏された。現在でも通用するプログラムだが、当時ブラームスは存命だし、チャイコフスキーが亡くなったのは三年前の一八九三年、ワーグナーが亡くなったのも十三年前の一八八三年なので、シューベルトを除けば「最近の曲」だった。

この演奏会も好評だったようで、続いてトスカニーニはミラノへ行き、スカラ座のオーケストラの四回の演奏会を指揮した。プログラムはシューベルト、チャイコフスキー、ブラームス、ワーグナーのほか、ハイドン、ベートーヴェンもあった。

これがトスカニーニのスカラ座への初登場となる。この劇場へのオペラでのデビューには、もうしばらく時間が必要だった。

トリノでの二年目のシーズンは一八九六年十二月から九七年三月までだ。その間にトスカニーニは三十歳となり、六月にカルラと結婚した。

三年目の一八九七/九八シーズンをもって、トスカニーニはトリノ王立歌劇場を辞任した。スカラ座に呼ばれたのだ。

■スカラ座

トスカニーニの生涯における重要な歌劇場は二つある。ひとつがミラノのスカラ座、もうひとつがニューヨークのメトロポリタン歌劇場だ。

イタリアの首都はローマで、ここにも歌劇場があるが、イタリアでトップの歌劇場はミラノのスカラ座である。

スカラ座が誕生したのは一七七八年のことで、当時のミラノはオーストリアの支配下にあった。女帝マリア・テレジアが君臨している時代だ。ミラノには一七一七年に落成した王立公爵劇場（テアトロ・ドゥカーレ）があったのだが、七六年に火事で焼失したので、マリア・テレジアは新たな劇場を建てるよう指示した。サンタ・マリア・アッラ・スカラ教会のあった場所に新劇場が建てられ、その教会の名を取って、新しい劇場の名はスカラ座（ラ・スカラ）となった。柿落《こけら》しは一七七八年八月三日で、サリエーリのオペラ《見知られたエウローパ》で開幕した。

一八六一年のイタリア王国建国によって、スカラ座はイタリア王国が運営を担うことになるが、財政難だったので、ミラノ市に所有権を移譲した。

トスカニーニがまだトリノにいた一八九七年六月、スカラ座はミラノ市の財政難から公演ができなくなった。事実上の閉鎖である。事態打開のため、スカラ座の運営評議会が組織され、グイド・ヴィスコンティ・ディ・モドローネ公爵が総裁、作曲家のアッリーゴ・ボーイトが副総裁になった。この公爵の孫がオペラ演出家で映画監督でもあるルキノ・ヴィスコンティだ。

ボーイトはトリノでのトスカニーニの手腕を認めていたので、スカラ座の指揮者に推薦し、さらに支配人には二十九歳のジュリオ・ガッティ＝カザッツァを推した。若い二人によって、オペラ上演を改革して欲しいという狙いだった。

ガッティ＝カザッツァは父がフェラーラの市立劇場の支配人をしており、一八九三年にその後を継いでいた。若いがすでに経験がある。

こうしてトスカニーニは一八九八年、三十一歳にしてイタリア随一の歌劇場、スカラ座の指揮者となった。この時代はひとりの指揮者が全公演を指揮するので、いまで言う「音楽監督」「藝術監督」だが、そういう肩書はまだない。最初の公演は、十二月二十六日で、ワーグナー《ニュルンベルクのマイスタージンガー》だった。このオペラは四時間以上、休憩の幕間《まくあい》を含めれば六時間近くかかるので、イタリアでは一部をカットして上演するのが慣習となっていたが、トスカニーニはノーカットを主張し、実行した。

当時は、アリアが終わると盛大な拍手となり、その場でアンコールに応えて繰り返していたが、トスカニーニは劇中でのアンコールを拒否した。現在では「当たり前」のことが、「異端」「珍しい」「前例がない」と批判された。トスカニーニが改革したことで、現在のオペラ上演の形ができたのである。

オペラは貴族や富裕層の娯楽であり、歌劇場は社交場でもあったので、とくに女性たちは着飾って来場し、ドレスや宝飾品を見せびらかしていた。そのため上演中も客席を明るくしていたのだが、トスカニーニは客席を暗くした。これには女性たちが猛反発した。彼女たちは、オペラを見に来たのではなく、自分を見せに来たのに、それができなくなったからだ。

トスカニーニは、歌劇場を藝術鑑賞の場へと改革した。それは音楽家の側から言えば、藝術創造の場である。指揮者はオペラの進行係ではなく、作品を解釈する藝術家になった。

■ニューヨークへ

トスカニーニの改革には、喝采をおくる者もいれば、反感を抱く者もいた。いつの世も、改革者はすぐには理解されない。

二十世紀になった一九〇一年一月二十七日、イタリア最大最高のオペラ作曲家、ジュゼッペ・ヴェルディが八十七歳という、当時としては高齢で亡くなった。イタリアは国葬でこの偉大な作曲家を送った。二月一日にスカラ座で開かれたヴェルディ追悼演奏会を指揮したのは、もちろん、トスカニーニだった。

トスカニーニはスカラ座の指揮者を、五シーズン目にあたる一九〇二年十二月から〇三年三月までで、辞任した。疲れ果てたのである。スカラ座で得た名声のおかげで、各地から客演の申し込みがあったので、フリーになるのもいいと思ったのだろう。

フリーとして活動したのは一シーズンだけで、一九〇五／〇六シーズンはトリノ王立歌劇場に復帰した。そして一九〇六／〇七シーズンはスカラ座に復帰する。しかし二シーズンしか続かなかった。上層部との折り合いが悪くなり、盟友の支配人ガッティ＝カザッツァと共に、〇八年四月をもってミラノのスカラ座を去ることにしたのだ。ミラノを去るだけではなかった。二人はイタリア、いやヨーロッパを出て、新大陸アメリカへ渡る。ニューヨークのメトロポリタン歌劇場から招聘されていたのだ。

アメリカが「新大陸」だったのは、はるか昔ではあるが、ヨーロッパの音楽家たちにとっては、十九世紀末になってようやく、アメリカは「新大陸」となった。クラシック音楽やオペラの聴衆が育っていたのだ。さらに経済的に急発展し富が集まっていたので、ニューヨークをはじめとする大都市には歌劇場と常設のオーケストラ、コンサートホールが作られていったが、肝心の音楽家が不足していた。そこで高額のギャラでヨーロッパの著名音楽家を招聘するようになっていた。

トスカニーニよりも一シーズン前からメトロポリタン歌劇場で指揮していたのが、グスタフ・マーラーだった。長大な交響曲の作曲家として知られているマーラーだが、存命中は、当代一のオペラ指揮者として活躍していた。トスカニーニの最初の、そして最大のライバルがマーラーである。

■ライバル、マーラー

グスタフ・マーラーは一八六〇年にボヘミアで生まれた。現在はチェコ共和国だが、当時はオーストリア領だ。トスカニーニの七歳上で同世代と言っていいが、五十歳で亡くなったので、マーラーの録音は遺っていない。その演奏を聴くことができないという意味では「幻の指揮者」だ。

マーラーも両親とも音楽家ではない。父は酒類製造業を営む人でユダヤ人だ。しかしマーラーはドイツ文化のなかで育った。幼少期から音楽の才能を開花させ、十五歳の年にウィーン音楽院に入り、ピアノ、作曲を学んだ。二十歳の一八八〇年、夏の保養地の劇場でアルバイトとして働いたのが、指揮者の仕事の始まりだった。作曲では食べていけなかったので、地方の歌劇場の指揮者としての生活を始め、夏季休暇に作曲をするという生活になる。

最初に大きな歌劇場で指揮者となったのはプラハの王立ドイツ領邦劇場、通称「ドイツ劇場」で一八八五年、二十五歳の年だ。ここには一シーズンいて、八七年八月からライプツィヒ市立劇場で二シーズン、続いてブダペストのハンガリー王立歌劇場の音楽監督となり三シーズン勤め、一八九一年三月からはハンブルクの市立歌劇場の首席楽長（指揮者）となった。

トスカニーニがトリノ王立歌劇場の実質的な音楽監督になったのが一八九五年なの

で、年長だけあって、マーラーのほうが出世は早い。

マーラーはハンブルクで一八九七年まで七シーズン、首席楽長として勤めた。九六年からこの歌劇場の指揮者のひとりになったのが、二十歳のブルーノ・ワルターだった(第2章の主人公)。

マーラーやトスカニーニに限らないが、指揮者と歌劇場やオーケストラは最初は良好な関係でも、五年くらいで関係が悪化し、辞任あるいは解任となる。マーラーのハンブルク時代は一八九七年で終わり、次の職場はウィーンの帝立王立宮廷歌劇場(宮廷歌劇場と略す。現・ウィーン国立歌劇場)だった。当時の、そしていまもなおヨーロッパ・オペラ界のトップに君臨する劇場である。マーラーは三十七歳にしてこの劇場の総監督に就任し、それは欧州楽壇のトップになったことを意味していた。

トスカニーニがスカラ座の音楽監督になるのは二年後の一八九九年だ。

マーラーとトスカニーニはアルプスを挟んで、同時期に二大歌劇場のトップの座にあったのだ。当時の二人は互いに話し合ったことはないが、オペラ上演の大改革を同じような思考のもとに実行していく。徹底したリハーサル、アリアのアンコールの禁止、客席を暗くするといったトスカニーニの改革を、マーラーもウィーンで断行していた。数年かけて歌手陣も一新し、美術(舞台装置)にも新進の藝術家を招き、マーラーは「演出」にも乗り出す。それまでのオペラには舞台進行を管理する監督はいても、演出家はいなかった。マーラーはオペラを真の意味で総合藝術にしていく。

マーラーのウィーン時代は、そのキャリアのなかでは最長の十シーズンに及び、十一シーズン目の途中、一九〇七年十二月で退任し、ニューヨークへ向かった。

■ニューヨークでの激突

マーラーは一九〇七年十二月九日にウィーンを発ち、二十日にニューヨークに着いた。

一九〇八年一月一日に、マーラーは《トリスタンとイゾルデ》でメトロポリタン歌劇場にデビューした。三月までに《トリスタン》のほか、《ドン・ジョヴァンニ》《ワルキューレ》《ジークフリート》《フィデリオ》の五演目で、合計二十四公演を指揮して、ヨーロッパへ帰った。この年の十二月に再びメトロポリタン歌劇場で指揮する契約を結んでいた。

マーラーがいる間にメトロポリタン歌劇場総支配人が交代した。マーラーを招聘したコンリートが退任し、スカラ座の支配人ガッティ＝カザッツァが盟友であるトスカニーニを連れて行くことを条件にして就任したのだ。

トスカニーニは一九〇八年十一月十六日のシーズン開幕公演の《アイーダ》を振ってメトロポリタン歌劇場にデビューした。何人もの指揮者がいたが、栄誉あるシーズン開幕公演は、新参者のトスカニーニが指揮したのだ。もちろん、総支配人となったガッティ＝カザッツァが決めたことだった。

前年とは異なる、ガッティ＝カザッツァ体制となっても、マーラーは契約通り、ニューヨークへやって来て、十二月二十三日の《トリスタンとイゾルデ》でこのシーズンを始めた。

トスカニーニはイタリア・オペラを得意とするが、ワーグナーも重要なレパートリーだった。トスカニーニは自分がワーグナーの伝道者であると自任していた。マーラーもワーグナー指揮者である。そのため、《トリスタン》をどちらが振るかで一騒動あったが、トスカニーニが年長のマーラーに譲った。しかしトスカニーニは《神々の黄昏》を振った。

一九〇九年一月から三月まで、メトロポリタン歌劇場はトスカニーニとマーラーが交互に指揮するという、いまからみれば、とんでもない贅沢《ぜいたく》な公演スケジュールを組んでいた。

しかし二月に、四年契約だったマーラーが、今シーズン限りで辞めると発表された。マーラーは、オペラはウィーンでやり尽くしたとの思いがあり、メトロポリタン歌劇場は出演料が高かったので引き受けた仕事だった。どうしてもニューヨークでオペラを指揮したいわけではない。トスカニーニという自分よりも七歳若い指揮者が乗り込んできたので、譲ったのである。

マーラーには新しい仕事が待っていた。ニューヨーク・フィルハーモニックから指揮者にと打診されていたのだ。

ニューヨーク・フィルハーモニックは一八四二年に創立された、アメリカ合衆国では最も長い歴史を持つ楽団だ。世界的にみても、ウィーン・フィルハーモニーが同年の設立だし、ベルリン・フィルハーモニーは一八八二年なので、交響楽団としては古いほうだ。最初期は楽団員は固定せず、公演ごとにメンバーを募っていた。指揮者も固定しない。運営は楽団員たち自身が行なっており、協同組合組織だった。それが一九〇九年から富裕な市民によって構成される理事会が資金を集めて運営し、楽団員を雇用する体制へと変わった。

その新生ニューヨーク・フィルハーモニックの最初の指揮者にマーラーは選ばれたのだ。

マーラーはハンブルク時代から、シンフォニー・コンサートも指揮していたが、あくまで本業はオペラ指揮で、コンサートは余技だった。ニューヨークへ来て初めて、自分が全権を掌握する交響楽団を持つことになった。この「歌劇場から交響楽団」へという道を、やがてトスカニーニも歩むのである。

■マーラーの突然の死

一九〇九年秋、マーラーは三度目の訪米をし、十一月から一〇年四月までニューヨーク・フィルハーモニックの演奏会を指揮した。この時期のニューヨークでは、メトロポリタン歌劇場ではトスカニーニがオペラを、カーネギー・ホールではマーラーがニューヨーク・フィルハーモニックを指揮していたのだ。後世のクラシック音楽ファンにとっては夢のような日日だが、長くは続かなかった。

シーズンが終わると、マーラーもトスカニーニもヨーロッパへ帰った。彼らにとってアメリカは「稼ぐための土地」であり、暮らすところではなかった。仕事が終わればさっさと帰ってしまう。ヨーロッパでのマーラーには作曲の仕事があり、指揮も何回かした。トスカニーニはメトロポリタン歌劇場のパリでの引っ越し公演の指揮をした。

そして秋になると、二人ともニューヨークへやって来た。この時点でマーラーは元気だった。九月にミュンヘンで交響曲第八番を初演し、第十番も全曲のスケッチが一通り完成したところだった。第九番は春に完成している。作曲家としても充実していた。十一月一日からマーラーのニューヨーク・フィルハーモニックのシーズンが始まった。

トスカニーニは十一月十四日からメトロポリタン歌劇場を指揮した。このシーズンの目玉のひとつが、プッチーニの新作《西部の娘》の世界初演だった。メトロポリタン歌劇場のために作られた、アメリカを舞台にしたオペラである。

年が明けて一九一一年――二月になると、マーラーは微熱が下がらなくなる。それでも演奏会を続けていた。だが、限界がやってくる。

二月二十一日のマーラーが指揮するニューヨーク・フィルハーモニックの演奏会は、シニガーリアの序曲《キオッツォッテの大げんか》、メンデルスゾーンの交響曲第四番《イタリア》、コンソーロのピアノでマルトゥッチの協奏曲第二番、ブゾーニ《悲歌的子守唄》、ボッシ《ゴルドーニ間奏曲集》という、イタリアの作曲家の作品とイタリアにちなむ曲というプログラムだった。イタリア人として気になったのか、客席にはトスカニーニの姿があった。彼が聴いたマーラーの指揮する演奏会は、この一回だけのようだ。

翌朝、マーラーは高熱で起きることができなかった。以後の演奏会はキャンセルされ、コンサートマスターが代役を務めることになる。マーラーはヨーロッパへ帰り、ウィーンで五月十八日に亡くなった。満五十歳という、当時としても若くしての死だった。

トスカニーニはこのあとさらに半世紀近く生きる。そのため、トスカニーニとマーラーとがライバル関係にあったことは、忘れられてしまう。

二人が同じ歌劇場で激突したのは一シーズン、ニューヨークで競い合ったのは二シーズンに過ぎない。だが、トスカニーニはこの後、マーラーの後を追うように、オペラ指揮者からコンサート指揮者へと転じる。

トスカニーニは同時代の音楽も積極的に取り上げていたが、なぜかマーラーの交響曲は一度も演奏しなかった。

■スカラ座藝術監督に

トスカニーニは一九一四／一五シーズンをもって、メトロポリタン歌劇場の指揮者を辞任した。盟友ガッティ＝カザッツァはその後もメトロポリタン歌劇場の総支配人として辣腕《らつわん》をふるう。と言っても、二人は仲違《なかたが》いしたわけではない。

辞任の理由はいくつかあった。ひとつは理事会の一部との「藝術面」での確執だった。理事たちは、スター歌手を呼んで、毎度おなじみの演目を上演するのを望むが、トスカニーニはそういうルーチンワークが厭《いや》になっていた。もうひとつはプリマドンナとの不倫、さらに健康状態の悪化もあった。一九一五年でトスカニーニは四十八歳で、まだ老いてはいないが、「若く」もなく、半年間に五十公演も指揮するのが、きつくなっていた。

トスカニーニはイタリアへ帰った。前年に始まっていた世界大戦にイタリアも参戦することになったので、祖国のために闘うことにした。といっても、銃を手にするわけではなく、音楽で祖国に尽くそうとした。戦費のための慈善演奏会を指揮するのだ。戦争が終わるまで、トスカニーニはどこの歌劇場とも専属契約は結ばず、ノーギャラでコンサートを指揮した。

一九一八年にスカラ座の総裁だったモドローネ公爵が辞任すると、この歌劇場は経営が行き詰まり、閉鎖された。この危機を救うため、一九二〇年、ミラノ市の有力者たちはスカラ座再建のための協会を設立した。トスカニーニはアメリカで稼いだ私財の一部を協会に寄付し、全面協力した。資金の目処《めど》がつくと、スカラ座はトスカニーニの復帰を求めた。トスカニーニは藝術面でのすべての権限を持つことを条件に、藝術監督に就任した。

歌劇場が再開する前の一九二〇年十二月、トスカニーニはスカラ座管弦楽団を率いてアメリカへ行き、大成功した。

ツアーは翌一九二一年三月までの四か月にわたり、全米四十一の都市で公演したほか、フィラデルフィアのビクターのスタジオでレコーディングもした。トスカニーニの最初の録音である。録音されたのは、モーツァルトの交響曲第三十九番の第三、第四楽章、ベートーヴェンの交響曲第五番第四楽章、ベルリオーズ《ラコッツィ行進曲》などで、現存する。当時は片面四分前後で、編集はできず、「一発録り」だった。

商用音楽レコードの歴史は十九世紀末から始まっているが、当初は歌やピアノ曲が大半で、オーケストラの演奏の録音が始まるのが、一九一〇年代末なので、このトスカニーニとスカラ座管弦楽団のレコードは最初期のひとつとなる。

そして――一九二一年十二月二十六日、スカラ座はトスカニーニ指揮の《ファルスタッフ》で再開場した。トスカニーニは五十四歳になっていた。

巨匠中の巨匠となっているトスカニーニはスカラ座に君臨した。トスカニーニに命令できる者は誰もいないはずだった。ところが、トスカニーニに命令しようとする者が現れた。ムッソリーニである。

■ムッソリーニ

一九一九年十一月、イタリアの総選挙でムッソリーニ率いるファシスト党の前身である「戦闘ファッショ」の比例代表名簿にトスカニーニの名が登載された。当時のムッソリーニは王制廃止、宗教団体の財産没収、農民への土地の分与、普通選挙権といった共和主義・民主主義的な政策を掲げていたので、トスカニーニは共感して名簿への登載を了解したのだ。しかし、もともと当選は無理だと思われており、実際当選できなかった。当人も国会議員になる気はなかった。

やがてムッソリーニは共和主義・民主主義的な政策から大転換し、国王、資本家、地主、軍隊、教会といった既成支配層に近づく。トスカニーニは反発し、両者は決裂した。トスカニーニは第二次世界大戦終結まで一貫して反ファシズムの姿勢を貫き通す。

トスカニーニが藝術監督となったスカラ座の再開場の一か月前にあたる一九二一年十一月、ムッソリーニは戦闘ファッショを国民ファシスト党に改組し、統領《ドゥーチェ》に就任した。一年ほど過ぎた一九二二年十月、ムッソリーニ率いるファシスト党は武装隊によるクーデターで政権を奪い取った。以後イタリアは一九四三年までファシスト党が支配することになる。

ムッソリーニ政権となった直後の一九二二年十二月、スカラ座はヴェルディ《ファルスタッフ》で新しいシーズンの開幕となった。その一連の開幕公演のある晩、第三幕が始まる直前にファシスト党の党員たちがスカラ座に押しかけ、党歌《ジョヴィネッツァ》（青春、若者という意味）を演奏するように求めた。トスカニーニが拒否すると、党員たちが公演を妨害し始めた。トスカニーニは怒っていったん引き上げた。劇場側が党歌を終演後に演奏することで党員と話をつけ、どうにか公演は再開された。終演後、党歌はピアノで細々と演奏された。

イタリアでは、一八六一年にイタリア王国が建国された際に《王室行進曲》が国歌となったが、これには歌詞がない。一方、ファシスト党の党歌《ジョヴィネッツァ》には歌詞があり、ムッソリーニ政権時代は、実質的にはこの歌が国歌となっていた。

独裁者の発想は古今東西変わらない。ムッソリーニは公的な行事で《ジョヴィネッツァ》を歌うように求め、すべての公共施設にイタリア国王とムッソリーニの肖像画を掲げよとの命令を出した。しかし、トスカニーニが君臨するスカラ座は拒絶した。ムッソリーニとしては国際的知名度をもつ指揮者に手荒な真似はできず、緊張関係は続いた。

■プッチーニの死

一九二三年はプッチーニの出世作《マノン・レスコー》初演三十周年で、スカラ座をはじめ各地で記念公演があり、プッチーニは喝采を浴びていた。しかし次回作である《トゥーランドット》は、台本作家と意見がなかなか一致せず難航していたが、夏までに第三幕の台本が完成した。プッチーニは順調に「リューの死」の場面まで作曲したが、そこで行き詰まった。その後の「愛の二重唱」は難航する。台本作家たちは、歌詞の書き直しを何度もさせられた。

年が改まり一九二四年になっても、プッチーニは第三幕の行き詰まりを打開できない。それどころか、二月になると喉《のど》の痛みを感じるようになった。スカラ座では、トスカニーニの指揮で一九二五年春に初演することが正式に決まっていた。

夏になる頃にはプッチーニはどんどん衰弱していく。息子が専門医に診てもらうと悪性の癌だった。当時の最先端医療であるX線治療を受けるため、プッチーニは第三幕の「愛の二重唱」とフィナーレのスケッチを持参してブリュッセルへ向かった。三週間ほど後の十一月二十四日、癌の進行を遅らせるためとしてプッチーニは首にチューブを差し込む手術を受けた。それが関係しているのかは分からないが、四日後に容態は急変し、一九二四年十一月二十九日に亡くなった。六十五年と十一か月の生涯だった。

プッチーニの遺体は十二月二日にミラノへ着いた。三日にトスカニーニが指揮するスカラ座の管弦楽団と合唱団が、プッチーニの二作目のオペラ《エドガール》の「葬送の曲」を演奏するなか、棺《ひつぎ》はドゥオーモ（教会堂）へ移された。スカラ座としての追悼公演は一か月後の十二月二十九日に行なわれ、トスカニーニが指揮をした。

トスカニーニとスカラ座、そしてプッチーニの遺族にとって最重要課題は未完の《トゥーランドット》をどうするか、だった。あと少しのところまで完成していたので、葬り去るには惜しい。ほかの作曲家に補作してもらい完成させることで意見は一致した。

補作者にはフランコ・アルファーノが起用された。当時の人気作曲家のひとりで、一九二五年には四十九歳だった。《ミランダ》、トルストイ原作の《復活》、《ドン・ジヨヴァンニの幽霊》などのオペラで知られていた。
アルファーノは翌一九二五年一月に総譜を完成させた。

■《トゥーランドット》初演

一九二五年からイタリア政府は四月二十一日をローマ建都記念の祝日と定め、この日は全公共施設でファシスト党の党歌を演奏しなければならないと決めた。しかしトスカニーニが音楽監督として君臨するミラノのスカラ座はこれに従わず、二十一日はリハーサルのみで公演をしないことで、党歌演奏を回避した。

スカラ座の一九二五／二六シーズンはいつもより早く十一月十四日に始まった。年が明けて二六年一月になると、トスカニーニは五年ぶりにニューヨークへ行き、ニューヨーク・フィルハーモニックを指揮した。一か月間に十四公演を指揮して、ミラノへ戻った。スカラ座では《トゥーランドット》の初演が四月二十五日と決まった。そのリハーサルと並行して、毎日の公演もあった。

四月にはまたもローマ建都記念の祝日が来る。二十一日を前年は休演日にしてしまったが、「今年はオペラを上演するように」と政府から強く言われていた。絶対に党歌を演奏したくないトスカニーニは、この前後はミラノを留守にすることにした。《トゥーランドット》初演は世界が注目する国家的行事となっていたので、ムッソリーニ以下、政府高官たちも臨席することになっていた。ムッソリーニがミラノへ着いたのは、二十二日か二十三日だった。彼は二十一日にミラノを留守にしたトスカニーニが許せなかった。そこでスカラ座へ使者を送り通告した。

「トスカニーニが言うことをきかず勝手な行動をとるのなら、彼を解任せよ。さもなければ、ムッソリーニ首相は二度とスカラ座へ行かない」

さらに、ムッソリーニが《トゥーランドット》初日に臨席する際には、党歌《ジョヴィネッツァ》も演奏するように念を押した。

スカラ座経営陣はムッソリーニとトスカニーニの間に立つこととなり困惑した。かたや国家の最高権力者であり、もうひとりは世界音楽界の最高実力者にして、スカラ座の最大のスターであり、イタリア・オペラの第一人者である。経営陣は劇場へ戻ってきたトスカニーニに、ムッソリーニから言われたことを告げるしかなかった。

トスカニーニは言い放った。

「党歌を演奏して欲しいのなら、私以外の指揮者に演奏させればよいだけのことだ。そして、その指揮者に《トゥーランドット》も演奏してもらおう」

自分と党歌のどちらを選ぶか、そっちで決めろ、というわけだ。トスカニーニをさしおいて世界初演を指揮できる者などいないことを、彼はよく知っていた。

ムッソリーニがいなくても《トゥーランドット》は初演できるが、トスカニーニがいなければ初演はできない。この勝負は藝術家の勝ちだった。

ムッソリーニは《トゥーランドット》世界初演への臨席を断念した。

こうしてムッソリーニの臨席なしに、《トゥーランドット》は初日を迎えた。観客のなかにはムッソリーニの欠席を残念に思う者もいた。

初日の観客は、ムッソリーニがいないことにも驚いたが、《トゥーランドット》がなんとも中途半端に終わったことにも驚いた。トスカニーニはアルファーノが補作した部分は演奏せず、プッチーニが書いたところ、「リューの死」の場面で音楽を止めた。そしてトスカニーニが客席に向かって、「マエストロ、プッチーニはここまで書いて亡くなったので、今日はここまでで終える」という趣旨の説明をすると、幕がゆっくりと降りた。

客席は静寂に包まれた。そこへ「プッチーニ、万歳」という叫び声が響いた。それを皮切りに、泣きだす人、叫びだす人で、客席は騒然となった。

トスカニーニはなぜプッチーニが書いたところまでしか演奏しなかったのだろうか。アルファーノの仕事が気に入らなかったというのが、最も納得のいく理由だ。実際、この補作については褒める人はあまりいない。木に竹を接いだようなものだとすら評される。

だが、トスカニーニは初日こそ「未完成版」で上演したが、二十七日の二回目はアルファーノが補作した版で上演した。

ここで浮上するのが、ムッソリーニの存在だ。《トゥーランドット》完全版のフィナーレは群衆が「皇帝万歳」と大合唱して終わる。そして幕となって、場内が大喝采に包まれるなか、貴賓席のムッソリーニが立って手でも振れば、まるでムッソリーニを讃《たた》えるオペラのようになってしまう。トスカニーニはそれを避けたかったのではないだろうか。

しかし「皇帝万歳」シーンのない上演にすることで、ムッソリーニ礼賛を避けようとしたトスカニーニの目論見《もくろみ》は、ムッソリーニ欠席によって曖昧《あいまい》なものとなった。

■再びニューヨークへ

その後も、トスカニーニはスカラ座での活動を続けていたが、並行してニューヨーク・フィルハーモニックへの客演も始めた。年に二か月から四か月間、ニューヨークで暮らすようになる。オペラ指揮者として名をなしたトスカニーニだったが、体力的な問題もあり、シンフォニー・コンサートへ仕事の比重を移そうとしていた。

一九二九年春をもって、トスカニーニはスカラ座を離任した。ムッソリーニ政権下のイタリアでの仕事が嫌になってきたからでもあった。

一九二九年五月十四日、スカラ座ではヴェルディ《アイーダ》がトスカニーニの指揮で上演された。これが、トスカニーニがスカラ座でオペラを指揮した最後となる。

公演後、トスカニーニとスカラ座の歌手と管弦楽団、スタッフたち三百人は特別列車に乗って、ウィーンへ向かった。ウィーンでの公演は大成功し、そのまま一行はベルリンへと向かった。ベルリンでの公演の客席には、リヒャルト・ワーグナーの息子、ジークフリート・ワーグナーとその妻ヴィニフレートもいた。夫妻はこのイタリアの巨匠の音楽に感銘を受けた。

一九二九年十月四日、トスカニーニはニューヨーク・フィルハーモニックのシーズン開幕演奏会に登場した。

その二十日後、ウォール街で株価が大暴落した。大恐慌の始まりだった。

以後トスカニーニは一九三七年まで、基本的には秋から春にかけてはニューヨークに滞在し、フィルハーモニックを指揮するようになる。マーラーのように、オペラ指揮者からコンサート指揮者へ転向したのだ。

トスカニーニのシンフォニー・コンサートの指揮者としての最大の特徴は「楽譜そのまま」だった。いまでは作曲家が書いた楽譜に忠実に演奏するのが当たり前だが、当時は指揮者が勝手に編曲することが多かったのだ。トスカニーニは作曲家のオリジナルの楽譜に忠実に演奏する。しかし、そこに独自の解釈があった。

それまでは楽譜に手を入れることで、指揮者の個性、指揮者による演奏の差異が生じていたが、トスカニーニ以後は、同じ楽譜なのに解釈によって差異が生じることになる。その解釈を楽団員に伝え、自分のイメージ通りの音楽を演奏させることが、指揮者に求められるようになった。

一九三三年四月には、ピアニストのウラディミール・ホロヴィッツと共演した。そのレセプションで娘のワンダがホロヴィッツと親しくなり、二人は十二月に結婚した。

コンサート指揮者になったトスカニーニだが、オペラをまったく指揮しなくなったわけではない。歌劇場の常任ポストには就かなかったが、音楽祭では指揮した。そのひとつが、バイロイト音楽祭だった。

■バイロイト音楽祭

トスカニーニは若い頃からワーグナー作品の上演に熱心だった。イタリアのみならず、ニューヨークのメトロポリタン歌劇場時代もワーグナー作品を相当数、指揮した。

ワーグナーが創設したバイロイト音楽祭はドイツ純血主義が強く、これまでトスカニーニが招聘されることはなかった。この音楽祭の観客は当代随一のイタリア人指揮者よりも、二流のドイツ人指揮者のほうをありがたがっていた。

だが、一九二九年五月にトスカニーニとスカラ座のベルリン客演がきっかけで、バイロイト音楽祭は翌一九三〇年の指揮者としてトスカニーニを招聘した。

この一九三〇年はバイロイトにとって転機となる年だった。四月にリヒャルト・ワーグナーの妻、コジマが九十二歳で大往生を遂げた。これは予期されたことだった。しかし、音楽祭が七月二十二日にトスカニーニ指揮の《タンホイザー》で開幕し大絶賛を浴びた直後、八月四日に後継者のジークフリートまでもが死んでしまったのだ。六十一歳だった。

ジークフリートの妻ヴィニフレートは義母と夫を相次いで失い、四人の子を抱えていたが、音楽祭の新しい総監督となった。この音楽祭はワーグナー家の者が継ぐことになっていたのだ。三十三歳の彼女はそれまではジークフリートの若い妻でしかなかったが、総監督に就任すると、音楽祭を改革しようと熱心に動き始めた。彼女が最初に頼ったのがトスカニーニで、翌一九三一年の音楽祭にも彼は出演することになった。これで藝術的水準は維持できるはずだった。

ヴィニフレートはさらに動き、フルトヴェングラーにも出演交渉をした。

トスカニーニとフルトヴェングラーは十九歳の年齢差がある。トスカニーニはすでに世界的名声を得ている大指揮者だ。それに比べると、フルトヴェングラーはこの時点ではまだ新進気鋭、中堅といったクラスである。にもかかわらず、フルトヴェングラーがバイロイト音楽祭に求めたのは、音楽総監督というポストだった。しかしヴィニフレートはこの条件を呑《の》んだ。この音楽祭には「生粋のドイツ人」が必要だったのだ。

かくして一九三一年のバイロイト音楽祭は、トスカニーニとフルトヴェングラーが競演することになった。二人とも人気指揮者だったので音楽祭は盛り上がった。しかし、二人が公の場で言い争う様子こそ目撃されていないが、さまざまな確執があった。疲れ果てたトスカニーニは「次回は出演しない」と告げた。フルトヴェングラーもまた、音楽総監督とは名ばかりだったので、「もう出ない」と通告した。

■ヒトラーとの対立

一九三三年一月にヒトラー政権が誕生すると、ドイツではユダヤ系音楽家の排斥が始まった。四月一日、トスカニーニはアメリカ在住の音楽家たちと連名で、ヒトラー宛に抗議の電報を打った。ナチスは報復に出て、電報に名を連ねた音楽家たちの演奏のドイツ全土での放送を禁じた。このままではトスカニーニのバイロイト音楽祭出演は困難になる。ワーグナー家のヴィニフレートはヒトラーに、トスカニーニの出演を認めるよう直訴した。ヒトラーは自分の支援者であり、ワーグナー家の当主でもある女性には逆らえず、しぶしぶトスカニーニへ「バイロイトでお会いするのを楽しみにしている」と電報を打った。

さらにヒトラーは、ヴィニフレートからの要請もあり、バイロイトではユダヤ系音楽家の出演も容認するなど最大限に譲歩した。ヒトラーなりに、ナチスの政策とワーグナーの音楽への尊敬の念とヴィニフレートへの友情の間で、ギリギリのことをしていたのだ。トスカニーニもまた、ヴィニフレートとの友情と、政治信条との板挟みになっていた。

トスカニーニは、「政権のユダヤ人排斥政策が障害となっているから、それを取り除いてくれ」という趣旨の電報を、ヒトラーに打った。

四月下旬、ミラノへ帰っていたトスカニーニのもとにバイロイトからの使者が来て、最終的な話し合いをもった。しかしナチスの方針は変わっていない。トスカニーニは出演を断念した。それはバイロイトとの決別を意味していた。ヒトラーは、わざわざ電報まで打ったのに顔を潰《つぶ》されたと激怒した。

ヒトラー政権はクレンペラーら、まだベルリンの歌劇場に残っていたユダヤ系の音楽家を解雇した。トスカニーニのご機嫌を取る必要がなくなったので、ユダヤ人排斥は激化していった。

七月十二日、バイロイト音楽祭はドイツ国首相アドルフ・ヒトラー臨席のもと、華々しく開幕した。

■ザルツブルク音楽祭

バイロイトに出演しなくなったトスカニーニは、翌一九三四年は、ザルツブルク音楽祭に出演した。

一九三四年時点でのオーストリアは、まだドイツに併合されていなかったので、ザルツブルク音楽祭は「自由の砦《とりで》」となった。ドイツを追われた音楽家だけでなく、ヒトラーのドイツでは演奏しないと表明した、ユダヤ人ではない音楽家たちも出演した。もちろん、ユダヤ系の音楽家も出演した。

それまでは、夏の二大イベントであるバイロイトとザルツブルクの二つの音楽祭を掛け持ちする音楽家もいたが、以後、それは許されなくなった。

三四年のザルツブルク音楽祭は、開幕直前にオーストリアの首相がナチスによって暗殺された暗い雰囲気で始まった。その暗雲を吹き飛ばしてくれたのが、トスカニーニだった。トスカニーニはその後も夏のザルツブルク音楽祭に出演し続けた。

フルトヴェングラーは一九三六年からバイロイト音楽祭へ復帰した。

■引退と復帰と新楽団

ニューヨーク・フィルハーモニックの一九三五／三六シーズンが始まると、トスカニーニはこのシーズンをもって指揮者を退任すると決めた。七十歳になろうとしており、体力の限界を感じていたし、充分に稼いでいた。

最後の演奏会は一九三六年四月二十九日で、チケットはすぐに売り切れ、一四〇枚の当日売りの立ち見席を求める約五千人の行列がホールを取り巻いた。演奏会は大盛況のうちに終わり、翌日、トスカニーニはルーズベルト大統領からの感謝のメッセージを受け取った。

そして五月二日、トスカニーニはアメリカ大陸に別れを告げた。夏にはザルツブルク音楽祭で指揮し、九月にはウィーン国立歌劇場でも指揮、さらに十一月にはウィーン・フィルハーモニーも指揮して、すっかりヨーロッパの指揮者になっていた。

その頃──音楽界では反ナチスの動きが具体化していた。ユダヤ人の名ヴァイオリニスト、ブロニスワフ・フーベルマンの提唱で、ドイツから逃れたユダヤ人演奏家によるオーケストラ、パレスチナ交響楽団が結成され、一九三六年十二月二十六日、テルアヴィヴで、最初の演奏会が開かれた。指揮は、反ファシズムの闘士、トスカニーニだった。この楽団が戦後、イスラエル・フィルハーモニックとなる。

引退したつもりのトスカニーニは、今後は自分が気に入った仕事だけをするつもりでいた。しかしアメリカ三大ネットワークのひとつNBCの会長で、その親会社RCAの社長でもあるディヴィッド・サーノフは、なんとかトスカニーニにアメリカ楽壇へ帰ってきてほしいと考えていた。すでにニューヨーク・フィルハーモニックは新体制となっているので、NBCがこの巨匠のための放送用オーケストラを創設することを思いついた。ホールの数千人の聴衆にだけ彼の音楽を聴かせるのではなく、数百万人に聴かせるのだ。さらにRCAが録音してレコードも作ればいい。演奏会、放送、レコードのメディアミックスである。実現すれば、画期的な新事業となる。

サミュエル・チョツィノフというピアニストから音楽評論家に転じ、NBCの音楽顧問となっていた人物に、トスカニーニを説得するためミラノへ行くよう指示した。

チョツィノフはトスカニーニの性格をよく知っていた。頑固なので、一度引退すると決めたら、よほどのことがなければ復帰はしないだろう。そもそもトスカニーニは、ラジオやレコードに懐疑的である（この世代の音楽家には珍しい話ではない）。放送専門のオーケストラの創設が、トスカニーニにとって魅力的な話であるはずがない。

チョツィノフがヨーロッパへの船中で雑誌を読んでいると、こんなエッセイが載っていた。要約すると、「家でラジオを聴いていたら、トスカニーニ指揮ニューヨーク・フィルハーモニックのベートーヴェンの第九が始まった。その家ではカナリアを飼っていた。すると第三楽章まではおとなしくしていたカナリアたちが、第四楽章に入り声楽の部分になると、ラジオ受信機の上に集まり、歌いだした。」という話だった。チョツィノフはこのエッセイを切り抜いた。

トスカニーニはニューヨークへの復帰話にはまったく興味を示さなかった。ラジオのこと、専門の楽団のことを話しても変わらない。何の進展もないまま二週間ほど過ぎた。トスカニーニの機嫌がよくなったのは、最初のスカラ座時代からの盟友でニューヨークのメトロポリタン歌劇場総支配人のガッティ＝カザッツァが、トスカニーニ邸を訪れた時だった。二人は思い出話に花を咲かせ、トスカニーニはご機嫌だった。「今しかない」と、チョツィノフは説得にかかった。雑誌の切り抜きを取り出し、カナリアの話を披露した。トスカニーニはその切り抜きをひったくるようにして、読んだ。明らかに興奮していた。英語が読めない妻に、一生懸命、訳して聞かせた。その様子を見て、チョツィノフは力説した。「カナリアが興奮するくらいなのだから、マエストロの音楽が放送されれば、人間はもっと感動したり慰められたりするのです」。

数秒の沈黙の後、トスカニーニは「もちろん、そうだ」と言った。復帰が決まった。カナリアがラジオの音楽に合わせて第九の〈歓喜の歌〉を歌った話を、トスカニーニが信じたのかどうかは、分からない。心情としては復帰へ傾いていたが、これまで断ってきた手前、なかなかそうとは言えず、たまたま、チョツィノフが面白い話を始めたので、それに乗ってみせただけなのかもしれない。

チョツィノフがミラノでトスカニーニの説得に成功したのは一九三七年二月だった。第一回演奏会はこの年のクリスマスと決まる。

■ザルツブルクでの対決

アメリカ音楽界への復帰を決めたトスカニーニは、一九三七年の夏は例年どおり、ザルツブルク音楽祭に出た。ところが、この年はフルトヴェングラーがバイロイトに加え、ザルツブルクにも出ることになった。しかも、ベートーヴェンの第九を指揮する。

トスカニーニは音楽祭に対し抗議したが、決定は覆らなかった。この年のトスカニーニは、ベートーヴェンの《田園交響曲》と《フィデリオ》、ヴェルディ《ファルスタッフ》、ワーグナー《ニュルンベルクのマイスタージンガー》を指揮することになっていた。トスカニーニはこれらをキャンセルすることも考えたが、代役としてフルトヴェングラーが振るかもしれないので、ザルツブルクへ向かった。

かくして、ザルツブルクを舞台にし、トスカニーニとフルトヴェングラーの因縁の対決となった。音楽祭の期間中、この二人がパーティー、あるいは路上、あるいは楽屋で言い争ったとされる。二人しかいない時での会話なので、伝聞の伝聞となっており、真相は分からないが、伝えられるのは、こんな内容だ。

トスカニーニはフルトヴェングラーに、「君とは会いたくない。党員証を持っていようといまいと、君はナチスだ。君はヨーロッパでのポジションを失わないために、ロンドンでユダヤ人と会ったりもしている。しかし、ドイツで、君はヒトラーのために働いているではないか」と言った。

あるいはトスカニーニが「自立してものを考える人を迫害する制度を承認するような男は、ベートーヴェンの交響曲（「第九」のこと）を誠実に解釈することはできない。君たちナチスは精神を抑圧している。今日のような世界情勢下では、奴隷化された国と自由な国の両方で同時にタクトをとることは藝術家にとって許されない。君がバイロイトで指揮するのなら、君はザルツブルクでは指揮できない」と言うと、フルトヴェングラーは「私自身は、音楽家にとって自由な国も奴隷化された国もないと考えています。ワーグナーやベートーヴェンが演奏される場所では、人間はいたるところ、自由なのです」と反論した。

前述のように二人だけの場での会話で、録音されていたわけでもないので、正確な会話の内容は分からない。確実なのは、この一九三七年夏のザルツブルク音楽祭が、二人の大指揮者がこの世で会って話した最後の機会だったことだ。

■NBC交響楽団との放送と録音

一九三七年十二月二十五日のクリスマスから、トスカニーニ指揮のNBC交響楽団の演奏会（同時に放送された）が始まった。

同局のニューヨークの8Hスタジオに千二百名の観客を入れて、放送用の演奏会として開かれた。プログラムはヴィヴァルディの合奏協奏曲と、モーツァルトの交響曲第四十番、ブラームスの交響曲第一番だった。全米に放送され、文字通り、数百万人が聴いた。

以後、三月までに十回の放送用演奏会が開かれ、そのほかに二回の慈善演奏会も開かれた。そして三月七日と八日には、モーツァルトの四十番とハイドンの八十八番がレコードのために録音された。

トスカニーニは放送と録音の両方に満足し、翌シーズンも十三回の演奏会をする契約を交わした。

楽団員のなかには、ドイツを追われた人も多かった。トスカニーニはユダヤ人の音楽家が失業し、ヨーロッパからアメリカへ流れていることを知っていた。だから、自分のために新しい楽団ができるのなら、彼らの失業対策になるとも考えて、引き受けたのかもしれない。

トスカニーニは七十歳を過ぎていたが、以後、戦争の間もこの楽団を指揮し、一九五四年に引退するまで、膨大な数の録音も残すのだ。トスカニーニの演奏として聴けるものの大半がこの時期のものだが、それは彼の音楽人生の後半三分の一ほどでしかない。

■オーストリア併合

一九三八年二月六日、トスカニーニはイタリア福祉連盟のための慈善演奏会をカーネギー・ホールで開催し、「第九」を指揮した。これは、自由と民主主義のための闘争の一環としての「第九」だった。そして以後、トスカニーニは政治目的の慈善演奏会に数多く出演する。第一次世界大戦中に、イタリアのために演奏したのと同じだった。イタリアの外で、国家としてのイタリア＝ムッソリーニ政権と闘う側にいても、彼にとって、すべてはイタリアのための闘いだった。

こうしてトスカニーニはまたもニューヨークを拠点として活動することになった。それでも夏はヨーロッパへ帰り、ザルツブルク音楽祭に出るつもりだった。

しかし、政治がそれを不可能とした。

二月十二日、オーストリア首相シューシュニックはヒトラーとの会談で、大幅な譲歩を迫られた。ヒトラーは軍事力をちらつかせて威嚇し、ナチスに転向していたアルトゥル・ザイス＝インクヴァルトを内務大臣に任命させた。これに連動してオーストリアのナチスは、公然とドイツへの併合を求める動きを展開していた。

この動きにトスカニーニは抗議し、ザルツブルク音楽祭の幹部に「現在のオーストリアの政治状況では、夏の音楽祭出演を辞退する」と通告した。トスカニーニのこの動きを知ったブルーノ・ワルターは、「オーストリアの政権を信用してください、辞退を考えなおしてください」と電報を打った。

しかしトスカニーニは考えを改めなかった。「私は妥協が嫌いなのだ。これまでの人生を振り返れば、そこには歩いてきた真っ直ぐな道があり、これからも、常に真っ直ぐな道を行く」とワルターに返事を出した。

三月十日、ヒトラー政権はオーストリア制圧作戦を発動し、十二日にはドイツ国防軍がオーストリアとの国境を越えた。オーストリアはあっさり屈服し、十三日に独墺併合が決まり、シューシュニック内閣は国民投票の中止と総辞職に追い込まれた。

このニュースをニューヨークの演奏会場で知ったトスカニーニは、楽屋に閉じこもった。ドアの前に立った者は彼が号泣しているのを聞いた。

オーストリアがナチス・ドイツに併合されたことにより、ザルツブルク音楽祭は「自由の砦」ではなくなった。トスカニーニに続いてワルターも出演をキャンセルした。一方、オーストリアがドイツの一部となったので、フルトヴェングラーがザルツブルク音楽祭で、ヒトラーが最も好きな《ニュルンベルクのマイスタージンガー》を指揮した。

■ルツェルン音楽祭

自由の砦としてのザルツブルク音楽祭を失ったトスカニーニたち自由の闘士は、一九三八年の夏は、永世中立国スイスのルツェルンへと向かった。

ルツェルンは湖畔にある都市で、一九一〇年代から夏に小規模の音楽祭が開催されていたが、ザルツブルクに客を奪われ、何年も開催されない状態が続いていた。そこで新しいホールが建てられたのを機に、音楽祭再開の機運が高まっていたのだ。

そんなときオーストリア併合が起き、トスカニーニがザルツブルクには出ないこととなった。ルツェルンが打診すると、トスカニーニはルツェルンへ行ってもいいと言う。そこで、ルツェルン音楽祭が再開されることになった。トスカニーニだけではない。ワルターも来たし、メンゲルベルク、アンセルメ、コルトー、フォイアマン、アドルフ・ブッシュ、フリッツ・ブッシュといった、豪華メンバーが、スイスの湖畔の街へ結集した。

翌三九年もルツェルンの音楽祭は開催された。八月二十九日の演奏会で、トスカニーニは、娘の夫であるピアニストのホロヴィッツをソリストに、ブラームスの協奏曲第二番を指揮した。

その三日後の九月一日、ドイツがポーランドへ侵攻し、第二次世界大戦が勃発《ぼっぱつ》した。トスカニーニはホロヴィッツと共にニューヨークへ向かった。この次に、彼がヨーロッパで演奏するのは、終戦後のことだ。

こうして、ヨーロッパは多くの偉大な音楽家を失った。ユダヤ系の人々はもちろん、ナチスに反抗する者たちもヨーロッパを去り、その多くはアメリカで活躍した。四〇年のルツェルン音楽祭は戦争のため中止となり、四一年以降はイタリアやドイツの音楽家たちが出演した。

■第二次世界大戦

トスカニーニは戦争中はアメリカで活躍し、連合国軍のための慈善演奏会を何回も指揮し、音楽でファシズムと闘った。

第二次世界大戦は、反ナチスの一点で米ソが共闘した戦争だった。そのため、ソ連を代表する作曲家となっていたショスタコーヴィチの、ドイツとの闘いを音楽にしたとされる交響曲第七番《レニングラード》のアメリカでの初演は、反ファシズムの闘士であるトスカニーニが一九四二年七月に指揮した。

一九四三年七月二十五日、イタリア国内の政変で、ムッソリーニは失脚した。そのニュースはトスカニーニがニューヨークで戦争債のための演奏会を指揮していた最中に届き、彼は手を叩いて喜んだ。

九月八日にイタリアが降伏すると、翌九日、トスカニーニは放送のための演奏会で、勝利のVにちなみ、ベートーヴェンの交響曲第五番第一楽章と、圧政からの解放を描いたオペラ《ウィリアム・テル》の序曲、イタリア統一運動の英雄を讃えた《ガリバルディ讃歌》、そしてアメリカ国歌を演奏した。なんとも政治的なプログラムだ。

戦争とイタリアの混乱は続く。イタリアは、北はドイツに占領され、その後押しでムッソリーニが生き延び、南は連合国の支配下に置かれた。北部ではドイツに対する抵抗運動が激化し、内戦状態になる。

イタリアの内戦は続いたが、一九四五年四月、ついにムッソリーニはパルチザンに捕らえられた。このイタリアの独裁者は二十八日に処刑された。

四月三十日には連合国軍に包囲されたベルリンでヒトラーが自殺した。ドイツは五月七日に降伏した。

五月十八日、トスカニーニは対独戦勝利を祝い、ベートーヴェンの第五番を演奏した。

八月六日に広島、九日に長崎に原爆が投下され、一方、ソ連も参戦し、日本は無条件降伏を受け入れた。

九月一日、対日戦勝利を祝い、トスカニーニはベートーヴェンの《英雄交響曲》とアメリカ国歌を演奏した。勝利の五番ではなく、葬送行進曲のある《英雄》にしたのは、戦争での全ての死者を悼むためだった。

こうしてトスカニーニの戦争は終わった。

■スカラ座再建

一九四六年二月三日と十日、トスカニーニはNBC交響楽団とプッチーニ《ボエーム》を演奏会形式で二回に分けて上演し、録音した。このオペラの初演をトスカニーニが指揮してちょうど五十年が過ぎた、その記念だった。

NBC交響楽団のシーズンを終えると、トスカニーニはイタリアへ帰った。一九三九年に開戦して以来、初のヨーロッパへの帰還だった。

トスカニーニを待っていたのは、スカラ座だった。空襲で破壊された劇場が再建され、五月に再開記念演奏会が開かれることになっていたのだ。トスカニーニはスカラ座再建のために一〇〇万リラを寄付していた。

トスカニーニはこれまでに二回、この歌劇場の「再開」を指揮した。一八九八年に最初に指揮者として契約した時、第一次世界大戦後の一九二一年である。いずれも「トスカニーニのスカラ座」の幕開けとなったが、三度目は、再開記念演奏会を指揮するだけで、この歌劇場でオペラを指揮することはなかった。

■テレビ・コンサートと全米ツアー

一九四八年から、トスカニーニとNBC交響楽団はテレビ・コンサートも始めた。その第一回は三月二十日で、ワーグナーをスタジオで演奏し、テレビ中継されたのだ。プログラムは、《ローエングリン》第三幕への前奏曲、《タンホイザー》の序曲とバッカナール、《ジークフリート》の「森のささやき」、《神々の黄昏》の「夜明けとジークフリートのラインへの旅」、《ヴァルキューレ》の「ヴァルキューレの騎行」だった。さらに四月三日には、ベートーヴェンの第九を演奏した。テレビ・コンサートは、一シーズンに二回、五二年三月二十二日が最後で、十回収録され、DVDにもなっている。

一九五〇年にはNBC交響楽団を率いて、六週間にわたる全米ツアーも敢行した。特別列車を仕立てての旅だった。放送でしか聴けなかったオーケストラが来たというので、どこへ行っても歓迎された。トスカニーニのアメリカの指揮者としての頂点だった。

トスカニーニとNBC交響楽団のレコードは多く、クラシックの名曲の大半を演奏し、録音した。CDにして八十枚近くのセッション録音がある。ベートーヴェン、ブラームスの交響曲の全曲、モーツァルトやハイドンの後期の交響曲、そしてシューベルト、シューマン、メンデルスゾーンなど、ドイツの交響曲が中心にある。フランス音楽も、ベルリオーズ、ビゼー、サン＝サーンス、ドビュッシー、ラヴェル、ロシア音楽もムソルグスキー、チャイコフスキーから、プロコフィエフ、ショスタコーヴィチまで録音している。フィンランドのシベリウス、チェコのドヴォルザークもレパートリーだ。

イタリア音楽は、オーケストラ曲はもともと少ないが、レスピーギ《ローマの松》《ローマの噴水》《ローマの祭り》は長くこの曲のほかの録音がなかったので決定盤とされていた。

オペラの全曲盤では、ヴェルディ《オテロ》《仮面舞踏会》《椿姫》《アイーダ》《ファルスタッフ》、前述のプッチーニ《ボエーム》、ベートーヴェン《フィデリオ》を遺した。ワーグナーはセッションでの全曲録音はないが、序曲、前奏曲などの管弦楽曲は多く録音した。

協奏曲ではベートーヴェンのピアノ協奏曲を、第一番はアニア・ドーフマンと、第三番はアルトゥール・ルービンシュタインと、第四番はルドルフ・ゼルキンと、ヴァイオリン協奏曲はヤッシャ・ハイフェッツと録音した。義理の息子であるホロヴィッツとは、ブラームスの第二番、チャイコフスキーの第一番が録音された。

これらの演奏の大半は、放送用演奏会とは別に、その数日後にセッション録音されたもので、存命中に発売されたのはこの録音である。没後半世紀近くが過ぎて、著作隣接権がパブリックドメインになると、放送用音源の多くがCDになる。

■引退

一九五四年、トスカニーニはついに引退した。記憶力が衰え、演奏中に何を演奏しているのか分からなくなることも、あった。

トスカニーニとNBC交響楽団の最後の演奏会は一九五四年四月四日だった。ワーグナーのオペラの曲を集めたプログラムで、《ローエングリン》第一幕への前奏曲、《ジークフリート》の「森のささやき」、《神々の黄昏》の「ジークフリートのラインへの旅」、《タンホイザー》の「序曲」と「バッカナール」、《ニュルンベルクのマイスタージンガー》第一幕への前奏曲が演奏された。

「バッカナール」の途中で、一瞬、トスカニーニの動きが止まったという説がある。いつものように暗譜で指揮していたが、「その次」が分からなくなってしまったとも、感極まってしまったからともいう。この指揮者は体力と気力の限界まで現役だった。

この最後の演奏会も放送音源が遺っており、CDで聴ける。つまり、一九二〇年の最初の録音から、三十四年間の演奏が、いまも聴けるのだ。

まだ仕事はあった。録音していた、《仮面舞踏会》と《アイーダ》に、一部分、満足していないところがあったので、六月二日と三日に、部分的に録り直した。

ニューヨークでの仕事を終えると、トスカニーニはイタリアへ帰った。スカラ座では小劇場ピッコラ・スカラが建設中だったので、その柿落しにトスカニーニがプッチーニ《つばめ》を指揮する話が持ち上がった。いったんは乗り気になったが、これまで指揮したことのない作品なので自信がなく、諦《あきら》めた。そこで、《ファルスタッフ》にしようとなったが、健康不安で断念した。

イタリアにいると、いろいろな話が舞い込む。しかしもう引き受けることはできない。トスカニーニは完全に引退するために、一九五五年二月、ニューヨークへ帰った。以後この地で余生を過ごす。

トスカニーニが引退すると、NBCは楽団の解散を決めた。巨匠なしでは客が入らないし、レコードも売れないとの判断だった。独裁的カリスマ指揮者の人気に頼っていた楽団は、その指揮者の引退と共に崩壊するしかない。

そこでNBC交響楽団の楽団員は、自主運営の楽団として存続していこうと決めた。新たに、シンフォニー・オブ・ジ・エアという名前の楽団になり、一九六三年まで活動を続ける。一九五五年には来日公演もしており、これは欧米のオーケストラとしては史上初の来日公演だった。

■最期

一九五六年十二月三十一日、トスカニーニ邸には家族や友人が集まり、にぎやかな年越しのパーティーが開かれた。ホロヴィッツも来ていた。トスカニーニは楽しそうに談笑していた。記憶力は減退していたが、意識はしっかりしていたのだ。

しかしその夜に脳血栓で倒れ、その半月後の一九五七年一月十六日、九十歳になる二か月前に亡くなった。

葬儀はニューヨークの聖パトリック教会で執り行なわれ、二月三日には、シンフォニー・オブ・ジ・エアが追悼演奏会を開いた。ブルーノ・ワルターの指揮でベートーヴェン《英雄交響曲》、シャルル・ミュンシュの指揮でドビュッシー《海》、ピエール・モントゥーの指揮でエルガー《エニグマ変奏曲》を演奏した。

トスカニーニの遺体はイタリアへ運ばれ、二月十八日、スカラ座のロビーに安置された。四万人の市民が弔問に来て、スカラ座のオーケストラがベートーヴェン《英雄交響曲》第二楽章の葬送行進曲を演奏した。

アルトゥーロ・トスカニーニは、音楽界の英雄、イタリアの英雄のみならず、「二十世紀の英雄」と呼ぶべき音楽家だった。

第2章
「故国喪失者」ブルーノ・ワルター

Bruno Walter

1876年9月15日〜1962年2月17日

ドイツ、ベルリン生まれ

◉常任した楽団・歌劇場など

ベルリン王立劇場、ウィーン宮廷歌劇場、ミュンヘン宮廷劇場、ベルリン市立歌劇場、ライプツィヒ・ゲヴァントハウス管弦楽団、ニューヨーク・フィルハーモニック、コロムビア交響楽団

「三大指揮者」といえば、トスカニーニ、ワルター、フルトヴェングラーという時代があった。みな十九世紀に生まれ、二つの世界大戦を生き抜いてきた。ワルターはトスカニーニの九歳下、フルトヴェングラーの十歳上と、ちょうど二人の中間の年齢だ。そしてトスカニーニはファシズムと闘い、フルトヴェングラーはナチスに同調と、二人の生き方は対照的だが、ワルターは最も過酷な運命にあったのに、耐えていたせいか印象が薄い。年齢も性格、生き方も強烈な二人の間に立っている。

ワルターは温厚な性格で、音楽にも極端なところがないとされる。だが、本当にそうなのだろうか。モーツァルトの第一人者ともされるが、これも一面に過ぎない。彼の生涯はマーラーの音楽とともにあったのだ。

■生い立ち

ブルーノ・ワルターは一八七六年九月十五日にベルリンで生まれた。本名はブルーノ・シュレジンガーという。クラシックの音楽家は大半が本名で活躍するが、二十世紀半ばまでは、ステージネームを用いる人もいた。その理由はさまざまである。

両親ともユダヤ人で、父ヨーゼフ・シュレジンガーは衣服を扱う商社で経理を担当していた。母ヨハンヌはプロの音楽家ではなかったが、シュテルン音楽院の卒業生だった。三歳上の兄と二歳下の妹がいる。中流のユダヤ人家庭だった。母が家でいつもピアノを弾いていたので、ブルーノは幼少期から音楽に親しみ、五歳からベルリンの王立劇場（現・ベルリン州立歌劇場）へ連れて行かれていた。

未来の大指揮者の才能に気付いたのは、母ヨハンヌである。ある日、彼女がピアノを弾いていると、「その音楽は指から自然に出てくるの？、何かの仕組みがあるの？」と質問してきたのだ。ヨハンヌはブルーノを膝《ひざ》に乗せてピアノの前に座り、鍵盤《けんばん》を叩《たた》いて見せた。鍵盤によって音が異なることをブルーノは知った。それが「演奏」との出会いだった。

その日からヨハンヌによるレッスンが始まった。絶対音感があることも分かり、すぐに上達していった。ヨハンヌは息子が大音楽家になると確信し、夫に告げた。しかし、「親バカ」だと笑われた。彼女は「いまにわかるわ」と宣言した。

父ヨーゼフの見る目が変わったのは、ブルーノが八歳の年だった。親戚《しんせき》の結婚式があり、プロのピアニストが雇われて演奏していたが、ブルーノがピアノを弾けると知っていた叔父《おじ》が、「この子にも何か弾かせてほしい」と頼んだ。ピアニストが席を譲ると、ブルーノはメンデルスゾーンの「無言歌」のひとつを暗譜で弾いた。まだ足がペダルに届かなかったが、完璧《かんぺき》な演奏で、居合わせた親戚たちは驚いた。そのピアニストは「この子は大物になる」と予言した。そして両親に本格的な教育を受けさせるべきだと助言し、大ピアニストでピアノ教師としても名高いロベルト・ラーデケを紹介してくれた。ラーデケはブルーノ少年を面接し、絶対音感を確認すると、彼が教授をしているシュテルン音楽院への入学を許可した。

こうしてブルーノは八歳でシュテルン音楽院へ入学し、作曲法と読譜法をラーデケに、ピアノをハインリヒ・エールリヒに学んだ。九歳から作曲も始めた。

まだ十二歳だった一八八九年三月十五日、ブルーノはベルリン・フィルハーモニーの演奏会にピアニストとして出演した。これが公の場へのデビューとなる。師であるエールリヒが進めてくれたコンサートで、ベートーヴェンのピアノ協奏曲第二番の第一楽章を演奏し、「若年とは思えない完全な忠実さと自由な表現」と新聞で評された。

■ベルリン・フィルハーモニー

世界に名高いベルリン・フィルハーモニーが創立されたのは一八八二年のことだ。プロイセン王国によってドイツが統一され、ドイツ帝国が成立したのは一八七一年で、十年ほど過ぎた一八八二年に、ベルリン・フィルハーモニーは楽団員の自主運営による協同組合的な楽団として発足した。

ブルーノ・ワルターが生まれたのは一八七六年なので、この楽団の歴史とこの指揮者の生涯、そして近代ドイツ史とはほぼ重なる。

ドイツのオーケストラの多くが歌劇場管弦楽団か宮廷楽団をルーツとし、どちらも、その後は州立、市立の楽団となった。だがベルリン・フィルハーモニーは、歌劇場の楽団を母体としない、純粋なコンサート専用の交響楽団であり、宮廷楽団としての歴史を持たない純民間の楽団だった。指揮者ベンヤミン・ビルゼの楽団の五十四人のメンバーが、待遇が不満で脱退し、自主運営の楽団として結成したのが始まりだ。

「名指揮者」の外見的条件のひとつが、名門楽団のシェフ（首席指揮者）であることだ。名門中の名門であるベルリン・フィルハーモニーの歴代首席指揮者は、そのまま名指揮者列伝に名を連ねる。だが、この楽団も最初から名門だったわけではなく、当代一の指揮者が首席指揮者になったので名門になったのである。

その当代一の指揮者がハンス・フォン・ビューローだった。一八三〇年に生まれ、フランツ・リストに師事して名ピアニストとなり、リストの娘コジマと結婚した。そのコジマが父リストの友人でもあったワーグナーとの不倫の恋に落ち、ビューローは微妙な立場となる。結局、離婚し、コジマはワーグナーと再婚した。ビューローはピアニストだけでなく指揮者としても活躍し、ワーグナーのオペラも初演している。

ベルリン・フィルハーモニーは設立当初は人気がなく、経営危機に陥った。それを打開するため、音楽エージェントのヘルマン・ヴォルフにマネージメントを委《ゆだ》ねた。ヴォルフは当代一の指揮者となっていたビューローを口説き、指揮者になってもらった。ビューローが最初に指揮したのが一八八四年で、八七年から恒常的に指揮をすることになった。「音楽監督」「首席指揮者」といった役職名はまだないが、実質的にはビューローが初代首席指揮者とされる。就任時、五十七歳だった。ビューローは一八九二年まで首席指揮者を務め、その後も客演していたが、九四年に亡くなる。

■「指揮者」との出会い

一八八九年にベルリンの音楽シーンに登場したブルーノ少年は、多くの音楽家の演奏を聴くようになり、感銘し触発されてもいた。当代一のピアニストであるヨーゼフ・ホフマンがそのひとりだったが、より大きな影響を与えたのは、ピアノではなく、オーケストラの演奏会だった。デビューして間もなく、ビューローが指揮するベルリン・フィルハーモニーの演奏会へ行って、その音楽に圧倒されたのだ。その瞬間、この少年はピアニストではなく指揮者になろうと決意していた。

ビューローは一八九四年に亡くなるので、ブルーノはギリギリ間に合ったことになる。

ブルーノは初登場の一年後の一八九〇年二月十二日に、今度はベルリン・フィルハーモニーの定期演奏会のひとつ、ポピュラー・コンサートにピアニストとして公式デビューし、バッハ、ショパン、モシェレスなどを弾いた。

ピアニストとしての修業が続いていたが、指揮者への道も、少しずつではあるが歩み始める。一八九一年、音楽院の公開コンクールで、自作の管弦楽伴奏付き合唱曲でベルリン・フィルハーモニーを指揮した。このオーケストラは当時はまだ世界最高峰の楽団ではないので、音楽院の教育に協力していたのだ。

十五歳になる年にブルーノは王立劇場でワーグナー《トリスタンとイゾルデ》を聴くと、その音楽の虜《とりこ》となり、夏にはバイロイト音楽祭へ出向いて、《さまよえるオランダ人》《トリスタンとイゾルデ》《パルジファル》を観劇し、ますますのめり込んだ。しかし、ワーグナーが反ユダヤ主義だったと知ると、ユダヤ人であるブルーノは悩んだ。

ベルリンの音楽青年としてブルーノ・シュレジンガーは、歌手の練習ピアニスト、ピアノの家庭教師、慈善演奏会での伴奏ピアニストなどの仕事を得るようになる。そして一八九三年三月十八日、十六歳でベルリン・ジングアカデミーの公演で自作の、ゲーテの詩に曲を付けた管弦楽と合唱のための《静かな海と楽しい航海》を指揮した。オーケストラはベルリン・フィルハーモニーだった。

同年九月、ブルーノは十七歳でケルン市立歌劇場の練習指揮者の職を一年契約で得た。指揮者修業が始まるのだ。当時のドイツでは指揮者になるのは、歌劇場練習指揮者から始めるしかない。イタリアよりも先に歌劇場が近代化し、常設の楽団と歌手群がいて、楽長（指揮者）が何人もいて、音楽監督、総支配人が統率するというシステムが出来上がっていたので、ブルーノ青年もその道を歩む。

ケルン市立歌劇場の練習指揮者となって七か月後の一八九四年三月二十一日、ブルーノはロルツィング《刀鍛冶《かじ》》でオペラ指揮者としてデビューした。

その一か月前の二月十二日、エジプト旅行中のハンス・フォン・ビューローが六十四歳で亡くなった。これでブルーノは憧《あこが》れのビューローの音楽を聴くことはできなくなってしまったし、彼の音楽をビューローに聴いてもらう機会もなくなった。

しかし、ブルーノは新たな目標を見つけた。六月三日、ワイマールで開催された全ドイツ音楽協会音楽祭へ行き、グスタフ・マーラーが指揮する演奏会を聴いたのだ。

■マーラーとの出会い

ワルターが聴いたワイマールでのマーラーの演奏会は、プログラムの前半は合唱曲や歌曲で、後半はマーラー自身の交響曲だった。現在では「第一番」とされている曲だ。

マーラーの最初の交響曲は一八八九年十一月二十日に、ブダペストで同地のフィルハーモニー交響楽団によって初演された。この時は二部構成（五楽章）の「交響詩」とされていた。この意欲的な曲は、しかし、当時の音楽批評家には不評だった。

マーラーは改訂に取り掛かり、第二稿を完成させ、一八九三年十月二十七日、分かりやすくするために《巨人》(Titan) という標題を付けて（一八九六年の第三稿で標題は破棄される)、彼が音楽監督をしているハンブルク市立劇場の楽団で演奏した。

ブルーノ青年が六月に聴いたのは、ハンブルクで上演された第二稿の再演、通算三回目の演奏になる。

この青年がわざわざワイマールまで聴きに行ったのは、一八八九年十一月の初演に対する「嘲笑的《ちょうしょうてき》な批評」を読んだからだった。青年は権威に反抗心を抱くものだ。自伝によると、酷評を読んで、〈それほど風変わりな交響曲ならぜひ聴いてみたいし、その大胆な作曲者とも知りあいになりたいものだと、憧れをかきたてられた〉。

その風変わりな交響曲をワイマールで聴いて、ブルーノは感動し、マーラーはこの青年の新たなアイドルとなった。

一方、ブルーノは一年にしてケルン市立歌劇場の仕事を喪《うしな》った。若者が評判を呼ぶと、年長者は嫉妬《しっと》する。青年時代のワルターは自信過剰で生意気だったようだ。楽団員やほかの指揮者の反発がすごく、契約更新されなかった。

だが、ブルーノ・シュレジンガーは幸運だった。八月になりハンブルク市立劇場の練習指揮者が解任され空席となったと知ると、彼はその門を叩き、就職に成功した。この歌劇場の首席楽長、実質的な音楽監督がマーラーだった。

ブルーノの採用はマーラーが決めたのではないようだ。就職が決まってから、ブルーノ青年は事務室にいたマーラーを訪ね、挨拶《あいさつ》をした。自伝には〈私は一種の恍惚《こうこつ》と深い感動に浸っていた。〉とあり、この若者にとって感動的な生涯忘れることのない出会いだった。

マーラーとワルターは「師弟関係」と紹介されることがある。たしかにワルターにとって、マーラーは「人生の師」ではあるのだが、音楽を手取り足取り教わったわけではない。音楽院での教授と生徒のような師弟関係をイメージすると誤る。職場での上司と部下として二人は出会い、その後は指揮者の先輩・後輩の関係となる。マーラーは後にワルターを自分の「副官」と称すが、これがいちばん的確だろう。

ワルターの著書『マーラー』にはこうある。〈(マーラーは)あらゆる藝術《げいじゅつ》上の問題を提出して、議論するのが好きであったが、彼は十六歳下の私に、ただの一度でも、教訓的態度で、感化を与えるような気持ちで話したことはなかった。/結局、マーラーは教育者ではなかったのである。彼はあまりにも自己中心であり、あまりにも自己の藝術におぼれていた。彼は自身のみの激しい内的生活に浸っていたのであったから、とうてい、他人について考える余裕なぞはなかったのである。〉

さらにワルターはこう記す。〈彼(マーラー)は私に意識的教訓こそ与えたことはなかったが、私が彼の個性と経験から会得した教訓は、考えようとしなくても、言葉

や音楽のうちに自《おの》ずから現れているはずで、それは量り知れぬほど大きなものだ。〉

マーラーにとってこの青年は、有能な部下として歌劇場での上演を支えてくれただけでなく、作曲家マーラーの作品の最大の理解者にもなり、さらには伝道者にもなる。音楽史上最大・最良の関係が、ここに生まれたのである。

■ハンブルクの若き副指揮者

一八九四年九月から、ハンブルクの練習指揮者になったブルーノ・シュレジンガーは、最初のシーズン、まずはフンパーディンクのオペラ《ヘンゼルとグレーテル》のリハーサルのピアノ伴奏をした。続いて合唱指揮者もやらされ、代役で、マスカーニ《カヴァレリア・ルスティカーナ》を指揮した。

さらに急な代役でマスカーニ《カヴァレリア・ルスティカーナ》を指揮したのが認められ、ロルツィング《ロシア皇帝と大工》《ウンディーネ》《ふたりの狩人》、あるいはフロートー《マルタ》などのオペレッタを振らせてもらった。

もちろん、マーラーが指揮する公演にも立ち会っていた。この時期のマーラーは月に一回はシンフォニー・コンサートも指揮していたので、これも見学していた。マーラーの指揮を見て、そこから紡ぎ出される音楽を聴いて、指揮とは何なのかを学んでいった。

一八九五年九月からの二年目のシーズンでは、ブルーノは副指揮者に昇格しオペラも振らせてもらえるようになった。

十二月十三日、マーラーはベルリンでフィルハーモニーを指揮して彼の交響曲第二番《復活》を初演し、ブルーノも同行して立ち会った（第二番は同年三月にもベルリンで演奏されたが、その時は全曲ではなく、十二月が全曲の初演となる）。

ベルリン・フィルハーモニーは、ビューローが一八九一／九二シーズンをもって指揮者を退任すると、常任の指揮者が不在となっていたが、一八九五／九六シーズンに、ハンガリー出身のアルトゥール・ニキシュが指揮者になっていた。

ニキシュはウィーン宮廷歌劇場のヴァイオリン奏者から指揮者に転じた人で、ベルリン・フィルハーモニーとライプツィヒのゲヴァントハウス管弦楽団の二つの楽団の首席指揮者となっていた。

充実した日日だったが、ケルンと同じことが生じていた。ブルーノ・シュレジンガーはここでもやりすぎた。マーラーとの仲はうまくいっていたが、ほかの指揮者や歌手、楽団員から生意気だと思われた。マーラーは暴君的な指揮者で、楽団員や歌手に厳しかった。そのマーラーがブルーノだけをかわいがっているので妬まれた。

マーラーがハンブルクの首席楽長になったのは一八九一年である。すでに六シーズンが過ぎており、総支配人との関係も悪化し、彼はそろそろハンブルクを去ろうと考えていた。自分がいなくなってはこの青年も苦労するだろうと、マーラーはブルーノをほかの歌劇場の楽長にさせることにした。

マーラーが見つけてきたのが、ブレスラウの歌劇場の第二楽長だった。仕事の内容は申し分なかった。だが、ひとつだけ厄介な条件があった。「ブルーノ・シュレジンガー」を改名しろというのだ。ブレスラウは現在ではポーランドのブロツワフだが、この時代はドイツ帝国領だった。さらに遡《さかのぼ》ると、ポーランド南西部からチェコ北東部のシュレジェン（シレジア）地方にあたる。そのため、シュレジンガーという姓が多く、その名では紛らわしいから、改名しろという。

ブルーノは悩んだ。しかし、ブレスラウで指揮者になるのは魅力的だった。マーラーも改名してでも行くようにと強く勧めた。そこで選んだのが「ワルター」だった。《ニュルンベルクのマイスタージンガー》の登場人物ワルター・フォン・シュトルツィングから採ったらしい。

かくして、「ブルーノ・ワルター」が誕生した。「ワルター」はドイツではよくある名なので、逆に覚えやすいという利点があった。

■失業

一八九六年秋、ブルーノ・ワルターは新しい職場、ブレスラウ市立歌劇場に着任した。二十歳になっていた。

しかし、たちまち首席楽長との間で確執が発生した。この若者は才気走る傾向があったのだろう。ワルターはマーラーへ弱音を吐くような手紙を出したらしい。マーラーからは激励の手紙が来たが、結局、シーズンが終わった一八九七年春でブレスラウを辞めてしまった。改名までしたし、評判も悪くはなかったので、歌劇場は契約を更新しようとしたが、ワルターの方から断ってしまったのだ。職場の人間関係もさることながら、街としてブレスラウは退屈だった。ワルターはベルリンという大都市で生まれ育ったので、活気と刺激に慣れていた。歌劇場もレパートリーとなっているものを、リハーサルもなしに上演するのが大半で、藝術的にも不満だった。若いワルターは理想と現実とのギャップが耐えられなかった。

ワルターがブレスラウで悩んでいる頃、マーラーはハンブルクを辞めて、ウィーンへ移るところだった。一八九七年四月でハンブルクを辞任し、五月からウィーン宮廷歌劇場の楽長のひとりになった。

マーラーはこの頃からウィーンの音楽監督ポストも狙っており、そうなってから、ワルターを呼ぼうと考えていたようだ。それはそう遠くないはずだった。

ワルターは職探しをした。マーラーの口添えもあり、夏の終わりには、リガ（現在はラトビアの首都だが、当時はロシア領）の劇場の首席楽長の仕事を得た。リガは若き日のワーグナーが楽長だった所でもあり、ワルターはこの仕事を快諾した。ただし、契約は一年先の一八九八年秋からだった。

それまで無収入となるワルターに、マーラーは一年に限り月一〇〇マルク、年間一二〇〇マルクを用立てると申し出た。当時のマーラーの年収の一割にあたる額だった。ワルターは「法外な度量の広さ」と感謝している。さらにリガへ行くまでのつなぎの仕事として、マーラーは、四か月の短期契約だが、ブレスブルク（現在はスロヴァキアの首都ブラチスラヴァ）の歌劇場の楽長の仕事を世話してくれた。

ワルターは十月からブレスブルクで指揮をし、一八九八年を迎えた。二月からは二か月の短契約でティミショアラの歌劇場で指揮をし、それが終わると、トルコ、ハンガリーなどを旅した。

一方、マーラーは一八九七年十月にウィーン宮廷歌劇場の楽長のひとりから、一気に総監督になった。三十七歳にしてオペラ界の頂点に立ったのだ。その下に首席楽長のハンス・リヒターや、ヨハン・ネポムク・フックスという年長の楽長がいた。

■リガの楽長

一八九八年九月、ワルターはリガの国立歌劇場楽長に着任した。

ブレスラウの楽長になる時は改名が条件だったが、当時のロシア帝国ではユダヤ人は移動できなかったので、カトリックへと改宗した。これはマーラーも同じだった。カトリックの強いウィーンの楽長になるために、改宗していたのだ。

リガに着任して二か月が過ぎようとしていた頃、ワルターは十月二十八日付のマーラーの手紙を受け取った。そこには「秘密厳守」と断った上で、近くウィーン宮廷歌劇場のリヒターとフックスの二人の楽長が辞めるから、後任として来ないかとあった。

ワルターは、「ウィーンで仕事をするのは自分にはまだ早い、もう少し成長するまで待ってください」と返事をした。リガとは二年契約で一九〇〇年春までとなっていたのも断った理由だった。

断られたことにマーラーは驚いた。ワルターが喜んで受諾すると思い込んでいたのだ。マーラーは「あなた（ワルター）は僕の許《もと》でなくて、いったいどこでより多くを学べると思っているのですか」と手紙に書いた。かなり強気である。しかし、「いつの日か元帥の地位にも就く前途洋洋たる副官を必要としている」とも書いた。マーラーはウィーンで孤軍奮闘していたので、自分に忠実でなおかつ優秀な部下が欲しかったのだ。

しかし、ワルターは動かなかった。ウィーン宮廷歌劇場は世界一の歌劇場だが、そこへ行けば、マーラーの部下という立場になる。若いワルターはひとりでどこまでできるか試してみたかった。

一年が過ぎて、一八九九年十月、ウィーンでは楽長のひとり、フックスが五十七歳で亡くなった。マーラーはさっそくワルターに、「もったいぶることなく」ウィーンに来てくれと手紙で打診した。しかし、タイミングがあまりにも悪かった。ワルターは、前年の誘いを断ったので、ウィーンの話はなくなったものと思っていた。そのため、翌年秋からの就職先として、ベルリンの王立劇場と交渉している最中だった。十一月には五年契約を提示され、受けると回答していた。

マーラーはそれを知ると、わだかまりはないと伝え、激励した。しかしワルターは、ベルリンを選んだことでマーラーが激怒し、二人の関係は終わったと思い込み、悩んだ。

マーラーとしてはフックスの後任を招聘《しょうへい》する必要があり、ベルリンの王立劇場にいたフランツ・シャルクに声をかけた。シャルクはマーラーの三歳下になる。こうしてシャルクはベルリンからウィーンへ行くことになった。ベルリンとしては、ワルターが来ることになっていたので、楽長の総人数は変わらない。ウィーンではほかに、リヒャルト・シュトラウスとカール・ムック、フェリックス・ワインガルトナーが指揮をしていた。

一九九〇年四月、ワルターは満期までリガで楽長として勤めた。リガで得た最大のものは、妻だった。歌劇場の歌手のひとりエルザとすぐに親しくなり、九八年十二月に婚約していたのだ。しかし彼女の両親は許可してくれない。ワルターが若く、その将来が不安定とみなされていた。

そして一九〇〇年秋、ワルターは故郷であるベルリンに、王立劇場楽長として帰ってきた。二十四歳だった。五年にわたり、ここでオペラを指揮していくはずだった。だが、それはわずか一年で終わってしまう。

■ベルリンからウィーンへ

一九〇一年二月、ベルリンにいるワルターに、マーラーからウィーンで自作《嘆きの歌》の初演をするので聴きに来てくれと手紙が届いた。初演以外での演奏をワルターに指揮してもらいたいと考えていたからだった。ワルターはベルリンから夜行列車でウィーンへ向かった。

五月に、ワルターはエルザの両親の許可も得て、結婚した。この夫婦には一九〇三年に長女ロッテが、一九〇六年に次女グレーテルが生まれる。

ベルリンはワルターにとって生活面では問題なかったが、職場である王立劇場は、思っていた理想的な場所ではなかった。政府の官僚があれこれと口を出し、音楽家が自分の思うように上演できる場ではなかったのだ。ワルターはマーラーの誘いもあり、ウィーンへ行くことにし、五年契約ではあったが、辞任を申し出た。

ワルターのウィーン宮廷歌劇場での契約が決まり、一九〇一年秋からマーラーとワルターは再び同じ職場で働くようになった。

九月二十七日がワルターのウィーンへの初登場と決まった。マーラーは当時のウィーンでは珍しいものでデビューさせようと、《ホフマン物語》と《ボエーム》を考えた。これまでの上演と比較されないですむからだ。しかし、結局、定番ものの《アイーダ》で、ワルターはデビューした。マーラーは満足した。これで自分の代わりを任せられる指揮者を得たと喜んだ。新聞などでも、おおむね好評だった。

■ウィーン・フィルハーモニーへデビュー

ウィーン宮廷歌劇場では十か月の間、ほぼ毎日、オペラが上演されている。新演出のプロダクション以外は、リハーサルもなしに上演される。数人の楽長たちがローテーションで指揮をしていたが、当時は誰が指揮をするかは当日になって劇場へ行かなければ分からなかった。誰が指揮するかは、観客からはそれほど重視されていなかったのだ。それが改まるのが、マーラー総監督の時代だった。

ワルターとマーラーは、時には三日連続で、時には三日に一度、オペラを指揮していた。そんな日日が八月半ばから翌年の六月半ばまで、延々と続く。

ワルターも演奏会の指揮をするようになるが、一シーズンに数えるほどだ。

ワルターのウィーン・フィルハーモニーへのデビューは一九〇七年まで待たなければならなかった。一月二十七日で、シューマンの交響曲第一番、リヒャルト・シュトラウス《ティル・オイレンシュピーゲルの愉快ないたずら》などを演奏した。

ウィーン・フィルハーモニーは宮廷歌劇場管弦楽団のメンバーが、たまには交響曲を演奏したいというので自主的に演奏会を開いたのが始まりだった。最初の演奏会は一八三三年で、四回開かれた。仕切り直されて、一八四二年三月二十八日に「第一回大フィルハーモニー・アカデミー」として開かれた演奏会が、現在に至るウィーン・フィルハーモニーの歴史の始まりである（「アカデミー」は「コンサート」という意味）。最初の指揮者は作曲家で宮廷楽団の楽長でもあったオットー・ニコライである。

以後、不定期で年に一回、やがては数回、演奏会が開かれる。一八六〇年に楽団員によって、今後継続して演奏会を開くこと、指揮者は楽団員の投票で選ぶことなどが決まった。

ウィーン国立歌劇場管弦楽団の楽団員は毎晩オペラを演奏する時は公務員だが、ウィーン・フィルハーモニーは民間団体である。公務員である楽団員たちが、その余暇の時間に演奏会やレコーディングをする時に、ウィーン・フィルハーモニーとなる。したがって、ザルツブルク音楽祭でオペラを上演する時は、国立歌劇場管弦楽団ではなく、ウィーン・フィルハーモニーとして演奏している。

マーラーやワルターの時代は一年に十の定期演奏会（一回につき二回の演奏会）があり、ほかに国内外へのツアーもあった。数人の指揮者がそれを担い、ひとりの指揮者が常任で音楽監督となるわけではない。ある時期、この楽団も音楽監督を置くがそれは短期間にすぎない。

この時代のウィーンにはほかに、演奏会協会（コンツェルトフェライン）管弦楽団、トーンキュンストラー管弦楽団などがあった。この二楽団は合併してウィーン交響楽団となって、現在に至っている。

ワルターはウィーン・フィルハーモニーのコンサートマスターであるヴァイオリニストのアルノルト・ロゼと室内楽を演奏したり、作曲もするなど、総合的な音楽家として活動していた。

ワルターとマーラーとの友情も続く。マーラーが自作の交響曲を初演する際、ワルターは常に立ち会っていた。一九〇一年十一月に第四番、〇二年六月に第三番、〇三年十月に第五番、〇六年五月に第六番である。このなかで五番の初演については後に「マーラー自身の指揮の下に行なわれた彼の作品の演奏で、私に不満の感を抱かせた最初にして最後」と評し、「管弦楽法が声部の対位法的構造を明白に表していなかった」と説明している。また、第六番については「どう思うか」とマーラーから感想を求められたので、「感傷的すぎる」と答えたという。そのせいなのか、ワルターは六番だけは指揮していない。

■マーラー指揮者

一九〇七年十月五日、この年の十二月三十一日をもってマーラーが歌劇場総監督を退任すると発表された。十年にわたりこの職にあり、やるべきことはやってしまったし、批判も受け、疲れ果てていた。十五日の《フィデリオ》がマーラーがウィーンで振った最後のオペラとなる。

マーラーの次の職場はニューヨークのメトロポリタン歌劇場だった。十二月九日、マーラーはウィーンを旅立った。大勢の友人、知人が西駅で見送った。ワルターはこの日のことを、〈ヨーロッパ文化史の重要な一章は終わった——ウィーンから発していたひとつの輝きは消え失《う》せ、その輝きを放っていた生命の光は揺らぎながら、人々を不安で脅かした。〉と書いている。

しかし、マーラーは永遠にニューヨークへ行ってしまったわけではない。ニューヨークでの契約は翌年四月までだったので、五月になれば帰ってくる。

ワルターにとっては、後任の総監督が誰になるかが気がかりだった。ワルターは自分にそのポストがまわってくるかと密《ひそ》かに期待していたが、まだ三十一歳だ。若過ぎた。後任は四十四歳のフェリックス・ワインガルトナーに決まった。ワルターとの関係はよくもなければ、悪くもない。

マーラーは五月にヨーロッパへ戻った。十二月にはまたニューヨークへ行くが、その間はヨーロッパ各地に客演し、作曲していた。九月にはプラハで交響曲第七番が初演され、ワルターもリハーサルから立ち会った。この初演では、プラハの歌劇場で合唱指揮者をしていたオットー・クレンペラーが手伝っていた。まだ二十三歳の青年である。

マーラーは十一月に再びニューヨークへ向かった。第1章にあるように、そこにはすでにトスカニーニが来ており、二人は競い合う。

ワルターは、ウィーンでワインガルトナーの下で指揮者としての日日を送っていたが、自伝によれば〈もはやとっくに、マーラーの「門弟」とはみなされなくなっていたし、私自身のファンはしだいに増えていたけれども、自分の活動にも、歌劇場における自分の地位にも満足を感じることができなくなっていた。〉

一九〇九年二月六日、マーラーのいないウィーンで、ワルターの交響曲第一番が彼の指揮、コンツェルトフェライン管弦楽団によって初演された。一時間近い大作で、聴衆は大喝采《だいかっさい》したが、評論家からの評価は低かった。一方、ピアノとヴァイオリンのためのソナタは好評だった。

ワルターはオペラだけでなくコンサートの指揮者としても評価が高まり、一九〇三年三月にはロンドンのフィルハーモニー協会の演奏会に招聘された。以後、ウィーン宮廷歌劇場楽長のポストは維持しつつ、外国へも客演するようになった。

マーラーは一九〇九年四月に、メトロポリタン歌劇場での第二のシーズンを終えてヨーロッパへ戻り、この夏は交響曲第九番を作曲していた。そして秋からは三度目のニューヨークなのだが、今度はメトロポリタン歌劇場ではなく、ニューヨーク・フィルハーモニックの指揮者としての活動を始めた。これまでもコンサートを指揮していたが、ひとつの楽団のシーズン全ての公演を受け持つ実質的な音楽監督の仕事は初めてだった。

オペラは音楽が重視されるとはいえ、演劇であり、スター歌手を擁する興行でもある。音楽以外の要素が、劇場内政治を含めて多い。マーラーは三十年近く、その修羅場で生きてきたが、五十歳を前にして、疲れ果てていた。オペラでやりたいことはやりきったという思いもあり、コンサート指揮者に転じることにしたのだ。

オペラからシンフォニー・コンサートへという転身は、以後、大指揮者のひとつの生き方となる。まずトスカニーニがその後を追い、ワルターもそれに続く。

マーラーがニューヨークへ旅立った後の十月二十五日、ワルターはウィーンで、コンツェルトフェライン管弦楽団の演奏会で、マーラーの交響曲第三番を指揮した。この時代、マーラー以外の指揮者によってマーラーの曲が演奏されるのは珍しい。評判はニューヨークにも伝わり、マーラーはワルターに「第三番を君が演奏してくれたというニュースは私には大変な喜びでした！」と手紙に書いた。「マーラー指揮者ワルター」の誕生である。マーラー自身を除けば、ワルターこそが最初の「マーラー指揮者」だった。

■フルトヴェングラーとの出会い、マーラーとの別れ

一九一〇年の夏もマーラーは次の交響曲に取り組んでいた。この夏は妻アルマの不倫が発覚し、精神的に疲労し、フロイト博士の診断を仰いだ。それでも元気を取り戻し、マーラーは生涯最大の大作である交響曲第八番の初演を、九月にミュンヘンで行なった。独唱者と合唱団も含めて一千人近くがステージに上がる大作で、ワルターはマーラーが来る前に、独唱者の選定とリハーサルをするなどの協力をした。これが、二人の共同作業の最後となろうとは、誰も知らなかった。

第八番初演は成功し、マーラーは四度目のニューヨークへ向かった。このシーズンも翌一九一一年春まで、ニューヨーク・フィルハーモニックを指揮することになっていた。

一九一一年二月、ワルターはローマの聖チェチーリア音楽院管弦楽団を指揮して、イタリアにもデビューした。続いて、当時はドイツ領だったシュトラスブルク（現在

はフランスのストラスブール）へ行き、二十二日に市立管弦楽団（現・ストラスブール・フィルハーモニー管弦楽団）で、自作の交響曲第一番を指揮した。

当時のシュトラスブルクで、市立音楽院と歌劇場と市立管弦楽団の監督をしていたのが作曲家のハンス・プフィッツナーだった。ワルターと親交を深めていくが、この作曲家はナチスに傾倒していく。この楽団で一九〇九年から第三指揮者として働いていたのが、若き日のフルトヴェングラーであり、音楽院でヴァイオリンを学んでいたのが二十歳のシャルル・ミュンシュだった。ミュンシュと知り合うのはこの後だが、ワルターはこの時にフルトヴェングラーと知り合い、若い指揮者の才能を認めた。だが、この二十五歳の青年が十数年後にはワルターの最大のライバルになるとは、夢にも思わなかった。

ワルターがシュトラスブルクで指揮し、フルトヴェングラーと出会ったのが二十二日で、ニューヨークでは二十一日夜に、マーラーの演奏会をトスカニーニが聴き、翌二十二日朝、マーラーは高熱で倒れた。こういう偶然が、歴史にはある。

マーラーは二度とステージには立てず、余命を悟ると「ヨーロッパで死にたい」と言って、四月八日にニューヨーク港を出て十六日にパリへ着いた。ワルターはウィーンの公演を休んでパリへ見舞いに行き、親友にして師である人の衰弱ぶりに絶望した。マーラーは五月十二日にウィーンへ帰り、ワルターも看取るなか、十八日に亡くなった。倒れてから三か月という突然の死だった。交響曲第十番は第一楽章まではオーケストレーションも終わっていたが、残りはスケッチのままだった。完成していた《大地の歌》と第九番は、マーラーによる初演はなされず、ワルターに託された。

《大地の歌》がワルターの指揮で初演されるのは、一九一一年十一月二十日だった。ミュンヘンでカイム管弦楽団（一九二八年からミュンヘン・フィルハーモニー管弦楽団）が演奏した。この日は、先に第二番《復活》が上演され、後半が《大地の歌》という、三時間以上の長い演奏会だった。

さらにワルターはウィーン・コンツェルトフェラインの演奏会で、十二月二日にマーラーの交響曲第二番《復活》、翌一二年三月十四日と十五日には交響曲第八番のウィーン初演を指揮した。そして六月二十六日、第九番をウィーン・フィルハーモニーで初演した。

ワルターはマーラー演奏の第一人者となった。亡くなった直後から、ワルターによって演奏され始めたことで、マーラーの交響曲は「当代一の指揮者が余暇に趣味で作った曲」として終わらず、「同時代の曲」として定番になり、やがて不朽の名作へ転じていく。

■ミュンヘンへ

マーラーが一九一一年五月に亡くなったのに続いて、七月にミュンヘンの音楽総監督をしていたフェリックス・モットルが急死した。六月二十一日に宮廷劇場で《トリスタンとイゾルデ》を指揮している最中に心臓発作で倒れ入院したが、七月二日に亡くなったのだ。五十四歳だった。

ウィーンの総監督の座をワインガルトナーに持って行かれたワルターにとって、思わぬチャンスがやってきた。新しいシーズンが始まる直前の九月に、ワルターはミュンヘンの歌劇場の支配人と会い、後任について話した。ワルターは「音楽総監督」としての全権を求めたが、歌劇場側は「第一楽長」(首席指揮者)ならと言い、合意できなかった。

しかし、今後はミュンヘンにも客演することでは合意し、ワルターは一九一一/一二シーズンはウィーンとミュンヘンを往復する日日となる。当時は鉄道で片道八時間もかかった。そのなかで、十一月二十日に《大地の歌》の初演がミュンヘンで行なわれたのだ。

ワルターは十二月にもミュンヘンへ行き、宮廷劇場でユリウス・ビットナーの新作オペラ《山の湖》のミュンヘン初演を指揮した。

この時代のワルターの録音が存在しないため、ベートーヴェンやモーツァルトの交響曲指揮者のイメージが強いが、自身が作曲家でもあるこの指揮者は、知人・友人でもある同時代の作曲家の作品を多数、上演していた。しかし、その多くは現在のオペラハウスのレパートリーには残っていない。

一九一二年四月にウィーンでの出番を終えると、ワルターはミュンヘンでワーグナー《トリスタンとイゾルデ》と《ニーベルングの指環《ゆびわ》》四部作を指揮し、さらに秋からのシーズンもミュンヘンへの客演で始め、八月と九月にワーグナー《トリスタン》を三回、《指環》を二回など、十七回も指揮した。

ミュンヘンはワルターの評判がいいので、音楽総監督ならという条件を呑《の》もうとしていた。だが有能な指揮者をウィーンは手放そうとしない。ついにバイエルン王国のレオポルト皇太子がオーストリア皇帝に打診する事態となった。ウィーンは「六年後に復帰する」という秘密契約を結ぶことを条件にして、シーズン途中でワルターを送り出した。

一九一三年一月一日付で、ブルーノ・ワルターはミュンヘンの音楽総監督となった。終身契約となっていたが、とりあえず六年契約で、それを過ぎた場合、ワルターの側からのみ破棄できるとなっていた。その時の状況によっては、ワルターはウィーンへ帰ればいい。

ワルターが就いたのは歌劇場の音楽総監督ではなく、ミュンヘンという都市の音楽総監督だった。「音楽総監督」は宮廷楽長が起源だが、その都市の歌劇場や楽団、市の行事での音楽など、すべてを統括する管理職ポストである。それでいて、音楽総監督には歌劇場の首席指揮者として、毎晩のように指揮することも求められる。管理職としての政治力、実務能力と、音楽家としての藝術面での才能とセンスが必要なポストだ。ワルターはこの音楽総監督に三十六歳で就任した。

ミュンヘンには歌劇場が三つあり、最大のものが二千人が入る宮廷国立劇場（後、バイエルン州立歌劇場）である。ほかにオデオン座というコンサートホールもあった。

ワルターの就任公演は一月四日の《トリスタンとイゾルデ》だった。

一月には短期間ではあったが、初めてロシアへも行き、モスクワでコンサートとオペラを指揮した。三月にはミュンヘンの音楽総監督として初の《指環》四部作を成功させ、シュトラウス《ナクソス島のアリアドネ》のミュンヘン初演に取り組んだ。

ミュンヘン時代もワルターは、モーツアルトやワーグナーを主軸にしつつ、コルンゴルトやプフィッツナーなど、同時代の作曲家の新作を上演していった。各地の歌劇場やオーケストラにも客演していく。ウィーン・フィルハーモニーの演奏会や、アルノルト・ロゼとの室内楽のため、ウィーンへ行くことも多かった。

自分のことだけでも忙しいだろうに、ワルターはひとりの若い音楽家を世に送り出す手助けもした。シュトラスブルクの第三指揮者だったフルトヴェングラーがミュンヘンの演奏会協会で指揮をするにあたり推薦し、さらにフルトヴェングラーが翌年、マンハイムの管弦楽団の指揮者になる時も口添えする。ワルターの働きかけが、どの程度効果があったのかは分からないが、フルトヴェングラーの母がワルターへ書いた手紙によると、若い指揮者は、ワルターを尊敬しその友情に感謝していたとある。

二年目の一九一四／一五シーズンは世界大戦の勃発《ぼっぱつ》と前後して始まった。オーストリア＝ハンガリー帝国、ドイツ帝国、オスマン帝国、ブルガリア王国が「中央同盟国」として、フランス、イギリス、ロシアなど連合国と闘う図式になっていく。ワルターもドイツ的、愛国的な音楽を演奏することもあった。しかし、歌劇場やコンサートでのレパートリーはそれまでと大きな変化はない。

■ミュンヘンを去る

一九一八年十一月、戦争は同盟国の敗北で終わり、負けたオーストリアとドイツは帝政が倒れて、共和制となった。バイエルンは一時は共産党が政権を握ったが、それは短命に終わった。そしてこの地からナチスが誕生する。

ワルターにとっては政治体制が変わることで、歌劇場や楽団への予算がどうなるかが最大の関心事だった。共和制になってもオペラの公演は続いており、大きな変化は見られない。

戦争の次の脅威は勢力を伸ばしてきた極右勢力だった。ワルターは改宗していたが、ユダヤ人だとみなされ、ナチスが攻撃してきたのだ。ワルターはミュンヘンでの生活がだんだんに嫌になり、次の職場を求める気分になっていた。単に「別の都市」というだけでなく、歌劇場指揮者からコンサート指揮者への転身を考えるようになっていた。

ワルターのベルリン・フィルハーモニーとの関係は、少年時代、音楽院時代を除けば、一九一三年十二月二十九日の客演から本格的に始まる。この時はシューマンの交響曲第一番とベートーヴェンの第九を演奏した。以後一シーズンに一回あるかないかのペースで客演していたが、一九一九年一月二十日に首席指揮者アルトゥール・ニキシュが急病になったので代役を頼まれ、見事に応《こた》えると、次のシーズンからは客演に呼ばれる回数が増えていった。

ミュンヘンの次の活動の拠点としてワルターが狙っていたのは、まさにベルリン・フィルハーモニーだった。もうひとつの魅力的な楽団が、伝統あるライプツィヒのゲヴァントハウス管弦楽団である。しかしその二つの楽団には首席指揮者としてニキシュが健在だった。ワルターはマーラーにならいアメリカへ行くことも考えていた。

ところが、一九二二年一月二十三日、ニキシュが急死した。六十六歳だった。ドイツ音楽界の主要ポスト二つが空席となった。

偶然から、まずライプツィヒの楽長《カペルマイスター》（音楽監督、首席指揮者だが、この楽団では楽長と称す）がフルトヴェングラーに決まった（第3章参照）。ベルリン・フィルハーモニーはワルターが最有力候補となっていた。この楽団のマネージメントを請け負っていたヴォルフ社は社主のヘルマンが亡くなった後は、その妻のルイーゼ・ヴォルフが女王として差配していた。そのルイーゼが最も大切にしている顧客がブルーノ・ワルターだった。

そこにフルトヴェングラーが有力候補として急浮上した。実績と人気ではワルターが上だった。ヴォルフ社との関係からもワルターを選ぶべきだった。しかしルイーゼは、息子からフルトヴェングラーを紹介され、ベルリン・フィルハーモニーの将来を考えると、大胆な世代交代が必要だと考えるようになる。

ワルターが三月八日に知人に出した手紙には、こうある。〈ニキシュの後任はまだ決まっていません。現実問題として考えられる候補は二人だけで、フルトヴェングラーと私です。フルトヴェングラーは、ニキシュが死んでからベルリンに根を下ろし、天国から地獄までの、あらゆる手段を総動員して、この地位を得ようと躍起になっています。私は何もしていません。私はこれまでの人生で、ただ業績によってのみ道を開こうとしてきましたから。〉

権謀術数を嫌うワルターは、報《しら》せを待つこと以外、何もしなかった。

ルイーゼ・ヴォルフは楽団に次期首席指揮者としてフルトヴェングラーを提案し、楽団員たちも同意し、新しい首席指揮者は三十六歳のフルトヴェングラーに決定した。

以後もワルターはベルリン・フィルハーモニーの定期演奏会に枠を持ち、月に一回のペースで客演していく。

ベルリンとライプツィヒへ移ることはできなかったが、ワルターは一九二二年十月三日の《フィデリオ》で、ミュンヘン音楽総監督の仕事に終止符を打った。

■大西洋をまたぐ客演指揮者

ミュンヘンの音楽総監督を辞めたワルターは、ウィーンやベルリンに客演した後、一九二三年一月二十日、アメリカへ向かった。マーラー、トスカニーニのように、この指揮者も新天地として新大陸を選んだのだ。

後に終《つい》の棲家《すみか》を置くことになるアメリカでの最初のツアーは、コンサート指揮者としてのもので、二月十五日、ニューヨークのカーネギー・ホールでのニューヨーク交響楽団の演奏会で、ワルターはアメリカ・デビューした。このツアーでは、デトロイト、ミネアポリス、ボストンとまわり、現地の楽団を指揮した。

ヨーロッパへ帰ったのは四月十五日で、ベルリン・フィルハーモニー、ウィーン交響楽団へ客演し、夏の休暇に入った。

ライプツィヒのゲヴァントハウス管弦楽団へのデビューとなったのが八月二十八日だった。フルトヴェングラーは、ベルリンとライプツィヒで先輩であるワルターのために、月に一回程度の客演枠を設けていたのだ。ゲヴァントハウスのデビュー・コンサートではブラームスの交響曲第二番と歌曲、シューベルトのオペラのバレエ曲などを演奏した。

一九二三／二四シーズン、ワルターはアムステルダムのコンセルトヘボウ管弦楽団にデビューした。曲はマーラーの交響曲第一番だった。コンセルトヘボウにはヴィレム・メンゲルベルクが首席指揮者として君臨していたが、この指揮者はマーラー音楽の理解者であり、ワルターとも良好な関係を築き、以後、アムステルダムはワルターにとって最重要の客演先となる。

一九二四年二月から三月は再びアメリカへ行き、ニューヨーク交響楽団を指揮した。四月にヨーロッパへ戻ると、イギリスのロンドンへ客演した。コヴェント・ガーデン王立歌劇場が、呼んでくれたのだ。一九一〇年以来、十四年ぶりだった。第一次世界大戦でイギリスとドイツは敵となっていたので、この歌劇場ではドイツ・オペラの上演が絶えていたが、それを復活させ、ワルターに委ねたのだ。ワルターは久しぶりに歌劇場のピットに入り、ワーグナーやリヒャルト・シュトラウスの作品を上演した。

以後一九三一年まで、ワルターは毎年五月から六月にコヴェント・ガーデンでワーグナーなどドイツ・オペラを指揮していく。

一九二五年二月は三度目のアメリカで、ニューヨーク交響楽団を指揮した。ワルターのレコーディングが始まったのもこの頃だった。最初はベルリン・フィルハーモニーとで、正確な日付が不詳だが、一九二三年から二四年にかけて、リヒャルト・シュトラウス《死と変容》、ワーグナー《トリスタン》の「愛の死」や《マイスタージンガー》の第三幕への前奏曲などが録音されている。またロンドンのロイヤル・フィルハーモニック、ベルリン州立歌劇場管弦楽団とも録音した。

一九二五年夏にはザルツブルク音楽祭に初めて出演し、ドニゼッティ《ドン・パスクァーレ》などを指揮した。

そして秋――ワルターは再びベルリンでオペラ指揮者となる。今度の職場は新しい「市立歌劇場」だった。

■ベルリン市立歌劇場時代

ベルリンには大通りであるウンター・デン・リンデンに、いまもベルリン州立歌劇場があり、毎晩、オペラを上演している。ワルターが若き日に二シーズン、楽長として勤めたのもこの劇場で当時は王立劇場といった。その場所から「リンデン・オペラ」ともいい、東西分断時代は東ベルリンに属していた。西ベルリン側にあったのが、ベルリン・ドイツ・オペラで、その前身となるのが、ベルリン市立歌劇場である。

一九一〇年に市民のためのオペラハウスを作ろうという一種の市民運動が起こり、事前予約金が集められ、新劇場のための株式会社が作られた。シャルロッテンブルク市が建設費を出すことになり、一九一一年に「ドイツ・オペラハウス」として新劇場は開場した。その後にシャルロッテンブルク市がベルリン市に吸収合併されるなど、紆余曲折《うよきょくせつ》があり、何度も経営危機を迎えた。

一九二五年五月に、ベルリンの「市立歌劇場」として再出発することになり、ワルターはこの新劇場の音楽監督に就任した。この劇場は所在地の名をとって「シャルロッテンブルク・オペラ」という通称も持つ。戦後は西ベルリンに位置し、「ベルリン・ドイツ・オペラ」となった。

新体制発足前の混乱期の一九二四年に、ワルターはすでにこの劇場でワーグナー《トリスタンとイゾルデ》《ワルキューレ》などを指揮していたらしいが、この時期は記録が散失し確認できない。この実績もあって、ワルターは新体制に招聘されたと思われる。

音楽監督ワルターと同時に、総支配人にはハインツ・ティーティィエンという演出家で指揮者でもある人物が就任した。ティーティィエンは政治力もあり、ナチス時代のドイツ音楽界で辣腕《らつわん》をふるう。

音楽監督ワルターの指揮による最初の公演は一九二五年九月十八日で、ワーグナー《ニュルンベルクのマイスタージンガー》だった。ワルターは十五日に四十九歳になった。

新体制での上演は好評だった。観客動員もよく、好スタートを切って、一年目を終えた。五月にワルターはロンドンへ行き、コヴェント・ガーデンで指揮し、六月にはミラノへ行き、スカラ座の管弦楽団の演奏会を指揮した。この時に、初めてワルターとトスカニーニは顔を合わせた。トスカニーニが《トゥーランドット》を初演したのはこの年の四月、ワルターが来る二か月前のことである（第1章参照）。

市立歌劇場での二年目は一九二六年九月十四日、《フィデリオ》の新演出で始まった。十五日にワルターは五十歳になった。その直後、ティーティエンが州立歌劇場の総支配人も兼任することが決まった。これがワルターとティーティエンの関係を微妙なものにさせていく。もともと二人は、近い将来に二つのカンパニーを統合したいと話していた。マネージメントと演出面をティーティエンが担い、ワルターは音楽面の責任をとるという体制で、二つのカンパニーによるオペラを、二つの劇場で上演していこうとしていたのだ。

だが、ティーティエンだけが、二つのカンパニーの総支配人になった。抜け駆けである。そういう感情面でのこだわりもあるが、何よりも、市立歌劇場がないがしろにされることを、ワルターは危惧《きぐ》した。

そんななか十一月六日には、ティーティエンの演出、ワルターの指揮で《トゥーランドット》のベルリン初演が上演され、大成功した。四月にスカラ座でトスカニーニが初演した半年ほど後のことだ。

評判はよかったが、ワルターの市立歌劇場への熱意は冷めていったかに見える。ほかの歌劇場やシンフォニー・コンサートへの客演が増えていくのだ。

一九二七／二八シーズンもベルリンやアムステルダム、ブダペストなどへ客演した。四月で市立歌劇場でのシーズンが終わると、この年も五月はコヴェント・ガーデンで、それが終わるとパリへ行き、パリ音楽院管弦楽団の演奏会を指揮し、シャンゼリゼ劇場ではモーツァルトのオペラ五作を一挙に上演した。八月はザルツブルク音楽祭だ。

一九二八／二九シーズンは、ミュンヘン・フィルハーモニーとの《大地の歌》で始め、フィルハーモニーとゲヴァントハウスに出て、ようやく十月二十七日に市立歌劇場に《タンホイザー》で登場した。市立歌劇場への出演は減り、ベルリンでは「ワルターの不在」が問題視されたが、ワルター自身、すでに市立歌劇場を見切っていた。

一九二九年四月三日、ワルターがベルリン市立歌劇場音楽監督を辞任し、十二日と十四日が最後の公演となると発表された。その十二日までもワルターはキャンセルし、神童メニューインとのベルリン・フィルハーモニーでの演奏会を指揮した。そして十四日の《フィデリオ》が最後の公演となった。

一週間が過ぎて二十二日、ワルターはロンドンのコヴェント・ガーデンのピットにいた。

結局、ワルターは市立歌劇場には四シーズンしかいなかった。だが多くの新演出上演、初演があり、藝術的功績は大きい。

コヴェント・ガーデンでのオペラが終わると、この年も夏はアメリカだった。サンフランシスコとロサンゼルスをまわった。

■ゲヴァントハウス管弦楽団

アメリカからヨーロッパへ戻ると、一九二九／三〇シーズンはゲヴァントハウスで始めた。楽長のフルトヴェングラーが二八年三月二十九日に辞任し、その後任となったのだ。

ライプツィヒのゲヴァントハウス管弦楽団は「世界最古の民間オーケストラ」と称される。ドイツ各地の楽団は、宮廷楽団を前身とし、共和制になると州立や市立の楽団となった。だがゲヴァントハウス管弦楽団は宮廷に属さない楽団として、一七四三年に設立された。

ライプツィヒは商業都市として栄えていた。一七四三年に十六人の音楽家が集まって演奏会を開いたのが始まりだった。最初は楽団員の自宅で演奏していたが、一七八一年に織物会館（ゲヴァントハウス）が建てられ、そのなかにホールも作られたので、そこを会場にして演奏会を開くことにし、「ゲヴァントハウスのオーケストラ」と呼ばれるようになった。一八三五年にはメンデルスゾーンが楽長となり、演奏水準を高め、過去の名曲（バッハ、モーツァルト、ベートーヴェンなど）を演奏するという、こんにちの「クラシックのコンサート」の原型を作り上げた。

ライプツィヒはバッハが長く教会に勤めていた都市でもある。ワルターはドイツ音楽の源流といえる都市の楽長となったのだ。ゲヴァントハウスは一シーズンに十九回の定期演奏会を開いていたが、ワルターはそのうちの十回を担当することになった。

十月十日が新シーズンのワルターの最初の演奏会で、ヘンデルの合奏協奏曲、ベートーヴェンの交響曲第八番、シュトラウス《死と変容》などを演奏した。

一九三〇年になると、一月はベルリン・フィルハーモニーとコンセルトヘボウに客演し、ロンドン交響楽団と《大地の歌》を演奏した。二月にライプツィヒへ戻り、三月まで楽長の務めを果たすが、四月はパリ、五月はロンドンでオペラ、六月はウィーンでフィルハーモニーのコンサート、八月はザルツブルク音楽祭でオペラとコンサートを指揮した。一九三〇／三一シーズンもライプツィヒを拠点とはしていたが、各地へ客演する。

一九三一／三二シーズン、ワルターは、十月から十二月まで楽長として勤めると、一九三二年一月にアメリカへ渡った。一九二四年と二五年に客演したニューヨーク交響楽団はニューヨーク・フィルハーモニックに吸収合併され、ワルターは新生ニューヨーク・フィルハーモニックに、二月の終わりまで客演した。

一九三二／三三シーズンは十月二十日に始まった。ワルターにとって、ライプツィヒという街はそれほど魅力はなく、ずっといたいとは思っていないが、オーケストラには満足していたし、ほかの都市への客演も許されていたので、辞めるつもりはまったくなかった。だが、ドイツは不安定な内閣が続き、数か月おきに選挙があり、そのたびにナチスが勢力を拡大していた。

十二月十五日がゲヴァントハウスでの年内最後の演奏会で、マーラーの交響曲第一番などを指揮した。それを終えたワルターはアメリカへ向かった。三月に帰国して十六日にゲヴァントハウス、二十日にベルリン・フィルハーモニーを指揮する予定になっていた。しかし、それは幻の演奏会となる。

■激変したドイツ

ワルターがアメリカにいる間の一九三三年一月三十日、ドイツではヒトラーが首相に就任した。

二月二十六日が、ワルターのニューヨークでのこのシーズン最後の演奏会だった。ワルターは妻エルザと大西洋を渡り、ドイツの北海に面するククスハーフェンで下船した。

ベルリンの自宅に着くと、衝撃的な報せがライプツィヒから届いた。三月十六日のゲヴァントハウスの演奏会を、ワルターがキャンセルしない限り禁止すると、警察署長から通告されたというのだ。ユダヤ教から改宗していたが、ナチスから見れば、ワルターはユダヤ人なのだ。ユダヤ人音楽家はたとえ大指揮者ワルターでも、ナチスは容赦なく弾圧した。

楽団も抵抗したが、当日になって禁止命令が出たため、ワルターは出演を断念し、ベルリンへ戻った。三月二十日にフィルハーモニーの演奏会が予定されていたのだ。ワルターはまだ希望を持っていた。

ベルリンではもう少し巧妙な手段が取られた。フィルハーモニーは国民啓蒙《けいもう》・宣伝大臣ゲッベルスから、「ワルターが指揮すると不快な示威行動が予想されるので、キャンセルするように」との警告を受けたのだ。演奏会の禁止命令ではないところが、巧妙である。判断はワルターとベルリン・フィルハーモニーに委ねられた。やりたければやれ、しかし妨害するぞ、との脅迫である。ワルターは身の危険も感じ、すぐにベルリンから離れることを決断した。

こうしてドイツを代表する指揮者はドイツを出て、とりあえずウィーンへ向かった。

ドイツでは指揮ができなくなったこの巨匠を、しかし世界は休ませてはくれない。ウィーンに滞在して二日目に、オランダのアムステルダムから電報が届いた。コンセルトヘボウ管弦楽団のメンゲルベルクが急病になったので、代役を頼めないかという内容だった。ワルターは快諾し、アムステルダムへ向かった。

アムステルダムの駅に着いて外へ出ると、大群衆が駅前の広場にいた。ワルターは何があるのだろうと思った。それは、まさにワルターその人を出迎えるために集まった群衆だった。この名指揮者への歓迎の意を表すため、人種差別政策をしているドイツへの抗議を示すために、人びとは集まったのだ。群衆はやがて歌い出した。それは、昔のネーデルランドの自由の歌だった。

演奏会は大成功した。三十日にも開かれ、それを終えると、ワルターは満足してウィーンへ帰った。そして遅れてベルリンを出た妻エルザと再会した。

■旅回りの指揮者

ワルターはウィーンに戻ると、フィルハーモニーや交響楽団へ客演し、かつて暮らしたこの音楽の都に、落ち着こうとしていた。四月下旬にはロンドンへ行き、ロンドン・フィルハーモニックに客演し、パリへ立ち寄った。当時のことを自伝にこう記している。

〈ドイツの音楽界を追放された後の数か月は、いたるところどこへ行っても、私が音楽家として受けた栄誉は、普段の温かみを越えていた。それは同時に、私の敵に対する――というよりは、むしろ文化の敵に対する、無言の、しかし情熱的なデモンストレーションとなった。人々は私を通して、文化が侮辱されているのを見たのである。〉

この夏のザルツブルク音楽祭の主役はワルターその人だった。この音楽祭が、反ナチスの自由の砦《とりで》となったのだ。音楽祭を終えたワルターは、アメリカでの仕事が待っていたので、九月に大西洋を渡った。十月から十二月までの三か月、ニューヨーク・フィルハーモニックを指揮し、一九三四年一月にはロンドン、二月はアムステルダムのコンセルトヘボウへ客演した。ウィーンへ戻り、三月と四月はウィーン・フィルハーモニーの演奏会を指揮する。拠点を喪ったので、旅回りの指揮者だ。

三月二十八日には一九一二年以来二十二年ぶりにウィーン国立歌劇場に登場し、《仮面舞踏会》を指揮した。その後、ワルターはウィーン・フィルハーモニーと長いツアーに出かけた。オーストリアのフェルトキルヒに始まり、スイスのチューリヒ、バーゼル、フランスへ入りストラスブール、パリ、そしてロンドンへ行き、また大陸へ戻りベルギーのブリュッセル、五月一日にフランスのルーアンでツアーを終えた。ドイツを避けたので、こういうコースになった。

五月にワルターは単身でパリへ行き、オペラ座で《ドン・ジョヴァンニ》を指揮したかと思うと、ロンドンでは音楽祭に出演し、またパリへ行きオペラ、そしてまたロンドンへ行ってレコーディングという、当時の交通機関を考えるとかなりハードなスケジュールをこなした。

パリとロンドンの往復が終わると、ワルターはしばらく静養に入るが、すぐに夏のザルツブルク音楽祭の準備に取り掛かった。この年は、トスカニーニがザルツブルク音楽祭に初登場し、ワルターと人気を分け合った。

次のシーズンのためにワルターがヨーロッパを出たのは十二月二十二日で、ニューヨークへ向かい、翌一九三五年一月半ばまで、ニューヨーク・フィルハーモニックを指揮した。

一九三五年も旅回りの指揮者だ。二月はアムステルダム、三月と四月はウィーン、イギリスとフランスへ客演し、五月には新しい音楽祭であるフィレンツェの五月音楽祭に出演した。ザルツブルク音楽祭は、この年もトスカニーニとワルターが主役だった。

九月二十二日にウィーン国立歌劇場で《トリスタンとイゾルデ》を指揮して、新しいシーズンを始めた。国立歌劇場は総監督のワインガルトナーが高齢なため、ワルターにもいくつかの公演の指揮が依頼されたのだ。

ワルターはウィーンを拠点とすることに決め、家を持った。一九三三年にベルリンを出た後、どうせ旅が多いこともあり、定住する家はどこにも持っていなかったが、ようやくウィーンに住むことを決意したのだ。僅《わず》か二年後にこの都市とも別れなければならないとは誰が知ろう。

■ウィーンでの最後の日日

例年のワルターならば十二月から一月にかけてはニューヨークで指揮していたが、このシーズンは大西洋を渡らなかった。一九三六年一月はサンモリッツで静養し、二月と三月はアムステルダムへ行き、四月から六月はウィーン、その間に、フィレンツェ、ローマ、プラハ、パリに客演した。

六月十三日、ウィーン国立歌劇場ではワルターの今シーズン最後となる公演として《トリスタンとイゾルデ》が上演されていた。その公演中、オーストリアのナチスが劇場内に悪臭弾を放つ事件が起きた。ユダヤ人であるワルターへの嫌がらせ、妨害だった。ワルターとオーケストラは演奏を続けられたが、歌手は歌えなくなった。それでも最後までワルターは音楽を続けた。ウィーンが安住の地ではないことを、ワルターは改めて知った。

八月一日、ベルリン・オリンピックが開会された。ヒトラーの祭典を横目に、ザルツブルク音楽祭も始まり、ワルターとトスカニーニが奮闘した。八月十九日は、マーラーの没後二十五年記念演奏会で、ワルターは交響曲第三番を演奏した。マーラーはユダヤ人とみなされ、ドイツでは演奏されなくなっていた。

音楽祭が終わると九月一日をもって、ワインガルトナーがウィーン国立歌劇場総監督を辞任した。後任のエルヴィン・ケルバーは指揮者ではなかったので、ワルターに藝術監督になってくれと要請した。ワルターは快諾した。かつて望んだ「マーラーの後任」にずいぶんと遠回りしたが、ようやく就いたのだ。新体制でのウィーン国立歌劇場にワルターが登場するのは十月十三日で、《ワルキューレ》を指揮してスタートした。

しかし、ワルターのウィーン国立歌劇場時代、ウィーン国立歌劇場のワルター時代は、あまりにも短かった。あとから思えば、一九三七年はヨーロッパが平和だった最後の年だった。ワルターにとってウィーン国立歌劇場で一シーズンをまっとうするのは、この一九三六年秋から三七年春までのシーズンが生涯で最後となる。

一月はウィーンでオペラを指揮し、二月と三月はアムステルダム、四月にウィーンへ戻り、五月はフィレンツェ五月音楽祭へ客演し、六月はウィーン・フィルハーモニーとロンドンとパリ、ストラスブール、チューリヒへ行った。その間の六月一日、カラヤンがウィーン国立歌劇場に初登場したときは、ワルターも歌劇場にいて、立ち会っている。

この年のザルツブルク音楽祭は、ワルター、トスカニーニだけでなく、フルトヴェングラーもやって来た。ここでトスカニーニとフルトヴェングラーは口論をした（第1章参照）。ワルターはこの論争には加わっていない。

九月からはウィーンでのオペラの日日だ。そのオペラに明け暮れる日日は、少なくともシーズンが終わる一九三八年六月まで続くはずだった。

一九三八年一月十五日と十六日、ワルター指揮のウィーン・フィルハーモニーの演奏会ではモーツァルト《プラハ》交響曲と、マーラーの交響曲第九番が演奏された。この時のマーラーはライヴ録音され、長くこの曲の名演名盤となる。

一方、ヒトラーはオーストリアの併合に向けて公然と動き出していた。

ワルターは二月十七日にウィーン国立歌劇場、十九日と二十日は楽友協会ホールでウィーン・フィルハーモニーの演奏会を指揮した。二十一日はウィーン・フィルハーモニーとハンガリーへ行き、ブダペストで演奏会、二十四日は単身プラハへ行き、当地のフィルハーモニーを指揮した。

ウィーンへ戻り、二月二十六日に国立歌劇場でスメタナ《ダリボール》を指揮すると、ワルターは客演先のアムステルダムへ向かった。コンセルトヘボウの演奏会は三月三日から十九日までだった。

三月十一日金曜日朝、ザルツブルクのドイツとオーストリアの国境がドイツによって閉鎖された。シューシュニック首相は辞任を強いられた。ドイツによるオーストリア併合である。

ワルターはアムステルダムで、ナチスによるオーストリア併合と、娘のロッテが逮捕されたことを知った。もはやウィーンへは帰れない。彼はスイスへ向かった。ウィーン国立歌劇場関係者に頼み、ロッテを釈放させることはできた。

四月になって、オーストリア併合のショックからどうにか立ち直ったワルターは、パリでコンサートと《フィデリオ》を指揮した。当初は諦《あきら》めていたが、フィレンツェ五月音楽祭にも行った。当面の落ち着き先としてはスイスのルガーノを選んだ。娘のロッテもウィーンから出ることができた。

オーストリアがナチスのものとなったので、トスカニーニもワルターもザルツブルク音楽祭を、キャンセルした。二人のマエストロはスイスのルツェルンの音楽祭に参加した。二人だけではない。メンゲルベルク、アンセルメ、コルトー、フォイアマン、アドルフ・ブッシュ、フリッツ・ブッシュといった、豪華メンバーが、八月二十五日から二十九日に、スイスの湖畔の街へ結集した。

ワルターの許にパリの藝術院からフランスの市民権を与えるとの報せが届いた。ワルターは安堵《あんど》し、これからはフランスのために尽くそうと決意した。

この秋はロンドン、アテネなどのバルカン半島ツアー、アムステルダム、コペンハーゲン、ストックホルム、オスロなどで指揮した。ルガーノに戻り、今度はパリへ行って、パリ・フィルハーモニー協会管弦楽団を連れてのツアーでストラスブール、リヨン、ジュネーブとまわった。そしてまたロンドン、アムステルダムと多忙な日日を過ごした。

またも旅回り生活になった。

■悲劇

一九三九年四月と五月、ワルターはニューヨークにいた。NBC交響楽団を振るためだった。トスカニーニと分け合うのだ。ニューヨークには妻エルザと娘ロッテも同行していた。五回の演奏会を終えると、ワルター一家はパリへ行き、もうひとりの娘グレーテルと再会した。夏はルツェルン音楽祭に出る。

だが八月十九日、ルツェルンのワルターのもとにグレーテルが、その夫に殺されたとの報せが届いた。とても指揮はできず、トスカニーニに代役を頼んだ。

グレーテルは夫と離婚交渉中だった。しかし彼女にはすでに愛人がいた。それを妬《ねた》んだ夫が、「話がある」とチューリヒの夫婦の家に彼女を呼び出し、銃で撃ち、その後、自殺したのだ。

ルツェルン音楽祭が終わった直後の九月一日、ドイツがポーランドへ侵攻した。戦争の始まりだった。開戦のショックもさることながら、ワルターは、娘の突然の死、それも夫に殺されるというスキャンダラスな死に打ちのめされており、九月にはコンセルトヘボウへの客演が予定されていたが、とてもステージに立てる状況ではなく、キャンセルした。

フランスが参戦したことにより、パリもいつまで安全かは分からない。ワルターは翌年初めに客演すると契約していたアメリカへ早めに向かうのが最善と考え、十一月一日、妻エルザと娘ロッテとともにジェノヴァからニューヨークへ向かった。

アメリカでの最初の仕事は西海岸のロサンゼルスだった。ワルターは大陸を横断し、十二月十二日からロサンゼルス・フィルハーモニックを指揮した。ワルターがこのオーケストラを指揮するのは初めてで、聴衆は興奮してこのマエストロの登場を歓迎した。当時のロサンゼルス・フィルハーモニックは、オットー・クレンペラーが首席指揮者だったが、九月に脳腫瘍《しゅよう》の摘出手術をした後で闘病中だった。

ワルターはロサンゼルスでの客演を終えると、ニューヨークへ戻り、一九四〇年一月はゆっくりと休養を取り、二月十日から三月九日までの五週間、NBC交響楽団を毎週土曜日に指揮した。トスカニーニは毎週日曜日なので、この時期、二大マエストロの演奏が連続して聴けたことになる。ワルターの演奏も好評だったが、次に彼がこのトスカニーニのオーケストラを指揮するのは十年後となる。

ワルターはアメリカにいながら、ヨーロッパの状況を憂いていた。パリが陥落した後も、ロンドンならば自分が活躍できる場があるのではないかと考えたが、ロンドンも空襲にあっており、諦めた。そうなると、自分のいる場所はアメリカしかない。

十月末、ワルターは一九二四年以来、十六年ぶりに、デトロイト交響楽団へ客演して、この一九四〇／四一シーズンを始めた。

西海岸へ戻ると、クリスマスまでロサンゼルス・フィルハーモニックの演奏会が続いた。その間に、ワルターはニューヨークのメトロポリタン歌劇場と最低八公演、フィルハーモニックと六週間の契約を結んだ。ワルターの第二のニューヨーク時代の始まりであった。

■ニューヨーク時代

一九四一年一月十六日、ワルターは一九三五年以来六年ぶりにニューヨーク・フィルハーモニックの指揮台に立った。カーネギー・ホールでの定期演奏会で、以後、二月九日まで毎日のように演奏する。

フィルハーモニックとの演奏会が終わると、次の週、二月十四日からはメトロポリタン歌劇場でのオペラだった。三月でオペラが終わると、ワルターは西海岸へ向かった。サンフランシスコ市の市制七十五周年を祝う演奏会では同地の交響楽団を指揮した。

夏はロサンゼルス・フィルハーモニックを指揮し、十一月六日からニューヨーク・フィルハーモニックでの新しいシーズンを始めた。メトロポリタン歌劇場には十一月二十六日から出た。

一九四一年はワルターがコロムビア・レコードと専属契約を交わした年でもあった。以後、亡くなるまでこの契約は続き、CDにして約八十枚分のレコードが作られる。その大半は、モーツァルト、ベートーヴェン、シューベルト、ブラームス、ワーグナー、ブルックナー、マーラーといったドイツ系クラシック音楽の名曲ばかりだ。これらはワルターのレパートリーのごく一部でしかない。指揮生活の半分を占める、オペラの録音はほんの僅かだ。

先輩のマーラーやトスカニーニは、メトロポリタン歌劇場で数シーズン勤めた後に、ニューヨーク・フィルハーモニックへ転じたが、ワルターは一シーズンのなかで、オペラと演奏会を並行させていた。

一九四一年九月にワルターは六十五歳になった。秋からの一九四一／四二シーズンは一月までニューヨークにいたが、二月からはロサンゼルスに移り、一か月にわたり当地のフィルハーモニックを指揮し、三月にニューヨークへ戻り、メトロポリタンとフィルハーモニックを五月まで指揮していた。

ワルターは戦場となったヨーロッパへは帰らず、アメリカ大陸を東へ西へと横断する日日が続く。一九四二年も夏はロサンゼルス、十月からのシーズンはニューヨークでフィルハーモニックの演奏会で始め、十一月下旬から四三年一月下旬はメトロポリタン、二月はフィルハーモニック、再びメトロポリタンを三月まで振り、五月末までフィルハーモニックを指揮した。

夏は西海岸へ行き静養の合間に、ロサンゼルス・フィルハーモニックのハリウッド・ボウルでの演奏会を指揮した。

■若い指揮者

一九四三／四四シーズンもニューヨークで大半を過ごした。フィルハーモニックの演奏会は木曜から日曜までを同じプログラムで演奏する。十一月のワルターは四日から七日を無事に終え、次は十一日から十四日で、十三日はなく、最後の十四日は全米にラジオで生放送される予定だった。ところが十三日になってワルターはインフルエンザで発熱した。とても十四日はステージに立てそうもない。十三日深夜に、演奏会はアシスタント指揮者が代役することが決まった。

ところが、そのアシスタントは飲み歩いていたらしく、明け方まで捕まらない。ようやく連絡がついて、そのアシスタントは、ワルターのホテルで一時間ほどレクチャーを受けただけで、リハーサルなしでぶっつけ本番で指揮して、大成功した。その若者の名、「レナード・バーンスタイン」は一夜にして全米中に知れわたった（第7章）。

このシーズンも四月までニューヨークにいて、メトロポリタンとフィルハーモニックを指揮し、合間にフィラデルフィア管弦楽団へ客演した。

一九四四年三月十六日のフィルハーモニックの演奏会は「指揮者生活五十周年記念」と銘打たれた。一八九四年三月、ケルン市立歌劇場でロルツィング《刀鍛冶》を振ったのが、指揮者生活の起点だった。十七歳の青年は六十七歳になっていた。

五月十四日でニューヨークでのシーズンが終わり、六月からは休暇を取って、この夏は自伝の執筆に充てていた。六月六日、大西洋の向こうでは、連合国軍のノルマンディー上陸作戦が成功し、戦況は一気に変わっていく。

そしてワルターの生活もまた変わる。八月に妻エルザが脳卒中で倒れてしまったのだ。そのまま快復することなく、エルザは翌一九四五年三月に亡くなった。

一九四四年秋からニューヨークでのシーズンが始まり、四五年五月に終わるまでの間に、ヒトラーが亡くなり、ヨーロッパ戦線は終戦となった。ワルターは夏にロサンゼルスのビバリーヒルズに家を購入し、ニューヨークは仕事の場として、生活の拠点、終《つい》の棲家《すみか》は西海岸に置くことにした。

一九四五年秋からのシーズン、ワルターが最初に指揮したのは、メトロポリタン歌劇場での《フィデリオ》だった。ワルターの勝負曲のひとつで、自由のために圧政と闘う物語だ。史上最悪の圧政が滅びたのを祝祭する意味があった。

ナチスと戦争の時代は、ようやく終わった。ワルターは五十代から六十代という円熟の時代、ナチスという悪魔の政権によって翻弄《ほんろう》された。その代わり、アメリカの音楽ファンは、この名指揮者の音楽を数多く聴く機会を得た。

■戦後の和解

一九四六年五月で、ワルターはメトロポリタン歌劇場との契約は打ち切った。以後も客演はするので絶縁したわけではなかった。オペラの指揮が体力的に負担になっていたのだ。

夏には自伝『主題と変奏』が出版され、サンフランシスコでは生誕七十年を記念して「ブルーノ・ワルター音楽祭」が催された。

九月十五日に七十歳になると、一九三九年以来のヨーロッパへ向かった。欧州中の音楽ファンが巨匠の帰還を待っていた。ワルターの音楽を聴いて、ようやく戦争と悪魔の時代が終わったと実感できた人も多い。翌年一月までかけて、ブリュッセル・フィルハーモニー、エーテボリ交響楽団、ストックホルム・フィルハーモニー、ロンドン・フィルハーモニック、コンセルトヘボウ、パリ音楽院管弦楽団、チューリヒのトーンハレ管弦楽団などを指揮した。

アメリカに戻ったのは一九四七年一月で、十五日にまずボストン交響楽団に客演した。

ニューヨーク・フィルハーモニックでは、音楽監督を務めていたアルトゥール・ロジンスキが総支配人と対立し辞任していた。フィルハーモニックはワルターに後任を要請した。栄誉ではあるが、現実問題として七十歳を過ぎており、常任の音楽監督になるのは無理だったので、ワルターは断った。しかし、どうしてもと請われ、「音楽監督」ではなく「音楽顧問」を引き受けた。別に音楽監督がいたわけではないので、実質的にはワルターは音楽監督・首席指揮者である。楽団としてはポスターなどにワルターの名を冠したかったのだ。

こうしてニューヨーク・フィルハーモニックとの関係はより深まり、コロムビア・レコードへの録音も増えていく。ワルターの指揮者人生の総決算期が始まった。

ニューヨークのほか、クリーヴランド管弦楽団、フィラデルフィア管弦楽団、ボストン交響楽団への客演もあり、夏にはロサンゼルス・フィルハーモニックを振った。

そして九月、イギリスへ渡り、エディンバラ音楽祭に出演し、ウィーン・フィルハーモニーと再会し、ベートーヴェンとマーラーを指揮した。前回の訪欧ではドイツ、オーストリアへは行っていなかったので、彼を追い出した国の音楽家との再会と和解となった。

だが、まだドイツの音楽家たちとは会えない。

エディンバラの後はアムステルダムへ行き一か月ほど滞在し、コンセルトヘボウを指揮した。十一月は再びロンドンへ行き、十一月にニューヨークへ戻った。

ニューヨーク・フィルハーモニックの音楽顧問は一九四九年四月までの二シーズンで退任した。一九四九／五〇シーズンはディミトリ・ミトロプーロスとレオポルド・ストコフスキーが首席指揮者となり、ワルターも客演は続ける。

五月はヨーロッパへ行き、ウィーンに帰還し、五月十五日にはマーラーの《復活》を指揮した。その後はエディンバラ音楽祭に出る予定だったが、糖尿病を発症し、ほかの予定もキャンセルした。

■ザルツブルク音楽祭への復帰

ワルターがザルツブルク音楽祭に復帰したのは一九四九年夏だった。オペラは振らず、ウィーン・フィルハーモニーの演奏会を二回、指揮した。この音楽祭でフルトヴェングラーと再会した。しかし二人が打ち解けることはなかった。

九月からはパリやウィーン、ロンドンに客演し、十月からはニューヨーク・フィルハーモニックだった。一九五〇年二月までニューヨークにいると、シカゴやクリーヴランドへ客演し、五月からはロサンゼルス・フィルハーモニックを指揮した。

そして夏はヨーロッパへ行き、ザルツブルク音楽祭の後、各地へ客演した。

九月二十四日、ワルターはベルリン・フィルハーモニーを指揮した。一九三二年以来、十八年ぶりだった。東ドイツの領域になっているライプツィヒへは行けなかったが、ミュンヘンへも行き、ドイツの半分とも和解した。

一九五一年から、ワルターの出演回数は減っていくが、レコーディングは増えていく。ヨーロッパへの帰還も続けていた。

五一年の夏はニューヨーク・フィルハーモニックを率いてエディンバラ音楽祭に出た。戦勝国であり、戦後西側のリーダーとなったアメリカは、政府の資金などを投じてオーケストラを友好国へ派遣する音楽外交を始めていた。

一九五二年も四月から六月にヨーロッパへ行き、パリ、ローマ、ウィーン、アムステルダムとまわった。

一九五三年はザルツブルク音楽祭とエディンバラ音楽祭に出演、五四年はロンドン、ローマ、フィレンツェ五月祭音楽祭、ミラノ、チューリヒなどへ行った。

■コロムビア交響楽団

一九五四年は一月にトスカニーニが八十七歳で引退し、十一月にフルトヴェングラーが六十八歳で亡くなった年だが、七十八歳のワルターはまだ元気だった。ニューヨーク・フィルハーモニックへの客演はずっと続いており、コロムビアへのレコーディングもコンスタントになされていた。

一九五四年十二月からはコロムビア交響楽団を使ってレコーディングするようになった。この楽団は常設ではなく、レコーディングのたびに演奏家が集められるスタジオ・オーケストラだった。モーツァルトなど小編成の曲でも、ニューヨーク・フィルハーモニックを呼ぶと、その演奏には参加しない楽団員の分までギャラを払わなければならず、コストがかさむ。そこで、レコーディングのたびにスタジオ・ミュージシャンとして雇うことにしたのだ。実際にはニューヨーク・フィルハーモニックのメンバーがかなりいたという。したがって、大編成の曲の場合は、ニューヨーク・フィルハーモニックを呼ぶこともあった。

最晩年のワルターは、スタジオ・ミュージシャンとしてその音楽遺産を永遠に刻ませていった。

それでも、スタジオに籠《こ》もっているだけではなかった。音楽界のレジェンドとなっていたので、さまざまな記念行事に呼ばれた。

一九五五年十一月のオーストリア独立とウィーン国立歌劇場再建祝賀祭では十三日

に、ウィーン・フィルハーモニーのベートーヴェンの第九を指揮した。

一九五六年はモーツァルトの生誕二〇〇年にあたり、各地で音楽祭が開かれた。ワルターは久しぶりにメトロポリタン歌劇場に出て《魔笛》の新演出を指揮し、六月のウィーンでの音楽祭と、七月のザルツブルク音楽祭で、モーツァルトのレクイエムを指揮した。

だが、ワルターは一九五六/五七シーズンをもって引退すると公表していた。八十歳である。しかし、以後もごく稀《まれ》ではあるが、指揮台に立つことがあったし、コロムビア交響楽団を使ってのレコーディングは続けた。

■大往生

一九六〇年はマーラーの生誕一〇〇年だった。四月十五日から二十四日まで、ニューヨーク・フィルハーモニックの記念祭で、《大地の歌》とシューベルト《未完成交響曲》のプログラムを四回指揮した。これがこの楽団との最後の演奏会だった。すでに五七年からこの楽団はバーンスタインが音楽監督となり、「マーラーの第一人者」の称号も彼のものとなっていく。

五月にワルターはウィーンへ行き、二十九日にフィルハーモニーの演奏会で、シューベルト《未完成交響曲》と、マーラーの歌曲、そして交響曲第四番を指揮した。これが、ウィーンでの最後の演奏だった。

マーラーの交響曲の全曲を録音するという壮大な計画もあったが、できなかった。この大プロジェクトはバーンスタインによって達成される。

続いていたレコーディングも、一九六一年三月二十九日と三十一日のモーツァルトのオペラの序曲集が最後となった。

亡くなるのは、その一年ほど後、一九六二年二月十七日で、自宅で心臓発作で倒れ、娘ロッテに看取られ、亡くなった。八十五歳。大往生である。

ベルリンで生まれ、ウィーン、ミュンヘン、ライプツィヒ、ロンドン、ニューヨークなどで活躍し、ロサンゼルスで亡くなったワルターは、故国喪失者とも言える。その意味では典型的なユダヤ人である。

いや——彼の故国は音楽だったのだ。

第3章
「第三帝国の指揮者」
ヴィルヘルム・フルトヴェングラー

Wilhelm Furtwängler

1886年1月25日〜1954年11月30日

ドイツ、ベルリン生まれ

◉常任した楽団・歌劇場など

ライプツィヒ・ゲヴァントハウス管弦楽団、ベルリン・フィルハーモニー、ウィーン・フィルハーモニー、ベルリン州立歌劇場

日本のクラシック音楽ファンや評論家による指揮者ベストテンのアンケートで、必ずトップになるのが、フルトヴェングラーだ。ドイツ音楽の最高の解釈者として、その名は轟《とどろ》いている。この世代の指揮者としては録音も多く遺《のこ》っている。だが、彼の生涯はナチスという二十世紀最大の悪と密接な関係を持つ。ドイツ音楽の象徴であるフルトヴェングラーは、ドイツの闇の象徴でもある。

■生い立ち

ヴィルヘルム・フルトヴェングラーは一八八六年一月二十五日にベルリンで生まれた。父は考古学者でベルリンの考古博物館の館長だった人だ。九四年にミュンヘン大学の考古学教授になったため、一家はミュンヘンに移った。ヴィルヘルムは四歳でピアノを母から習い始め、七歳で作曲を始めた。ギムナジウムに入ったものの、十一歳の年で退学し、家庭教師によって歴史や文学や美術といった音楽以外のことも学んだ。いわゆる集団生活は経験していない。生まれながらに孤高の人だった。音楽院にも入学しなかったので、「学歴」はない。

フルトヴェングラーはやがて作曲家を志すようになり、一九〇一年には後にベルリンのプロイセン州立歌劇場の初代総監督となるシリングスに師事した。最初に書いた交響曲（「第一番」とは別の曲）の初演は一九〇三年に、プロイセン領ブレスラウ（ポーランド語でブロツワフ）で行なわれたが、失敗に終わった。この頃、婚約もしたが、解消される。別の恋人ができたのだ。

一九〇五年から、フルトヴェングラーはブレスラウで歌劇場の練習ピアニストとしての職を得た。美男子だったためか、裕福な婦人たちを後援者として得るようになる。一九〇六年には、現在のミュンヘン・フィルハーモニーにあたるカイム管弦楽団で、ブルックナーの交響曲第九番という難曲を振って成功した。これには楽団員たちも驚いた。さらにスイスのチューリヒに移り、歌劇場の第三指揮者に雇われた。

作曲家になることもまだ断念していない。指揮者になろうとしたのは、そうすれば自分の作品を発表する機会が得られるであろうと考えたからだった。つまり、指揮者フルトヴェングラーがある程度有名になれば、作曲家フルトヴェングラーの道も開けるだろうと考えたのだ。

しかし、運命は悪戯《いたずら》をする。一九〇七年、父がまだ五十四歳という若さで亡くなった。遺産は少なく、長男ヴィルヘルムは、母と弟と二人の妹の生活の面倒をみなければならなくなった。彼は生計を立てるために指揮の仕事をするしかなかった。作曲を諦《あきら》めたわけではなく、時間を見つけては作っていたが、なかなか評価されない。

■指揮者デビュー

一九〇八年、フルトヴェングラーは、ミュンヘンの宮廷歌劇場の仕事を得た。といっても、まだ練習指揮者だった。

大きなチャンスは一九〇九年にやってきた。シュトラスブルクの市立歌劇場の第三指揮者に抜擢《ばってき》されたのだ。ここは当時はドイツ領で第一次世界大戦後にフランス領ストラスブールになる町で、当時の市立歌劇場総監督は、作曲家でもあるハンス・プフィッツナーだった。フルトヴェングラーもキャリアの始まりはオペラ指揮者だった。

一九一一年二月にはワルターがシュトラスブルクに来て、自作の交響曲第一番を指揮した。フルトヴェングラーも立ち会い、この時に面識を得た。

一九一一年春、フルトヴェングラーは後援者の婦人たちの勧めで、リューベック楽友協会の指揮者に応募した。まだほとんど経験がないフルトヴェングラーだったが、楽団員たちの支持を得て、秋からこの職に就くことになった。ワルターも推薦したようだ。当時二十五歳である。

リューベックに着任したフルトヴェングラーにとって急務だったのは、レパートリーの確立だった。シンフォニー・コンサートに加え、オペラも振らなければならなかった。

フルトヴェングラーが初めて常任の指揮者になった一九一一年は大指揮者マーラー

が亡くなった年でもある。当人が意識していたとは思えないが、百年後から見ると、一九一一年はマーラーが退場し、フルトヴェングラーが登場した年なのだ。

最初のコンサートで演奏したのは、ベートーヴェンの《エグモント》序曲、ワーグナーの《タンホイザー》序曲に続いて、サリヴァンの《ミカド》の抜粋、ツィーラーのワルツ《ウィーン娘》だった。ベートーヴェンとワーグナーは、一九一一年の時点でも「古典」だろうが、残りの二曲はどうだろうか。サリヴァンは一九〇〇年に亡くなり、《ミカド》は一八八五年（フルトヴェングラーの生まれる一年前）の作品、ツィーラーは一九二二年に亡くなるので当時の「現存している作曲家」で、《ウィーン娘》は一八八七年の作品だ。「同時代」かどうかは微妙だが、「最近の作品」とは言うことができるだろう。

こういうプログラムで、若い指揮者はスタートしたのである。

そして、最初の一年でフルトヴェングラーは、同時代の作曲家では、ゴルトマルク、レーガー、ドビュッシー、リヒャルト・シュトラウス、マーラー、マルシュナー、プフィッツナーの作品を指揮した。

リューベック時代の一九一二年、フルトヴェングラーはハンブルクへ行き、初めてベルリン・フィルハーモニーの第二代首席指揮者ニキシュの演奏会を聴いて、感銘を受けた。

フルトヴェングラーのリューベック時代は四シーズンで終わり、一九一五年秋からマンハイムの国民劇場・宮廷劇場の楽長（指揮者）になった。

マンハイムへの赴任が決まりかけた時、フルトヴェングラーも徴兵されたが、後援者の婦人が政府に顔が利いたため、当局に働きかけて免除してもらった。フルトヴェングラーはマンハイムでは、市の音楽総監督として歌劇場とコンサートの両方を担うことになった。第一次世界大戦中は軍楽隊やドイツを応援する目的の演奏会での指揮を要請されたが、頑《かたく》なに拒んだ。音楽が政治に利用されることを、この時期から彼は拒否していたのである。しかし、やがて来るナチ時代、彼ほど政治に利用されてしまう音楽家もいないのだから、皮肉なものである。

マンハイムでの最初のシーズン、一九一五／一六シーズン、フルトヴェングラーはオペラでは、モーツァルト、ベートーヴェン、ヴェーバー、ワーグナーといったドイツの「古典」の他に、「同時代もの」として、シリングス《モナ・リザ》、マルシュナー《ハンス・ハイリング》、プフィッツナー《哀れなハインリヒ》も上演した。シリングスとプフィッツナーはフルトヴェングラーが世話になった作曲家でもある。同時代どころか、直接の親交があった人の作品を演奏していたのだ。

以後マンハイムで上演した「同時代もの」としては、シュトラウス《ナクソス島のアリアドネ》《サロメ》、ルドルフ・ジーゲル《ダンドロ氏》、コルンゴルト《ヴィオランタ》《ポリュクラテスの指環》、ゼクレス《シェヘラザード》、プフィッツナー《キリストになった小悪魔》《パレストリーナ》、クレーナウのバレエ《小さなイーダちゃんの花》、オペラ以外では、レーガーの「モーツァルトの主題による変奏曲とフーガ」、さらには、後に指揮者となるジョージ・セルの「変奏曲集」なども演奏している。当時のセルはピアニストであり作曲家として活躍していた。

このマンハイム時代の一九一七年十二月にベルリン・フィルハーモニーにもデビューした。

■人気指揮者

三十一歳のフルトヴェングラーがベルリン・フィルハーモニーを初めて振った一九一七年は、第二代首席指揮者ニキシュの全盛期にあたる。

フルトヴェングラーのベルリンでのデビュー・コンサートは、歌手が歌うもので、その伴奏で出演した。曲目はワーグナーのオペラの曲の抜粋六曲と、リヒャルト・シュトラウスの二作品、そのうちオーケストラだけで演奏するのは、《タンホイザー》序曲と《ドン・ファン》の二曲だった。聴衆は興奮し、批評家は新聞で絶賛し、ベルリンへのデビューは大成功だった。

ベルリン・フィルハーモニーはすぐにフルトヴェングラーの次の演奏会を決め、一九一八年一月十八日にはブルックナーの交響曲第四番で大成功した。四月には、ベルリンのもうひとつのオーケストラである州立歌劇場管弦楽団、すなわち、シュターツカペレの演奏会も指揮することになり、二日にワーグナー《パルジファル》前奏曲とバッハの管弦楽組曲第三番、ベートーヴェン《英雄交響曲》、三日の午後と夜には、ヘンデルの合奏協奏曲とベートーヴェンの第九を指揮し、絶賛された。

フルトヴェングラーは出世の階段を駆け上っていたが、ドイツは世界大戦に敗北した。皇帝は退位し、ドイツはワイマールで採択された新憲法のもと、ワイマール共和制と呼ばれる時代に入った。

一九二〇年、フルトヴェングラーはマンハイムの仕事を辞めると、ベルリンのシュターツカペレの指揮者として契約した。ベルリンにあった王立歌劇場は帝国から連邦制の共和国になるのに伴い、プロイセン州立歌劇場と名前を変えていた。そのオーケストラは、シンフォニー・コンサートも定期的に開催しており、その時はシュターツカペレと名乗る。リヒャルト・シュトラウスが常任指揮者として契約していたが、ウィーン国立歌劇場の監督になるので退任し、その後任としてフルトヴェングラーに白羽の矢が立ったのだ。

フルトヴェングラーはついに帝国の首都ベルリンで仕事を得た。

さらに、フランクフルト博物館管弦楽団の音楽監督、ウィーン・トーンキュンストラー管弦楽団の指揮者、ストックホルム・コンサート協会管弦楽団の指揮者、ウィーン楽友協会音楽監督など、常任ではないものもあるが、各地からひっぱりだこの人気指揮者になる。

マンハイム時代に客演したなかで最も深い関係を持ったのが、フランクフルトの博物館管弦楽団で、一九二二年までに合計して十七回の公演を指揮した。そのなかには、同時代の曲として、エルトマンの交響曲第一番、シュトラウスの《町人貴族》組曲、シェーンベルクの《ペレアスとメリザンド》のフランクフルト初演もある。

フランクフルト初演ということでは、ブルックナーの交響曲第五番もある。ドイツにも、ブルックナーが演奏されていない都市が、まだある時代だった。シェーンベルクでは、《浄められた夜》も演奏している。さらには、ラフマニノフのピアノ協奏曲第二番を、レオニード・クロイツァーのピアノで演奏した。この当時、フランクフルトの聴衆は、新しい音楽を好んでいたようだ。

ストックホルム・コンサート協会管弦楽団のプログラムにも、ラングストレムの「弦楽のための悲歌的ディヴェルティメント」がある。

後のイメージとは異なり、若き日のフルトヴェングラーは同時代の音楽に熱心な指揮者だった。聴衆も同時代音楽を好んでいたのだ。

■後継争い

一九二二年一月二十三日、アルトゥール・ニキシュが急死した。六十六歳だった。このマエストロの死で、ベルリン・フィルハーモニーとゲヴァントハウスという二つの楽団のポストが空位となった。

後継者として、音楽ファンやジャーナリストが挙げたのが、シュトラウス（五十八歳）、ワルター（四十六歳）、ワインガルトナー（五十九歳）、オランダのメンゲルベルク（五十一歳）たちだった。

しかし偶然から、まずライプツィヒの楽長がフルトヴェングラーに決まった。ニキシュは一月二十六日にゲヴァントハウスの定期演奏会を振る予定だったが、急にオランダへの客演が決まったため、キャンセルし、フルトヴェングラーがその代役を務めることになっていた。ところが二十三日にニキシュが急死したので、その演奏会は実質的にニキシュ追悼演奏会となった。フルトヴェングラーは見事に指揮し、楽団員と理事たちに好印象を与えた。理事会は、フルトヴェングラーをニキシュの後任の楽長にすることを内定した。

しかし、ベルリン・フィルハーモニーはワルターが最有力候補となっていた。

ベルリン・フィルハーモニーのマネージメントを請け負っていたヴォルフ社は社主のヘルマンが亡くなった後は、その妻のルイーゼ・ヴォルフが女王として差配していた。フルトヴェングラーは、息子のヴェルナー・ヴォルフと親しくしていた。

フルトヴェングラーはフィルハーモニーの首席指揮者に就任できるのならば、シュターツカペレとの契約は解消すると、ヴェルナーを通して、ルイーゼ・ヴォルフに伝えた。

ルイーゼは悩んだ。彼女が最も大切にしている顧客がワルターだったからだ。

■ベルリン・フィルハーモニーを手中に

実績と人気ではワルターが上だった。ヴォルフ社との関係からもワルターを選ぶべきだった。しかし、ルイーゼ・ヴォルフは、ベルリン・フィルハーモニーの将来を考えると、大胆な世代交代が必要だと考え、フルトヴェングラーを次の首席指揮者にしようとの結論を出した。ニキシュとワルターも二十一歳差なので、世代交代にはなるのだが、さらに十歳若いフルトヴェングラーを選んだのである。前任者と父子くらいの年齢差のある若い指揮者を後任に選ぶのは、以後、この楽団の慣例となる。

だが、首席指揮者は楽団員の総意によって決まることになっていたので、ルイーゼの一存では決められない。

そこでルイーゼは動いた。ライプツィヒの時のように、ベルリンでのニキシュ追悼演奏会の指揮者に、フルトヴェングラーを指名したのだ。ワルターはミュンヘンの仕事があり、動けなかった。

二月六日のベルリンでのニキシュ追悼演奏会の指揮者が発表されると、ベルリン市民は驚いた。追悼演奏会の指揮をすることが、後継者レースでの勝利を意味していたからだ。独裁的権力者が亡くなった時、その葬儀を仕切った者が後継者となる例は、信長の時の秀吉や、レーニンの時のスターリンのような前例がある。第2章に記したように権謀術数を嫌うワルターは、報《しら》せを待つこと以外、何もしなかった。楽団員もルイーゼの推薦するフルトヴェングラーに同意し、六十六歳で亡くなったニキシュの後継者は、三十六歳のフルトヴェングラーに決定した。三十歳も若返ったのである。ベルリンの新聞は、この若い首席指揮者の誕生を「奇跡」として称《たた》えた。

しかし楽団員の間では、ルイーゼの裏工作に批判の声が上がった。ヴォルフ家への恩義も薄れていたのだ。楽団員たちはヴォルフ社がこれ以上介入しないように、オーケストラを会社組織として、自分たちが経営権を握ることで自治権を確立した。ビューロー、ニキシュという啓蒙《けいもう》専制君主に率いられ、それをヴォルフ社が実務面で支えていた体制から共和制への移行であった。

さらに、フルトヴェングラーもルイーゼに叛旗《はんき》を翻した。それまでヴォルフ社に一任されていた客演指揮者やソリストの人選を自ら行なうことにした。オーケストラは民主化されたかと思われたが、三十六歳の、新しい帝王を産んでしまったのだ。

■最初の結婚

ベルリン・フィルハーモニー首席指揮者の座を摑《つか》んだ翌年、一九二三年五月に、フルトヴェングラーは結婚した。相手は一歳上のデンマーク人ツィトラ・ルントで、この女性にとっては三度目の結婚だった。彼女は音楽に関心があり、声楽を学んだこともあるが、プロの音楽家ではない。二二年十二月にフルトヴェングラーがコペンハーゲンに客演した時に、ツィトラが楽屋に花束を持って訪ねたのがきっかけで、交際が始まった。彼女は二人目の夫と離婚して、フルトヴェングラーと結婚した。

しかし、この時点でフルトヴェングラーには三人の婚外子がおり、さらに四人目も生まれようとしていた。

フルトヴェングラーは美青年だったし、藝術家独特の魅力があったので、女性にもてた。そして彼は女性からの愛を見境なく受け入れ、数えられないほど多くの女性と関係を持った。妻ツィトラとの間には子はなかったが、生涯に、当人が認知した婚外子だけで十三人いた。

■ウィーンとニューヨーク

フルトヴェングラーは、ベルリンとライプツィヒの二つの楽団を手にした一九二二年に、初めてウィーン・フィルハーモニーを指揮した。好評だったため、国立歌劇場は監督にならないかと打診した。しかしフルトヴェングラーは、ドイツの二つの楽団だけで手一杯なので断った。

ウィーンでは国立歌劇場の監督は断ったが、一九二七年からウィーン・フィルハーモニーの常任指揮者になった。現在は常任指揮者や音楽監督を置かないこの楽団だが、当時はまだひとりの指揮者に多くの演奏会を任せていた。

フルトヴェングラーの名声は高まり、一九二五年から二七年まではアメリカのニューヨーク・フィルハーモニックにも客演した。

ニューヨーク・フィルハーモニックは、一九二二年からウィレム・メンゲルベルクが首席指揮者として君臨していた。アムステルダムのコンセルトヘボウと兼任していたのである。当然、シーズンの全ての演奏会を指揮するわけではなく、客演指揮者に任せる枠もあった。フルトヴェングラーが呼ばれたのは、一九二五年一月で、八回の演奏会を指揮した。

一月二十二日にはストラヴィンスキー《春の祭典》のニューヨーク・フィルハーモニックでの初演を指揮し、パブロ・カザルスを独奏者にしてのハイドンのチェロ協奏曲も指揮している。

最初の客演が好評だったので、フルトヴェングラーは一九二六年二月もニューヨーク・フィルハーモニックに客演した。このシーズンのニューヨーク・フィルハーモニックにはトスカニーニも客演しており、このイタリアのマエストロが一月に指揮した後、二月十一日から四月二日まで、フルトヴェングラーが指揮した。このシーズンは、フィラデルフィアやピッツバーグなどにもニューヨーク・フィルハーモニックと訪れた。

一九二七年二月もフルトヴェングラーはニューヨークに客演した。この年はベートーヴェンの没後一〇〇年だったので、この楽聖の曲が演奏されることになっていた。フルトヴェングラーは第九を指揮する予定だったが、トスカニーニが「第九を降らせないのならアメリカへは行かない」と言ったとかで、フルトヴェングラーは第七番を振ることになった。

これだけが理由ではないだろうが、フルトヴェングラーのニューヨーク・フィルハーモニックへの客演はこのシーズンで終わる。二七年四月三日、メトロポリタン歌劇場でのブラームスの《ドイツ・レクイエム》が、最後のコンサートだった。フルトヴェングラーは翌シーズンは客演しないとニューヨーク・フィルハーモニックに伝えた。しかし彼も、これが生涯で最後のアメリカへの客演となるとは知らない。

フルトヴェングラーは、ベルリン、ライプツィヒ、ウィーン、ニューヨークで指揮していた。さすがに、どれかを整理しなければならなくなり、一九二八年、ゲヴァントハウスの音楽監督を辞任した。後任にはかつてニキシュの後継者争いで敗北したワルターが就任した。一九三〇年にはベルリン市の音楽総監督に任命されたのを機に、ウィーン・フィルハーモニーの首席指揮者も辞め、ベルリンに集中することにした。

オーケストラの演奏会は、首席指揮者（常任指揮者）がそのシーズンのすべてを振るわけではない。ベルリン・フィルハーモニーの指揮台には、多くの客演指揮者が立っていた。最長老はワインガルトナーであり、ワルターにも特別枠があった。オットー・クレンペラーやエーリヒ・クライバーが指揮することもあった。一方でベルリン・フィルハーモニーはヨーロッパ各地に客演していたが、外国ツアーの指揮はフルトヴェングラーが担った。

ベルリンとの関係をより深めるため、フルトヴェングラーは州立歌劇場でも指揮をするようになる。

一九二六年には最初の録音もした。曲はヴェーバー《魔弾の射手》序曲である。

一九二〇年代のフルトヴェングラーは、ドイツ・オーストリアの古典派・ロマン派音楽だけでなく、バルトーク、シェーンベルク、プフィッツナー、プロコフィエフ、オネゲル、ヒンデミットなど、存命する同時代の作曲家の新作にも熱心に取り組んでいた。

たとえば、一九二八年十二月二日には、シェーンベルクの「管弦楽のための変奏曲」の世界初演を指揮した。十二音音楽理論に基づく、革命的な曲である。当時のシェーンベルクはベルリンの芸術アカデミーの教授であり、生活は安定していた。さらに、オペラ《モーゼとアロン》に取り組むなど、創作も充実していた時期だった。そこに、フルトヴェングラーから、自分のオーケストラのための曲を書いてくれとの依頼があった。そこで、シェーンベルクは書きかけていた曲を完成させ、フルトヴェングラーに届けた。それが、この「管弦楽のための変奏曲」だった。

フルトヴェングラーは、作曲家になりたかった人だ。実際、何曲も書いていた。父が亡くなったこともあり、彼は生活のために指揮者になったが、作曲への意欲は失っていなかった。しかし、彼が指揮者の仕事をしている間に、音楽の世界には新しい波が押し寄せていた。シェーンベルクはその代表で、彼が始めた「無調」や「十二音技法」は二十世紀音楽の革命とされる。しかしフルトヴェングラーの著書『音と言葉』では、「無調」「十二音技法」については、否定とまではいかなくても、懐疑的なようだ。しかし、まったく理解できないのであれば、初演を担うことはなかっただろう。

シェーンベルクの「管弦楽のための変奏曲」初演は大騒動となった。演奏中から客の一部が口笛を吹き、あるいは野次を飛ばし、さらには鍵束をジャラジャラとさせるなどの妨害に出た。まともに音楽を聴く環境ではなくなった。しかし、ともかく、最後まで演奏することはできた。

フルトヴェングラーは、後に「作曲家が望んでいたことについて、完璧に把握していたかどうか、自信がなかった」と語る。自信がなかったのか、やはり理解できなかったのか――シェーンベルクは再演するよう頼んだが、フルトヴェングラーはそれを断った。

その次にフルトヴェングラーがシェーンベルク作品を指揮するのは、翌一九二九年十一月で、シェーンベルクが編曲した「バッハの前奏曲とフーガ」だった。これも初演である。

共感はできないまでも、フルトヴェングラーはシェーンベルクの音楽に向き合っていた。しかし、やがてシェーンベルクの音楽はドイツでは演奏されなくなる。人気がなかったとか、批判されたからではない。シェーンベルクがユダヤ人だったからだ。

■忍び寄るナチス

ベルリン・フィルハーモニーは楽団員が株主の有限会社組織のオーケストラで、ベルリン市やプロイセン州政府などからの公的援助もあったが、ごく僅《わず》かでしかなく、基本的には演奏会の入場料収入で経営していた。大企業や大富豪がパトロンだったこともない。

だが、アメリカに始まる世界恐慌の影響がヨーロッパにも及び、ドイツ経済は危機に瀕し、インフレの悪化、失業者の増大は、楽団経営にも大きな打撃を与えた。ベルリン市民は演奏会どころではなくなったのだ。

一九三二年、有限会社ベルリン・フィルハーモニーは市及び州に援助を求めるため理事を増やし、日本で言う、半官半民のようなものになった。楽団員の採用などの人事も含め、自由と独立性は保持された。

一九三三年一月、ヒトラーが首相に任命され、ナチス政権が樹立された。その影響でワルター、クレンペラーをはじめユダヤ系の指揮者はドイツを出て行った。

ヒトラー政権のベルリン・フィルハーモニーに対する圧力は日に日に強くなる。ベルリン市からの補助金の支払いが停止され、放送局も協定が無効になったと通告し、プロイセン州財務省も支払いを停止した。ユダヤ人が楽団員にいる限り、補助金はストップされるとの噂が流れ、楽団は動揺した。

フルトヴェングラーは政権で文化・藝術を管轄する啓蒙宣伝省のゲッベルス大臣と交渉したが、進展しない。七月になって、ベルリン・フィルハーモニーは破産の危機に瀕した。

八月、ついにフルトヴェングラーはヒトラーと直談判し、「ユダヤ人排斥は間違っている、少なくともベルリン・フィルハーモニーはこの政策の対象から除外すべきだ」と求めた。優秀なユダヤ系の演奏家がいなくなると、オーケストラの質が低下し、ベルリン・フィルハーモニーの価値が下落する――これが、フルトヴェングラーの理屈だった。

フルトヴェングラーの評価は難しい。優秀な演奏家だけをユダヤ人排除から除外しろとの主張は、一種のエリート主義でもある。優秀ではないユダヤ人は排除していいということになるし、ベルリン・フィルハーモニーだけ例外を認めろというわけだから、ほかの楽団からはユダヤ人を排除していいということになる。

一九三三年夏、フルトヴェングラーは、亡命し海外に居住するユダヤ系の音楽家たちやナチス政権に反対している音楽家たちに書簡を送り、「ベルリンに客演してくれ」と呼びかけた。藝術は政治から独立していなければならないことを示すために、ユダヤ人がベルリンで演奏することが必要だ――これが、フルトヴェングラーの訴えだった。しかし、呼びかけに応じた音楽家はいなかった。

フルトヴェングラーの呼びかけに応じれば、ドイツで演奏することは可能なのかもしれないが、それは「ドイツは自由な国である」とのナチスの宣伝に利用されることを意味している。フルトヴェングラーの善意は信じたいが、彼はあまりにも政治情勢が読めなかった。フルトヴェングラーは、国外ではナチス協力者としての烙印《らくいん》を押され、国内ではナチス政権内の急進派から警戒され睨《にら》まれるようになる。

一九三三年十月二十六日付で、ベルリン・フィルハーモニーに対する財政面での保障はすべて帝国政府が担うことになった。帝国が唯一の出資者である組合に改組されたのだ。そして、ユダヤ人を排斥するアーリア人条項からもこの楽団は除外されることになった。フルトヴェングラーは勝利したかに思えた。

だがこの小さな勝利によって、フルトヴェングラーはドイツから逃れられなくなる。ベルリン・フィルハーモニーのユダヤ系音楽家たちは、特権的にドイツで働けるようになったが、自らの意思で去っていった。なかでも有名なのが、後にソロ奏者として活躍するコンサートマスターのシモン・ゴルトベルクや、チェロ奏者のニコライ・グラウダン、ヨーゼフ・シュースターらであった。

■ヒトラー政権との攻防

一九三四年一月、フルトヴェングラーはベルリンのプロイセン州立歌劇場オペラ監督のひとりになった。彼自身が指揮をする演目についての全権は、彼にあるはずだった。しかし、ヒンデミット《画家マティス》を二月の予定に組んだところ、中止命令が出された。ヒンデミットはユダヤ人ではなかったが、ヒトラーが嫌っているらしい。州立歌劇場ではフルトヴェングラーは全権は持っていない。自分の公演の演目や歌手を選べるだけで、歌劇場の職員たちを意のままに動かせない。そこで、自分の意のままになるフィルハーモニーで、交響組曲版《画家マティス》を演奏することにした。

政権は手を出せず、新聞でフルトヴェングラーを攻撃するだけだった。

政権との緊張関係が続くなか、このシーズンは終わった。フルトヴェングラーは夏の間にヒンデミット擁護の論文を執筆し、十一月二十五日の新聞に「ヒンデミット問題」と題され、掲載された。これにゲーリングをはじめとする政権幹部は激怒し、ナチ系の新聞ではフルトヴェングラー攻撃の嵐となった。

フルトヴェングラーは攻撃への反撃として、ベルリン・フィルハーモニーと州立歌劇場、そして音楽院副総裁と枢密院顧問官というあらゆる公職を辞任した。抗議の辞任だった。だがフルトヴェングラーが演奏会に出演しなくなると、観客動員は落ち込み、ベルリン・フィルハーモニーはまたも経営危機に瀕した。楽団員たちはフルトヴェングラーの復帰を望んだ。

一九三五年二月二十八日、フルトヴェングラーとゲッベルスは協議し、政権の政策には何の変化もないまま、フルトヴェングラーはフリーランスの指揮者としてドイツ国内で活動することになった。彼が最も返上したかった枢密院顧問官という役職は、称号であるから辞任できないと言われ、そのままになった。

四月二十五日、フルトヴェングラーはベルリン・フィルハーモニーのステージに復帰した。ベートーヴェンの曲だけのコンサートで、《エグモント》序曲、《田園交響曲》そして第五番というプログラムだった。フルトヴェングラーが登場するとすさまじい拍手となり、演奏が始められないほどだった。
五月三日には、ヒトラーがゲッベルスら政権幹部を引き連れてベルリン・フィルハーモニーのコンサートにやって来た。フルトヴェングラーは、本番の直前になってヒトラーたちが来ていることを知らされ、激怒した。しかし、いまさらキャンセルはできなかった。

こうしてフルトヴェングラーは予期せぬかたちで御前演奏をする羽目になった。復帰したことが、すでにナチスに妥協したことになるのだが、それでもフルトヴェングラーは「藝術と政治は別だ」と信じていた。自分とその音楽が政治的に利用されることはあってはならないと、彼なりの信念を持っていた。だが、いったん政権と妥協してしまうと、それを貫くのは難しいことを、この音楽家は知らなかった。

客席最前列に座るヒトラーに、お辞儀をするフルトヴェングラー――ナチスの専属カメラマンがこのシャッターチャンスを逃さないはずがない。

一九三六年九月のニュルンベルクでのナチス党大会に合わせ、政権はワーグナーの《ニュルンベルクのマイスタージンガー》を同市の歌劇場で上演すると決め、フルトヴェングラーに指揮するよう求めた。フルトヴェングラーは最初は断ったが、党大会の当日ではなく、前日ならばいいと妥協した。ゲッベルスにしてみれば、前日も当日も同じだった。フルトヴェングラーが党大会の時期にニュルンベルクで指揮すればいいいのだ。

こうして九月八日、フルトヴェングラーはニュルンベルクの市立歌劇場で《ニュルンベルクのマイスタージンガー》を指揮した。

こうして歴史には「ナチス党大会を祝って、フルトヴェングラーがワーグナーを指揮した」と刻まれてしまう。

■ヒトラー誕生日の第九

フルトヴェングラーは名実ともにドイツ最高の指揮者となった。

ベルリンではフィルハーモニーと州立歌劇場を指揮し、ウィーンでも指揮した。一九三七年夏はバイロイト音楽祭、ザルツブルク音楽祭にも招かれた。ザルツブルクでのトスカニーニとの対立については、第1章に記した。

フルトヴェングラーはドイツ音楽をナチスから守るために、彼なりに戦っていた。追放されそうになった音楽家を何人も助けもした。しかし、フルトヴェングラーがドイツに留《とど》まっている限り、彼はナチスの広告塔だった。

それでも、フルトヴェングラーは彼なりに譲れない一線を設け、抵抗を続けた。その最もわかりやすい例が、「ヒトラー誕生日での第九」だった。

ナチスは政権を獲得すると、総統ヒトラーの誕生日である四月二十日を国の祝日とした。この時点では第九はヒトラーとは何の関係もない。

一九三七年三月二十五日、フルトヴェングラーはロンドンへ客演し、ロンドン・フィルハーモニックを指揮し、ベートーヴェンの第九を演奏した。五月と六月にコヴェント・ガーデンで《ニーベルングの指環》四部作を指揮することになっていたので、その顔合わせでもあった。当時のコヴェント・ガーデンのピットには、ロンドン・フィルハーモニックが入っており、この第九の独唱者は《指環》の出演者に予定されている歌手たちだった。

フルトヴェングラーはベルリンへ戻り、四月十八日と十九日に、ベルリン・フィルハーモニーと第九を演奏した。この演奏会がヒトラーの誕生日の二日前と前日になったのは偶然だった。しかしプロパガンダの天才であるゲッベルスは、見逃さない。ナチスの機関紙に「戦い、苦闘、征服と歓喜の勝利を謳いあげるベートーヴェンの第九は、総統の誕生日に対してまさに象徴的な関連性を示した」と書かせたのだ。

こうして、ヒトラー誕生日と第九が結びついてしまった。

一九三七年の「総統誕生日の第九」は偶然の産物だったが、以後、ゲッベルスは総統誕生日にはそれにふさわしい演奏会をするようベルリン・フィルハーモニーに求めた。実質的に国営楽団となっていたので、フィルハーモニーは拒めない。だが、フルトヴェングラーは何かと理由をつけて、四月二十日前後にはベルリンにいないようにした。

それでも、一九三八年にはドイツに併合された直後のオーストリアのウィーン国立歌劇場で、四月二十日に《ニュルンベルクのマイスタージンガー》を指揮し、二十二日と二十三日にはウィーン・フィルハーモニーを連れてベルリンで、シューベルトやブルックナーを演奏し、二十三日はヒトラーが臨席した。

フルトヴェングラーとしては、「誕生日にベルリンでは指揮していない」となるのだが、政権側としては、「フルトヴェングラーはこの年も誕生日を祝って演奏した」となる。

これに懲りたので、フルトヴェングラーは四月二十日前後はベルリンやウィーンにはいないようにしていた。

一九三九年九月一日、ドイツはポーランドへ侵攻した。これが第二次世界大戦へと発展していく。戦時体制になっても、ベルリン・フィルハーモニーの優遇は続いた。ほかの楽団の楽団員たちは徴兵されていったが、ベルリン・フィルハーモニーはそのままで演奏を続けた。政府の要請による演奏会も数多くあった。

フルトヴェングラーのレパートリーがドイツ音楽に偏るのが、開戦後だ。ヒトラー政権下になると、まずユダヤ人作曲家の作品がレパートリーから消えた。ドイツ音楽を代表するメンデルスゾーンですら演奏できなくなったのだ。マーラー、シェーンベルクも消えた。ソ連と開戦するとチャイコフスキーが消えていった。フルトヴェングラーと言えば、ベートーヴェン、シューベルト、ブラームス、ブルックナー、ワーグナーを思い浮かべる人は多いが、そのイメージは戦争中に作られたものでしかない。

しかし、ドイツと闘うアメリカやイギリスの楽団は、ベートーヴェンをプログラムから外すことはしない。ベートーヴェンはドイツのものではなく、全人類のものだという考えからだ。

一九四一年、フルトヴェングラーは新たな愛人として女性医師と付き合っていたが、彼女の異父妹エリザベートを知ると、彼女とも深い関係になった。エリザベートは結婚しており四人の子がいたが、夫は戦死していた。フルトヴェングラーは妻ツィトラと離婚し、エリザベートと結婚し、息子がひとり生まれる。

■「第九」の攻防第二幕

四月二十日のヒトラー誕生日の、ベルリン・フィルハーモニーの第九は、フルトヴェングラー以外の指揮者が担っていた。ゲッベルスとしては苦々しく思っていたが、戦争が始まると、それどころではなくなっていた。皮肉にも、戦争のおかげでフルトヴェングラーは総統誕生日でのベルリンの指揮から逃れられていたのだ。

しかし、一九四二年になると戦況の悪化からドイツは総力戦へと突入し、ゲッベルスは国民を統合するには「第九」が役に立つと思いついた。ナチスには花火を打ち上げるような派手な催しが必要だった。ナチスがまだまだ力があることを内外に示さなければならない。一九四二年の総統誕生日演奏会は、なんとしても、「フルトヴェングラー指揮」の「第九」でなければならないと決断した。

たまたまフルトヴェングラーが親しくしていたブルーノ・キッテル合唱団は、この年が創立四十周年だった。代表のキッテルはナチス党員で、政権に忠実である。三月二十一日から二十四日まで、合唱団の記念演奏会ではベルリン・フィルハーモニーがフルトヴェングラーの指揮で第九を演奏した。フルトヴェングラーは、四月二十日の一か月前なので、油断して、引き受けていたのだ。

この年はウィーン・フィルハーモニーの創立一〇〇周年でもあり、フルトヴェングラーはベルリンでの第九を終えると、ウィーンへ向かった。二十八日が記念式典で、二十九日と三十日はブルックナーの八番を演奏した。さらに記念演奏会のひとつとして、四月二十一日には第九が演奏されることになっていた。フルトヴェングラーとしては、ウィーンで第九を演奏する予定であることと、ベルリンでは三月下旬に第九を演奏したので、四月二十日前後の「ベルリンでの第九」を回避できると考えていた。

だが、フルトヴェングラーの思惑は外れた。この年のゲッベルスは強硬だった。三月の第九が評判がよかったことが、フルトヴェングラーにとって仇《あだ》となった。ゲッベルスはウィーンにいるフルトヴェングラーへ電話をかけ、「総統は三月の第九が絶賛されたことを耳にし、誕生日の前夜に演奏するよう望んでいる」と伝えた。

さらにゲッベルスはウィーンの行政責任者、ウィーン総督兼帝国大管区指導者シーラッハにも圧力をかけ、四月二十一日のコンサートを二十四日へ延期させた。

結局、フルトヴェングラーはヒトラー誕生日前日の十九日に、しぶしぶベルリンのフィルハーモニーの指揮台に立った。

だが、フルトヴェングラーの第九を聴きたがっていたはずのヒトラーの姿は、フィルハーモニー楽堂のどこにもなかった。演奏後にフルトヴェングラーと握手をしたのはゲッベルスである。ヒトラーは総統大本営「狼の巣」に籠っていたのだ。

ゲッベルスはこの日の第九について日記に「完璧な演奏で、圧倒的な印象を残した」と記している。新聞は「ベートーヴェンの高貴なこの作品は、総統の誕生日にあたり、国民が偉大な模範に従い、たとえいかに厳しいものであっても、時代の危機と運命を乗り越えていくであろうことを、総統に象徴的に示した」と絶賛した。この演奏は放送されたので録音され、CDで聴けるが、たしかにフルトヴェングラーの十数種類の第九の録音のなかで、最もすさまじい演奏となっている。

翌一九四三年、戦況はドイツにとって、悪化の一途をたどるばかりだった。しかし、ナチス政権はそれを認めようとはしなかった。国民に真実は隠蔽《いんぺい》され、やがて近い将来に「究極の勝利」がくることだけが宣伝された。芸術もその「究極の勝利」に貢献しなければならなかった。

フルトヴェングラーにとって面倒な「総統の誕生日」がまたやってこようとしていた。前年の反省から、フルトヴェングラーは一九四三年の春に向けて巧妙な作戦を立てた。まず、それまで要請されながらも断りつづけていた占領地域であるフランスと、フランコ独裁政権が樹立されたスペインへの演奏旅行を引き受けたのだ。時期は三月と四月に予定された。

その上でフルトヴェングラーは、一九四三年春に「病気」になった。指揮という運動行為に不可欠の頸椎《けいつい》に炎症があると、診断書に書いてもらった。フランスとスペインの公演はキャンセルされた。

外国公演のキャンセルを認めたのが、ゲッベルスの敗因だった。四月二十日が近づいても、フルトヴェングラーがウィーンで「静養」しているので、ゲッベルスは電話をかけ、「すぐに飛行機でベルリンに来て、指揮台に立つように。途中で交替してもいい。そのための万一の時に備え、代わりの指揮者も用意しておく」と言った。

フルトヴェングラーは「総統の誕生日のためですから、どんなひどい痛みにも耐えましょう。しかし、もし私がベルリンの指揮台に立ったら、つい先日、キャンセルしたばかりのスペインの人々に対し、失礼にはならないでしょうか」と慇懃《いんぎん》に答えた。

ゲッベルスは言葉に詰まった。その時点で、スペインのフランコ総統の機嫌を損ねるのは国益に反した。フルトヴェングラーの作戦勝ちだった。

こうしてフルトヴェングラーは、一九四三年のヒトラー誕生日問題はどうにか切り抜けたが、それ以外では、さまざまな貢献をした。「倫理的・道徳的理由から、被占領地域での演奏はしない」と決めていたが、五月にはウィーン・フィルハーモニーとともに、占領地域のデンマークに演奏旅行をした。

■敗戦

一九四四年六月六日のノルマンディー上陸作戦の成功、八月のパリ解放と、連合国側は攻勢を強めてきた。七月にはヒトラー暗殺未遂事件が起き、政権中枢も揺らいできた。ゲッベルスは戦時国家総動員総監に任命され、実質的にヒトラーから全権を委任されると、全国の劇場を営業停止とした。しかし、ベルリンとウィーンのフィルハーモニーの演奏会は停止にはならず、むしろ盛んに行なわれ、録音され、全ドイツへ放送された。

フルトヴェングラーの録音で名演とされるものは、皮肉にもこの戦時中録音である。だが前述のように、そのレパートリーはドイツ音楽にほぼ限られ、そのため、フルトヴェングラーと言えば、ベートーヴェン、ブラームス、ワーグナーとなってしまう。

フルトヴェングラーの没後の名声は、この戦時中の録音によって打ち立てられたから、なんとも皮肉である。

フルトヴェングラーは一九四五年一月二十四日の演奏会が終わるとウィーンへ行き、そこからスイスへ亡命した。

四月三十日、ヒトラーは自殺した。ドイツが降伏するのは五月八日である。

■非ナチ化審理

フルトヴェングラーは亡命先のスイスでドイツ敗戦を知った。

ナチス政権下にドイツにいて、それなりの地位にいた者は、連合国の非ナチ化審理を経なければ、公職には就けなくなった。フルトヴェングラーもその対象となり、一九四七年まで、演奏活動ができなかった。その間、フルトヴェングラーは交響曲の作曲をしていた。

フルトヴェングラーの非ナチ化審理が始まったのは一九四六年十二月で、全ドイツ創造的藝術家の非ナチ化法廷で審理された。フルトヴェングラーは、彼の演奏会がナチスの宣伝に利用されたことは事実として認めた。しかし、自分は「ドイツの音楽家」として活動したのであり、ヒトラー政権の名のもとでは演奏していないと主張した。ナチス党の公式行事で指揮をしたことも問われたが、一九三六年の《ニュルンベルクのマイスタージンガー》は党大会前日の公演であり、公式行事ではないと主張した。さらにプロイセン枢密院議員だったことも問題になったが、名誉称号であり、何かしたわけではないと説明した。

フルトヴェングラーの弁護側の証人として、彼によって命を助けられた音楽家やその関係者が出廷し、証言した。

審理は十二月十一日に始まり、十二月十七日、フルトヴェングラーに「藝術活動の無制限の行使」ができるよう、連合国司令部に報告すると決まった。演奏できるようになるのだ。

だが、連合国がこの決定を認め批准するのは、翌年四月だった。特にアメリカ国内に反対の声が高まっていたためだった。

アメリカ軍がフルトヴェングラーの無罪の承認決定に消極的らしいとの噂は、彼自身の耳にも入っていた。フルトヴェングラーはそこにトスカニーニの影を感じた。フルトヴェングラーは焦っていた。なぜ自分はいつまでも復権できないのか。悪いことをしたという意識が、彼にはまったくなかった。理不尽なことをされているという被害者意識だけがあった。指揮をしたいという音楽家としての欲求もあったが、それ以上に、家族を養わなければならないという家長としての立場からの焦りもあった。フルトヴェングラー家は、この二年間、無収入状態だったのだ。蓄えも底をつき、生活費を借金しなければならないほどだった。

■復帰

フルトヴェングラーの演奏活動が再開できたのは一九四七年春で、まず四月六日にローマで戦後初めて指揮をした。

そして五月二十五日、ベルリン・フィルハーモニーの演奏会に、フルトヴェングラーは復帰した。プログラムはすべてベートーヴェンで、《エグモント》序曲に始まり、《田園交響曲》、そして第五番だった。チケットは発売と同時に完売となり、ベルリンの聴衆は熱狂して彼らのマエストロを迎えた。

しかし、首席指揮者としての復帰はまだ先だった。フルトヴェングラー自身が、復帰を拒んでいた。作曲をしたいという思いもあったし、ひとつの楽団に縛られたくないという思いもあり、しばらくフリーランスの指揮者として活動することにしたのだ。

戦後のベルリン・フィルハーモニーの首席指揮者になったのは、ルーマニア人のセルジュ・チェリビダッケだった。戦前からベルリンに留学していた青年で、戦争末期からアマチュア楽団の指揮はしていたようだが、一般にはまったく無名の青年が、戦後の混乱期に突然、登場したのだ。

フルトヴェングラーがドイツを出て行き、ほかの指揮者もドイツにいた者は非ナチ化審理を待つ身となり、といって、外国から招聘《しょうへい》する資金もない。窮余の策として指揮者を公募したところ、そのオーディションにやって来たのが、チェリビダッケだった。フィルハーモニーの楽団員の心を摑み、抜擢されると、聴衆の心も捉《とら》え、瞬く間にチェリビダッケは人気指揮者になっていった。

戦争中から、チェリビダッケはフルトヴェングラーを尊敬し、その演奏会は欠かさず聴いていた。直接師事したわけではないが、一種の師弟関係が成り立っていたので、チェリビダッケはいつでも首席指揮者の座を返上するつもりでいた。だが、フルトヴェングラーはそれを望まなかった。彼はスイスに家を構え、そこを拠点に各地に客演するほうが気が楽だと思うようになっていた。ベルリンは彼にとって栄光の地ではあったが、あまりにもいろいろなことがあった都市でもあり、再びここに落ち着く気にはなれなかったのだ。

■シカゴへの幻の客演

一九四八年十二月十四日、フルトヴェングラーがアメリカのシカゴ交響楽団と一九四九年十月と五〇年三月に合計十四週間にわたり客演すると発表された。

即座に大反対の声が湧き上がった。その先頭に立つのは、ユダヤ系の音楽家たちだった。彼らはナチスとそれに追随していたフルトヴェングラーを赦《ゆる》さない。ホロヴィッツ、ルービンシュタイン、ブライロフスキー、ハイフェッツ、ミルシュタイン、ピアティゴルスキー、リリー・ポンス、コステラネッツら著名音楽家たちが、「フルトヴェングラーがシカゴで指揮をするのならば、自分たちは今後一切、シカゴに客演しない」とボイコット声明を出した。

しかし、そのなかにワルターの名はなかった。フルトヴェングラーはそれに気付くと、ワルターへ手紙を書き、「あなたもシカゴに出ないのか」と問い合わせた。ワルターが「ボイコットする気はない」と返事を出すと、それに安心したのか、フルトヴェングラーは「自分ほどユダヤ人のために尽くした者はいないのに、なぜこんな目にあうのか」と嘆いた手紙を送ってきた。

一九四九年一月十三日付でワルターからフルトヴェングラーに出された手紙が残っている。〈対外宣伝のきわめて有効な手段として、貴方《あなた》（フルトヴェングラー）の藝術が何年にもわたり、悪魔の政権のために利用されたこと、貴方が顕著な人格と偉大な才能によって、この政権に大いに尽くしたこと、貴方のような一流の藝術家が存在し活動したことは事実です。ドイツにおいて、貴方が、あの恐るべき犯罪者たちを助け、彼らにまで文化的・道徳的信用を得させたか、少なくとも、それに貢献したことを考えるべきです。十二年にわたり、ナチの帝国で暮らし、国から肩書きと官職を得たことは問題ですし、たとえ個々のユダヤ人に救いの手を差し伸べたとしても、何の意味

があったのでしょう。〉

だが、ワルターは一方的にフルトヴェングラーを責めるのではない。〈自分としては貴方がナチではなかったと確信しているし、自分には誰かが有罪だと宣告することもできないし、怒りや恨みや辛《つら》みよりも、和解しようという心構えのほうが優先されます。〉とも書いた。

フルトヴェングラーはワルターからの手紙に動揺し、自分がアメリカへ行くことへの、〈ユダヤ人の感情は理解できます〉としながらも、〈本国にとどまったドイツ人は、自国民から恐るべき方法で抑圧され、脅迫され、あげくの果てに、弾劾の対象にされています。これは、もっと恐ろしいことではないでしょうか〉と訴えた。

結局、シカゴ交響楽団の理事会は批判に耐えられず、客演契約をキャンセルした。アメリカ音楽家ユニオン代表の「フルトヴェングラーはユニオンの就業許可証を取得できない。したがって、シカゴに来てもオーケストラを指揮することはできない」という見解が決め手となった。

ホロヴィッツやルービンシュタインは、フルトヴェングラーがアメリカへ来ることを拒んだだけではなく、自分がドイツで演奏することも拒み続けた。

■短かった「戦後」

ワーグナー家が主宰するバイロイト音楽祭は、ヒトラー政権下、あまりにもこの政権と密接な関係だったため、戦後は開催できなかったが、当主のヴィニフレート・ワーグナー（リヒャルト・ワーグナーの長男の妻）が引退することで、一九五一年に開催が許された。音楽祭は、ヴィニフレートの二人の息子（リヒャルトの孫）、ヴィーラントとヴォルフガングが引き継いだ。

バイロイト音楽祭ではワーグナーのオペラだけが上演されるが、記念の年にはベートーヴェンの第九も演奏される。一九五一年は、フルトヴェングラー指揮の第九で始まった。この第九は録音され、フルトヴェングラーの数多いレコードのなかでも名盤中の名盤とされている。

一九五二年二月、ベルリン・フィルハーモニーからの度重なる要請に応じ、フルトヴェングラーは、終身の常任指揮者として契約書にサインをした。チェリビダッケも常任指揮者なので、二頭体制となった。同時に楽団の規約も改正され、十二月からベルリン市の一組織となることになった。

ベルリン・フィルハーモニーにとっては、フルトヴェングラーとの第二の黄金時代が始まると思われた。しかしこの指揮者にはそう多くの時間が残されていなかった。フルトヴェングラーはいつしか、耳に異変を感じていた。尊敬するベートーヴェン同様、難聴になっていたのだ。指揮者にとっては致命的である。

一九五四年四月、ニューヨークでトスカニーニが引退した。それから半年近くが過ぎた九月十九日と二十日、フルトヴェングラーは、ベルリン・フィルハーモニーの定期演奏会でベートーヴェンの交響曲第一番と、自身の交響曲第二番を指揮した。これが最後の演奏会になるとは誰も知らなかったが、当人は予感していたのかもしれない。

フルトヴェングラーとベルリン・フィルハーモニーは、翌年、初のアメリカ・ツアーを予定していた。これもフルトヴェングラーには気の重い仕事だった。アメリカへ行けば、ユダヤ人が多いので、ナチスとの関係が蒸し返されるのは必至だった。

フルトヴェングラーはベルリンでの演奏会を終えるとウィーンへ向かい、九月二十八日から十月六日まで、ウィーン・フィルハーモニーと《ワルキューレ》の全曲録音に取り組んだ。

スイスの自宅に戻る前に、もう一度ベルリンへ行き、リハーサルをした。それは補聴器を試すためのものだった。しかし、うまくいかなかった。フルトヴェングラーは「ありがとう、みなさん。これで充分です」との言葉を残し、ベルリンを去った。

その後、耳にいいと言われて温泉地で治療を受けたが、とくに効果はなく、スイスのクラランにある自宅へ戻った。その鉄道での帰路、フルトヴェングラーは窓から身を乗り出し、風にあたっていた。身体をいじめているようだった。

フルトヴェングラーの交響曲第三番は二月に一応、第四楽章まで完成していたが、彼はさらに手を入れようとしていた。だが体調を崩した。最初は風邪と思われた。鉄道の旅で風にあたったせいかもしれない。

しかし症状が悪化し、気管支炎と診断された。フルトヴェングラーは生きる気力を喪《うしな》っていた。聴覚障害は七十歳が近づくこの指揮者には、生きる意味を喪わせていたのだ。治療は受けていたが、生きようという意思が感じられなかった。

一九五四年十一月三十日、フルトヴェングラーは亡くなった。消極的な自殺とも言われる。六十八歳だった。

妻エリザベートは長寿で、二〇一三年に一〇二歳で亡くなる。

フルトヴェングラーは、作曲家としては三曲の交響曲と、ピアノと管弦楽のための交響的協奏曲、ピアノ五重奏曲、歌曲などを遺した。交響曲第二番と交響的協奏曲は自作自演の録音もある。しかし、作曲家として死後に名声が高まったとは言えない。

不世出の大指揮者にして、ナチスとの関係に苦悩し、乱脈を極める女性関係があり、嫉妬《しっと》深く、それでいて深遠で高貴な精神性を持つとされた、矛盾の塊《かたまり》のようなこの人物の音楽は、だからこそ、いまもなお人びとを熱狂させる。

第4章
「パリのドイツ人、ボストンのフランス人」
シャルル・ミュンシュ

Charles Munch

1891年9月26日〜1968年11月6日

ドイツ、シュトラスブルク（現・フランス、ストラスブール）生まれ

◉常任した楽団・歌劇場など

パリ音楽院管弦楽団、ボストン交響楽団、パリ管弦楽団

シャルル・ミュンシュはアメリカで活躍したドイツ系フランス人という、欧米人ならではの多国籍な人物だ。

この人もまた、歴史の渦に振り回された生涯を送った。

■生い立ち

シャルル・ミュンシュは一八九一年九月二十六日に、当時はドイツ領だったシュトラスブルク（フランス語ではストラスブール）に生まれた。フランスとドイツの国境地域にあるエルザス＝ロートリンゲン（フランス語では「アルザス＝ロレーヌ地域」）の都市で、戦争のたびにフランス領になったりドイツ領になったりしてきた。

この地域にはもともとはケルト人が住んでいたが、ゲルマン系のアレマン人とフランク人が相次いで侵入し、北部ではドイツ語のフランク方言が、南部ではスイス・ドイツ語に近いアレマン語が話されていた。神聖ローマ帝国（ドイツ）傘下のロートリンゲン公国が支配していたが、十七世紀になるとフランス王国が勢力を伸ばし、フランスに編入され、フランス語が公用語となった。一八七一年に普仏戦争でフランスが敗れたため、アルザスの大半とロレーヌの東半分がドイツ（プロイセン）に割譲された。

ミュンシュが生まれたのは、ドイツ領シュトラスブルクになってから二十年後のことで、彼の家系はドイツ系だった。

父エルネスト・ミュンシュは地元のサン＝ギョーム教会のオルガン奏者であり指揮者で、毎週日曜日にはバッハのカンタータを演奏していた。さらに町の音楽家のリーダー的存在でもあり、シュトラスブルク音楽院の教員のひとりで、一八一八年には院長になる。

エルネストはシュトラスブルク市立管弦楽団の指揮者になりかけたこともあったが、残念ながら、そのポストには作曲家としても知られるハンス・プフィッツナーが就いた。プフィッツナーは管弦楽団だけでなく、市立歌劇場音楽総監督にもなった。政治的にも音楽的にも保守的な人物だ。この歌劇場ではフルトヴェングラーが第三指揮者だった時期もある。

シャルルの兄フリッツ・ミュンシュはシュトラスブルク市立管弦楽団の指揮者のひとりで、音楽院でも教えていた。叔父《おじ》オイゲン・ミュンシュ、従兄弟《いとこ》のハンスも指揮者で、ミュンシュ家は音楽家一族だった。

また、シャルルの姉エマは人道的な医師として知られるアルベルト・シュヴァイツァーの弟と結婚した。シュヴァイツァーはオルガン奏者でバッハの研究家としても知られるが、音楽においてはオイゲンが師だった。

そういう家庭なので、シャルルは生まれる前から音楽のなかで生きた人だった。当然のように幼い頃から教会の聖歌隊に入り、それが音楽の初歩的な基礎を学ぶことになった。

■名指揮者たちとの出会い

権力者の都合でフランス領になったりドイツ領になるのは、住民にとってはいい迷惑であり、アイデンティティの喪失にもつながる。しかし、いい面もあった。ミュンシュが言うには、ドイツ領になってからのシュトラスブルクは、「藝術上《げいじゅつ》の独仏対抗の戦略上の要衝」となり、そのおかげで大指揮者たちが次々とやってきたのだ。ドイツからアルトゥール・ニキシュが来てブラームスを演奏すれば、フランスからエドゥアール・コロンヌやガブリエル・ピエルネが来て、ベルリオーズや最新のフランス音楽を演奏した。こうして競い合ってくれたので、音楽ファンにとっては恵まれた環境となった。少年時代のミュンシュはそれらを聴いて育った。ミュンシュにとっては、ドイツ音楽もフランス音楽も、「自分の国の音楽」となった。

第2章に記したワルターが来て、自作の交響曲を披露したのは、一九一一年二月、ミュンシュが十九歳のときである。

父はオルガン奏者だったが、ミュンシュはヴァイオリンを習っていた。そして一九一二年、二十一歳になる直前、パリ音楽院に入学した。ヴァイオリンを学ぶためだった。

パリ音楽院はフランスのみならず、世界的にも最も古い音楽家養成機関である。大革命の後の一七九五年に創設された。正式には「パリ国立高等音楽・舞踊学校」というが、日本では長く「パリ音楽院」と呼ばれているので、ここでもそう記す。

パリ音楽院の歴史は近代国家フランスの歴史とほぼ重なる。フランスでは大革命以前、音楽家の養成は教会が行なっていた。したがって教会音楽を演奏し作曲するための人材の育成に限られていた。一方、オペラの普及と共に、オペラを演奏、作曲する人材が必要となり、一六六九年に、作曲家ジャン＝バティスト・リュリの要請で国王ルイ十四世によって、ヴェルサイユ宮殿内に「王立歌唱・朗唱学校」が作られていた。この学校が音楽院の前身となる。

一七八九年の大革命では音楽が重要な役割を果たした。フランスの国歌《ラ・マルセイエーズ》は革命運動の歌だ。今後の国家運営においても、軍楽隊や政府主催の式典で音楽が必要となる。それを担う人材の育成が急務だった。そこで、王立歌唱・朗唱学校に、市民の音楽学校を合併させ、国立音楽施設所に組織を改めた。さらに一七九五年に「音楽院」へと発展した。当時は作曲家よりも弦楽器と管楽器の演奏家の養成が目的だった。一八〇六年に学生によるオーケストラが創設され、演奏会が開かれるようになり、ピアノ科、作曲科も置かれるようになる。
パリでミュンシュが師事したのは、高名なヴァイオリニストで作曲家でもあったリュシアン・カペーだった。

■ゲヴァントハウスのコンサートマスター

一九一四年、第一次世界大戦が勃発《ぼっぱつ》し、フランスとドイツは敵となる。ドイツ人だったミュンシュは「パリにいる敵国人」となった。いったん故郷へ帰り、徴兵されてドイツ軍の一兵士として、ついこの前まで音楽を学んでいたフランスと闘うことになった。戦争の理不尽さを身をもって知った。

ミュンシュは前線で闘い、一九一六年二月から十二月まで続いたヴェルダンの戦いで負傷した。この戦闘では七十万人が死傷したが、そのひとりだった。

戦争についてミュンシュは〈音楽から、その壮麗さやその仕事から、四年間離れた〉と後に自伝『指揮者という仕事』に綴《つづ》っている。

一九一八年、戦争はドイツの敗北で終わった。ミュンシュが故郷のシュトラスブルクに帰ると、この町はフランス領ストラスブールになっており、二十七歳になるミュンシュはフランス人となった。自分はいったい何のために闘ったのか、複雑な思いであったろう。

復員したミュンシュは、当初は保険会社で働いていたが、ヴァイオリンの練習は欠かさなかった。しかしヴァイオリンの腕を披露する機会はない。音楽への思いは募るばかりだった。そんな時、ストラスブール市立管弦楽団の第二コンサートマスターが空席となり、ミュンシュはオーディションを受けて、見事に合格した。さらに音楽院で教鞭《きょうべん》を執ることにもなった。

一九二五年、ライプツィヒのゲヴァントハウス管弦楽団のコンサートマスターが空席になったとの情報を得た。父エルネスト・ミュンシュの友人で、ライプツィヒの聖トーマス教会のカントールだったカール・シュトラウベが教えてくれたのだ。ミュンシュはライプツィヒへ向かい、試験を受けると合格した。三十四歳での再出発だった。

当時のゲヴァントハウス管弦楽団の楽長はフルトヴェングラーである。前任のニキシュが亡くなったのが二二年なので、三年が過ぎた頃だ。

しかしミュンシュにより大きな影響を与えたのは、ブルーノ・ワルターだった。フルトヴェングラーはベルリンやウィーンの仕事で多忙になり、一九二八年にゲヴァントハウスの楽長を辞任し、ワルターが後任となった。

ミュンシュはワルターの指揮で演奏することを通して、指揮者の仕事とは何なのかを学び取っていた。直接、指揮の指導を受けたわけではないが、オーケストラにどう接し、どうやって音楽の解釈を伝えるかを体験していく。音楽院の教室で指揮を学ぶよりも、はるかに有益な教育だった。ミュンシュは最高の師に恵まれたといっていい。

ある日、聖トーマス教会カントールのシュトラウベが急用で日曜日に教会にいることができなくなり、ミュンシュは代理でカンタータの指揮をした。幼少期からカンタータを指揮しているのを見て聴いていたので、突然の代役だったが、難なくこなした。ミュンシュは指揮者になりたいとの思いを抱くようになる。

一九三〇年代に入り、ナチスが台頭してきた。ミュンシュは人種としてはドイツ人だが、国籍はフランスだった。排外主義の強いナチスは、ユダヤ人を差別しただけではなく、外国人そのものを嫌うので、ミュンシュはいづらくなっていく。

一九三二年、いよいよナチスが国会内で議席を増やしていくと、ミュンシュは、「ドイツのオーケストラのコンサートマスターなので、ドイツ国籍を取るように」と命じられた。もともとはドイツ人だったので、ドイツへの愛着はある。しかしミュンシュは自分が望んでフランス人になったわけではない。戦争でドイツが負けて、ストラスブールがフランス領になったためにフランス国籍となったのである。国家の都合でフランス人になったのに、今度はドイツ国籍に戻れと言われたわけで、納得できなかった。

まだヒトラーが政権を取る前だったが、ナチスが強くなっていく風潮に嫌気がさしたミュンシュは、ドイツ国籍になるのではなく、ゲヴァントハウス管弦楽団のコンサートマスターを辞めてしまった。

■パリでの指揮者デビュー

フランス人としてのミュンシュが目指したのは、パリだった。オーケストラに入るのではない。指揮者になると決意していた。

パリに落ち着くと、ミュンシュは持っていたヴァイオリンの名器グァルネリを、音楽院で学んでいる学生に売った。後の名ヴァイオリニスト、ヘンリク・シェリングである。シェリングは翌一九三三年にプロとしてのデビューを飾る。一九三二年はまだ無名だった二人が巨匠となってから共演した、チャイコフスキーのヴァイオリン協奏曲のレコード（一九五九年録音、ボストン交響楽団）は名盤となる。

ミュンシュは名門ゲヴァントハウス管弦楽団コンサートマスターというキャリアはあるものの、指揮者としては無名である。すでに四十一歳になっていた。

どうやったら指揮者になれるのか。ワルターのように歌劇場の練習指揮者から指揮者にというのがひとつのルートだが、ミュンシュはオペラには関心がない。どこかの楽団を訪ね、いきなり雇ってくれと言っても、門前払いであろう。よくてアシスタント指揮者に雇ってくれるかどうか。しかし、四十一歳の男には、そうやって何年も修業する時間はない。

ピアニストやヴァイオリニストなら、どこかのホールか劇場を借りて、リサイタルを開いて注目させる方法もある。指揮者にとっての「楽器」はオーケストラだ。

ミュンシュは自腹を切ってオーケストラを雇い、デビュー・コンサートを自ら主催することにした。雇われたのは、コンセール・ストララム管弦楽団である。指揮者ワルテル・ストララムが一九二五年に、優れた人材を選んで結成した楽団で、一九二八年にラヴェル《ボレロ》を初演するなど、当時の作曲家が書いた作品の演奏を世に知らせることを目的としていた。

このデビュー・コンサートの資金について、ミュンシュは自伝には〈いくばくかの貯金を掻《か》き集めた〉と書いているが、実際は妻がスイスの大企業ネスレ創業者の孫娘だったので、その実家から資金的な援助を受けたと思われる。

ミュンシュ自身が興行主なので、プログラムは自分が演奏したい曲を選べた。バッハのヴァイオリン協奏曲、ディッタースドルフの交響曲、ラヴェル《亡き王女のためのパヴァーヌ》、ブラームスの交響曲第一番である。ラヴェル以外はドイツ系の作曲家の作品だ。時代的には、バロックのバッハ、古典派のディッタースドルフ、ロマン派のブラームス、当時としては「現代音楽」のラヴェル、さらにヴァイオリン協奏曲もある。「新人」とは思えない、本格的で壮大なプログラムだ。

かくして一九三二年十一月一日、ミュンシュはパリで指揮者としてのデビューを飾った。当然、パリの音楽関係者に招待券をばら撒《ま》いたであろう。

デビュー・コンサートの成功についてミュンシュは自伝では〈自分は操り人形のようであり、何も見なかったし聴かなかった、評価なんて分からない〉と謙遜《けんそん》して回想しているが、実際は大成功したらしい。二回目の演奏会はコンセール・ラムルー管弦楽団のほうから招かれ、出演料を貰《もら》って指揮し、これも大成功した。

指揮者はある程度の年齢にならないと深みが出ないというか、楽団員への威厳が持てないが、だからといって、いきなり四十歳を過ぎてから始めるものでもない。ミュンシュのキャリアは当時としても異例だった。

■パリ音楽院管弦楽団指揮者に

ゲヴァントハウスのコンサートマスターが指揮者になった――と、パリ楽壇に知らしめることに、ミュンシュは成功した。続いて、コンセール・ラムルー管弦楽団、パリ管弦楽団（現在の同名の楽団とは関係のない別団体）に客演、一九三三年夏には保養地ビアリッツの楽団を指揮した。

一九三五年からは、最初の常任ポストとして、パリ・フィルハーモニー協会の指揮者となった。これはピアニストのアルフレッド・コルトーが設立した楽団で、三シーズン勤めた。一九三七年にはベルリンの国際現代音楽協会に招かれるなど、数年にして指揮者として認められていく。

一九三七年、パリ音楽院管弦楽団の首席指揮者フィリップ・ゴベールが退任した。この楽団こそが、フランス随一の楽団だった。名前だけだと学生オーケストラのようだが、そうではない。名門パリ音楽院の現役の教授と卒業生からなる楽団で、一八二八年に設立された。ベートーヴェンが亡くなったのが一八二七年なので、その翌年になる。まず、演奏会を聴く聴衆団体として演奏会協会が作られ、定期的に演奏会を開ける経済的基盤を作った上で、音楽院の教授と卒業生による楽団が結成された。パリ音楽院管弦楽団の最初の大きなプロジェクトが、亡くなったばかりのベートーヴェンの九つの交響曲を演奏することだった。オペラはパリでも隆盛を極めていたが、シンフォニー・コンサート専門の楽団はなく、このパリ音楽院管弦楽団によって、パリのコンサートの歴史が始まると言っていい。

パリ音楽院管弦楽団はパリ随一、つまりフランス随一の楽団である。したがって、その首席指揮者はフランス音楽界ではトップのポストだ。

ミュンシュはパリ音楽院管弦楽団に何度か客演していたが、それは採用試験も兼ねていた。楽団はゴベールが辞めると、ミュンシュに後任の首席指揮者に立候補するよう促した。そしてミュンシュは採用された。彼は「奇蹟《きせき》」と振り返っている。

自費でデビューしてから五年にして、シャルル・ミュンシュはフランス最高の楽団の首席指揮者になったのだ。

しかし、その栄光の日日は短い。

■第二次世界大戦

一九三九年九月一日早朝、ドイツがポーランドに侵攻した。ポーランドと相互援助条約を結んでいたイギリスとフランスは、ドイツに宣戦布告し、戦争が始まった。

そのときミュンシュは故郷ストラスブールにいた。仏独両国が戦争になると、真っ先に侵攻されるのがこの地域だ。人びとは避難を始めた。ミュンシュはすでに四十八歳だったので徴兵の心配はなかったが、そのキャリアの前途に暗雲が立ち込めた。

この指揮者の生涯は、ドイツとフランスの間で振り回される。その一方で、ドイツ音楽とフランス音楽が彼のレパートリーの中心である。

一九四〇年春、ドイツはフランスへの侵攻も始めた。フランスはドイツとの国境沿いにはマジノ線と呼ばれる要塞《ようさい》を築いて防御体制を敷いていたが、ベルギーとの国境は手薄だった。ヒトラーはそこに目をつけていた。ドイツは四月に中立国であるデンマークとノルウェーを電撃的に占領した。五月になると、一気にルクセンブルク、オランダ、ベルギーに攻め入った。そしてベルギーを通ってフランスへなだれ込む。フランス軍はひとたまりもなく、退却につぐ退却となり、六月十四日、ドイツ軍はパリへ無血入城した。パリ陥落後も、フランス政府内では、態勢を立て直して徹底的に闘うべきとする意見と、休戦すべきという意見とがあった。レノー首相はドイツに対しての戦争継続を訴えたが、休戦派の力が強く、六月十七日に辞職した。副首相だったペタン元帥が首相となり、ドイツとイタリアに対し休戦を申し入れた。事実上の降伏である。二十二日に独仏休戦協定が締結された。

休戦協定により、第一次世界大戦でフランス領となったアルザス＝ロレーヌは、再びドイツに編入された。フランスの残りの地域は、パリを含む北部と海岸線の五分の三がドイツの直接占領地域となり、南部は「非占領地域」となり、ドイツに協力的なヴィシー政権が統治することになった。実質的にはフランス全土がドイツの支配下に置かれたのである。徹底抗戦派だったド・ゴール将軍はロンドンに亡命して「自由フランス」を結成したが、実体はない。ここにフランス第三共和制は終焉《しゅうえん》を迎えた。

新政権下、オーケストラへの公的助成は予算が削られたが、パリの楽団に対しては、予算は増加した。そのおかげで、パリの四つの楽団――パリ音楽院管弦楽団、コンセール・パドルー、コンセール・コロンヌ、コンセール・ラムルーは、いずれも戦前よりも多く演奏会を開いていた。

ミュンシュは亡命しようと思えばできた。妻の実家を頼れば生活はできる。アメリカへ行けば指揮者の仕事があるだろう。しかし、自分だけが出て行っていいのか。自分がいなくなれば、パリ音楽院管弦楽団には、ドイツ人指揮者か、ドイツの言いなりになる指揮者が来るだろう。ミュンシュは故郷からパリへ向かった。

ミュンシュはパリに留《とど》まりつつ、抵抗を続けようと決心した。

九月二十九日の、ミュンシュとパリ音楽院管弦楽団の占領後最初の演奏会の曲は、ベートーヴェン《エグモント》序曲で始まり、交響曲第七番と続いて、後半がラヴェル《亡き王女のためのパヴァーヌ》と《ラ・ヴァルス》だった。ドイツとフランスのバランスを取ったプログラムだ。

ナチス支配下のフランスでは、演奏会で演奏される曲は、バッハ、モーツァルト、ベートーヴェン、ブラームスといったドイツ音楽と、ベルリオーズ、フランク、ドビュッシー、ラヴェルといったフランス音楽がほとんどで、メンデルスゾーン、マーラー、シェーンベルク、ミヨー、デュカスなどユダヤ系作曲家の作品はプログラムから外された。

十二月五日、ミュンシュは音楽院管弦楽団の演奏会で、ベルリオーズのレクイエムを演奏した。フランス人が作曲した曲なので、ナチスも止めることはなかった。しかしこの曲は一八三〇年の七月革命犠牲者の慰霊祭のために、一八三七年に作曲された作品だ。ミュンシュが、ドイツ占領下で、フランスの革命の犠牲者を慰霊する曲を演奏したのには、それなりの意味があったはずだ。ミュンシュはレジスタンスに協力し、その収入のほとんどを寄付するようになる。

このミュンシュの演奏会の直後、ドイツからカラヤンがアーヘン市立歌劇場を率いてやって来て、ドイツ軍兵士のための演奏会と、パリの一般市民のための演奏会を指揮した。

ミュンシュはナチスの音楽関係者から、「あなたがフランスを出て行けば、あの若い指揮者がパリ音楽院管弦楽団を指揮するだろう」と言われた。そうとなれば、ますます出て行くわけにはいかなかった。

半年後の一九四一年五月、カラヤンは今度はベルリン州立歌劇場を率いて公演し、《トリスタンとイゾルデ》などを指揮した。一九四一年はワーグナー生誕一三〇年(一八一三年生まれなので二年早いが)、《さまよえるオランダ人》がフランスで作曲されて一〇〇年目ということで、ドイツ協会はワーグナー熱を盛り上げるのに熱心で、そのひとつとしての公演だった。

一九四一年はモーツァルト没後一五〇年でもあった。十二月五日が命日だ。占領当局の指導で、これを記念して、パリでもモーツァルト音楽祭が行なわれることになった。

ミュンシュにとってモーツァルトは敬愛する作曲家のひとりだが、ナチス色の強い音楽祭に協力するのは耐え難い。ミュンシュは指揮をしないですむように、十二月はブリュッセルに客演する予定を組んだ。しかし占領当局の意向で、定例の十一月三十日の日曜コンサートがモーツァルト音楽祭に組み込まれてしまった。音楽院管弦楽団は毎週日曜日に定期演奏会を開いており、ミュンシュはこの演奏会は指揮するつもりだったのでスケジュールに入れていたのだ。

十一月三十日のミュンシュ指揮の日曜コンサートでは、ジャック・ティボーをソリストにしたモーツァルトのヴァイオリン協奏曲と、交響曲第三十八番《プラハ》などが演奏された。

表面的にはミュンシュはナチスの下で音楽活動を続けていたが、その収入のほとんどを対独レジスタンスに寄付していた。しかしそれが公になるのは、後のことだ。この指揮者は占領下にあってパリに留まりつつ、抵抗を続けるという困難な立場に身を置いた。

同じようにフランス映画界では表面的にはナチスに従うふりをしながら、あえて時勢とは関係のない映画を作っていた人びともいた。パリ解放後の一九四五年三月に公開されたマルセル・カルネ監督の『天井桟敷の人々』は、その代表だが、この映画の音楽はミュンシュ指揮のパリ音楽院管弦楽団が演奏している。

■パリ解放

ミュンシュはフランスの外から見れば、ナチス・ドイツの言いなりの音楽家だった。フランス国内でも、そう見られていただろう。

占領下、ナチス・ドイツに表立って逆らえば、フランスにはいられない。少なくとも第一線での仕事は奪われる。第一線にいたミュンシュは「親ナチ」と思われても仕方がなかった。

一九四四年六月に、連合国軍はノルマンディー上陸作戦を成功させ、八月にはパリが解放され、ドイツによる占領は終わった。パリ解放の後、ミュンシュは自由になり、十一月にはイギリスへ客演していた。十一月二十五日にはミュンシュの故郷ストラスブールも解放された。

ミュンシュは戦争中のことについて、著書『指揮者という仕事』ではほんの数行しか語っていない。

〈ドイツ軍の占領という恐ろしい四年間があった。当時私の役割は、より幸福な世界へと人びとの心が逃避するのを助けることにあった。自分の国が抑圧され、口を封じられ、傷つけられるのを見る苦痛から、いやましに熱心に私はそれに没頭した。

一九四五年まで、毎日曜、自分の職業《メチエ》の遂行に毎回、一層注意深く、一層情熱を注ぐよう努めて、このすばらしいオーケストラ（音楽院管弦楽団）を指揮した。〉

しかし、この生き方は理解されず、戦後、ミュンシュは批判される。

戦争が終わると、ミュンシュは音楽院管弦楽団の仕事を少しずつ減らし、一九四六年をもって辞任した。親ナチスと見られ、居づらくなっていたのだ。

その後は、一九三四年に創立されたフランス国立管弦楽団へ客演するようになり、一九四六年には同楽団と初めてアメリカへ演奏旅行へ行った。これがきっかけで、アメリカ音楽界との関係が生まれ、一九四九年には名門ボストン交響楽団の音楽監督に就任した。

■ボストン交響楽団

ボストン交響楽団は一八八一年に創立された。ニューヨーク・フィルハーモニック（一八四二年創立）、シカゴ交響楽団（一八九一年創立）、フィラデルフィア管弦楽団（一九〇〇年創立）、クリーヴランド管弦楽団（一九一八年創立）と並ぶ、アメリカ五大オーケストラのひとつで、ベルリン・フィルハーモニーの指揮者だったハンス・フォン・ビューロー、アルトゥール・ニキシュも指揮したことがある。

一九一九年から二四年まではフランスのピエール・モントゥーが首席指揮者となり、それまではドイツ系音楽がレパートリーだった楽団に、フランス色を植え付けた。モントゥーの後任となったのが、ユダヤ系ロシア人のセルゲイ・クーセヴィツキーだった。ロシアで革命が起きたので、それを嫌って亡命し、アメリカへ渡った音楽家だ。クーセヴィツキー時代は四半世紀も続いた。この指揮者は楽団員の演奏水準を向上させた。ドイツ、フランスに加えて、ロシアなどスラブ系の音楽もレパートリーに加えていった。クーセヴィツキーは後進の指導にも熱心で、教育音楽祭としてのタングルウッド音楽祭を創設した。彼の門下生のひとりが、レナード・バーンスタインである。

高齢となり、クーセヴィツキーは引退を決めたが、後継者の指名権は彼にはなかった。クーセヴィツキーとしては弟子のバーンスタインを後継にと考え、バーンスタインも乗り気だったのだが、楽団の理事会はまだ若いアメリカ人ではなく、ベテランのフランス人指揮者を選んだのだ。

こうして一九四九年、シャルル・ミュンシュはボストン交響楽団音楽監督となった。五十八歳での新天地での出発である。

そのエレガンスな指揮ぶりはアメリカ人には新鮮に映り、たちまちミュンシュはスター指揮者になった。

ミュンシュはスター指揮者だったが社交は好まず、音楽監督にはパーティーに出て理事や後援者たち、とくにその夫人たちのご機嫌をとる仕事もあったのだが、逃げていた。しかし後進の指導はした。クーセヴィツキーが始めたタングルウッド音楽祭には協力し、一九六〇年には若い日本人指揮者を指導した。小澤征爾《おざわせいじ》である。

米ソの冷戦が緊張緩和になった時代の一九五六年に、ミュンシュとボストン交響楽団はアメリカのオーケストラとしては初めてのソ連ツアーにも出た。日本へも一九六〇年に来ており、五月四日の演奏会はテレビ中継され、ベートーヴェン《英雄交響曲》と、ラヴェル《ダフニスとクロエ》第二組曲の映像がある。

アメリカは日本よりも先にテレビ時代を迎えていたので、ボストン交響楽団の一九五八年から六二年の演奏会は、テレビ中継の映像が遺っており、エレガントと称されたミュンシュの指揮ぶりを見ることができる。

■レコーディング

ミュンシュは七十一歳になる一九六二年をもって、ボストン交響楽団音楽監督を退任した。バーンスタインはすでにニューヨーク・フィルハーモニックの音楽監督になっていたので、後任にはならず、エーリヒ・ラインスドルフが一九六九年まで務める。その後はウィリアム・スタインバーグが七二年まで、そして小澤征爾が七三年に音楽監督になる。

ちょうどＬＰレコード、ステレオ録音の時代の到来と重なったこともあって、「ミュンシュ指揮ボストン交響楽団」は、ＲＣＡと契約して、ＣＤにして八十枚近い膨大なレコードを遺《のこ》した。モーツァルト、ベートーヴェン、ブラームスなどのドイツ音楽、ベルリオーズ、サン＝サーンス、オネゲル、ドビュッシー、ラヴェルなどのフランス音楽、チャイコフスキー、プロコフィエフなどのロシア音楽と、レパートリーは広い。

ミュンシュのレパートリーが、ほかの大指揮者と異なるのはオペラがないことだ。

また、この時代のピアノやヴァイオリンの巨匠たち——ハイフェッツ、ピアティゴルスキー、ルービンシュタイン、ブライロフスキー、プリムローズ、オイストラフ——との協奏曲もある。

ボストンの監督を辞めると、ミュンシュはパリへ戻った。アメリカでスター指揮者になり、ソ連公演も成功させたことで、ミュンシュは「フランスの英雄」となっていた。

ミュンシュは悠々自適の余生を過ごす気でいた。好きな時に指揮をすればいい生活が理想的だった。だが、大指揮者というものは、死ぬまで指揮台に立つ運命のようだ。古巣のパリ音楽院管弦楽団は、ベルギー人のアンドレ・クリュイタンスが首席指揮者となっていたので、ミュンシュはフランス国立放送管弦楽団（現・フランス国立管弦楽団）へ頻繁に客演するようになった。

一九六二年十二月には、単身で日本へ来て、日本フィルハーモニーを指揮した。弟子の小澤征爾から頼まれたのだ。

十五日に予定されていた最初のコンサートはミュンシュの急病で二十八日に延期となり、二十日が最初の登場となり、東京文化会館での定期演奏会を指揮した。ルーセル《バッカスとアリアーヌ》第二組曲、リストのピアノ協奏曲第一番（ピアノはニコール・アンリオ＝シュヴァイツァー）、ブラームスの交響曲第一番というミュンシュの得意とする曲のプログラムだ。

続いて二十五、二十六、二十七日には日比谷《ひびや》公会堂での特別演奏会で、ブラームス《ハイドンの主題による変奏曲》と、ベートーヴェンの第九を指揮した。

第九を三日連続で指揮した翌日の二十八日、当初は十五日に演奏するはずだった定期演奏会が開かれ、ベルリオーズ《幻想交響曲》、ラヴェルのピアノ協奏曲と《ダフニスとクロエ》第二組曲を指揮し、その日のうちにミュンシュは帰国した。

一九六五年五月にはソ連へ行き、モスクワでソヴィエト国立交響楽団を指揮した。オネゲルの交響曲第二番、ラモー《ダルダニュス》組曲、ドビュッシー《海》、ルーセル《バッカスとアリアーヌ》第二組曲という、ソ連のオーケストラが得意とはしないフランスの作曲家の作品を振ったコンサートのライヴ盤CDがある。

アメリカへの客演もあった。一九六六年と六七年の夏は、弟子の小澤征爾が音楽監督となった、ミシガン湖近くで開催されるラヴィニア音楽祭に客演した。

一九六六年秋にはフランス国立放送管弦楽団と日本へ来た。ドビュッシー《海》、フォーレ《ペレアスとメリザンド》、ルーセルの交響曲第三番の録音がある。

■パリ管弦楽団

ミュンシュが余生を過ごしていた一九六〇年代半ばのフランスはド・ゴール政権で、文化大臣には作家のアンドレ・マルローが就いていた。マルローはフランスの「国家」の力はフランス「固有」の文化によって達成されなければならないと考え、国家主導での国立オーケストラの創設を考えていた。当時のパリ音楽院管弦楽団は他国のオーケストラと比べて演奏技術が劣るとされて、ベルリンやウィーンのフィルハーモニーとは比較にもならなかった。「国立」と名の付くフランス国立放送管弦楽団は放送局の楽団であり、国立楽団ではない。

そこで一八二八年の創設から一四〇年の歴史を持つパリ音楽院管弦楽団を解散させ、フランス政府が二分の一、残りをパリ市とセーヌ県が負担する形で、新たなオーケストラを創設することになった。

そんな矢先の一九六七年六月三日、アンドレ・クリュイタンスが六十二歳で急死した。胃がんだった。

たとえクリュイタンスが存命だったとしても、マルローは新楽団の音楽監督には、知名度と実績からして、シャルル・ミュンシュしかいないと考え、打診していた。すでにミュンシュは七十六歳になっていた。トスカニーニがNBC交響楽団を引き受けた時よりも年長だ。ミュンシュは高齢を理由に固辞したが、説得されて引き受けた。新しいオーケストラは、音楽院管弦楽団のメンバーの三分の一が残され、あとはオーディションをして決められた。

■最後の仕事

一九六七年十一月十四日、パリのシャンゼリゼ劇場で、新生パリ管弦楽団の第一回演奏会が開かれた。指揮は、もちろんミュンシュで、プログラムはドビュッシー《海》、ストラヴィンスキー《カンティクム・サクルム》、そしてベルリオーズ《幻想交響曲》だった。最後の《幻想交響曲》が終わると、劇場は興奮の坩堝《るつぼ》となった。

この演奏会に先立って、《幻想交響曲》は十月二十三日から二十六日にかけて、EMI（現・ワーナー）にレコーディングされている。ミュンシュとしては楽団を鍛え上げるリハーサルを兼ねての録音だったのであろう。とてもリハーサルとは思えないすさまじい演奏である。だが、本番のライヴ盤は、この凄まじいセッション録音をはるかに超えた熱い演奏だ。

パリ管弦楽団は、フランスの楽団がこれまで持てなかった緻密《ちみつ》なアンサンブルを持つオーケストラとなった。

十二月にはオネゲルの交響曲第二番、六八年一月にはブラームスの交響曲第一番もレコーディングした。さらに九月から十月にかけては、ラヴェル《ボレロ》《スペイン狂詩曲》《ダフニスとクロエ》第二組曲、《亡き王女のためのパヴァーヌ》、ピアノ協奏曲も録音し、ミュンシュは演奏会とレコードの両方で、自分の音楽家生活の集大成をしようと意気込んでいた。

一九六八年十一月、ミュンシュ率いるパリ管弦楽団はアメリカ・ツアーに出かけた。創設一周年記念であり、ミュンシュとしてはアメリカへの凱旋《がいせん》ツアーの意識もあったろう。

演奏会は十月十八日のオタワが最初で、ボストン、ニューヨーク、フィラデルフィア、ワシントンとまわった。たまたまカラヤンは十月下旬から十二月初旬までニューヨークにいたので、ミュンシュ指揮パリ管弦楽団の演奏会を聴いて、「見事の一言だ。楽団創設からほどなくして、ミュンシュは熟成と完璧《かんぺき》を手中にした。なんと羨《うらや》ましい。私がこの楽団に望むのは、ただひとつ。この楽団を私が指揮することだ」と語った。

どの会場でも聴衆は興奮した。とくに「第二の故郷」とでも言うべきボストンでは、熱狂的に迎えられた。

十一月四日はノースカロライナ州で演奏会があり、翌五日、ヴァージニア州リッチモンドで、ミュンシュは同行していた副指揮者のボド夫妻を夕食に誘った。機嫌をよくしたミュンシュはベルリオーズ・フェスティバルを毎年開催したいと、将来の計画を嬉しそうに話していた。

だが、そのフェスティバルをミュンシュが指揮することはなかった。その夜、就寝中にミュンシュは心臓発作を起こし、そのまま亡くなった。七十七歳だった。パリ管弦楽団との日日は一年で終わってしまった。

パリ管弦楽団は創立一年にして、最大の危機を迎えた。アメリカ・ツアーは三人の副指揮者が引き継いだ。

パリ管弦楽団は音楽監督の後任にゲオルク・ショルティを考え、打診した。しかしショルティはこの時点でロンドンのコヴェント・ガーデンの音楽監督であり、シカゴ交響楽団から音楽監督の話が来ていたので断った。当時のフランスを代表する音楽家と言えば、ピエール・ブーレーズがいたが、文化大臣のマルローと犬猿の仲だったので、除外されていた。

フランス政府内で検討されたのは、カラヤンだった。問題はナチス党員だった「過去」である。パリがドイツに占領されていた間、ドイツの音楽家として公演をした過去も消せない。そんな人物をフランスを代表する楽団に招聘《しょうへい》していいのかとの意見があったが、マルローはカラヤン招聘を決断し、ド・ゴール大統領の承認も得た。

ミュンシュがドイツ占領下のパリに留まったのは、カラヤンにパリ音楽院管弦楽団を奪われるのを阻止するのも理由のひとつだったことを思うと、なんとも皮肉である。カラヤンの「パリ管弦楽団を指揮したい」という希望は実現した。最初の演奏会は一九六九年七月だった。元ナチ党員への反発は薄れていたのか、反対運動は何もなかった。しかし、カラヤンは多忙で、この楽団に時間を割くことができず、一年で辞任した。

この本に登場する指揮者のうち八人は故人だが、みな亡くなる直前まで指揮をしている。最後のコンサート、あるいはレコーディングからその死までが最も長いのはトスカニーニの三年弱だ。ミュンシュは、コンサートの翌日の夜に亡くなったので、最短である。

しかも、旅先での死だった。少なくともアメリカ・ツアーという仕事の最中であり、フランスへ帰ってからもパリ管弦楽団のコンサートは予定されていた。「死ぬ気」はまったくない状況での、急死だった。無念と、思う暇もなかったのかもしれない。

ミュンシュの名演名盤として知られているのは、ベルリオーズ《幻想交響曲》とブラームスの交響曲第一番で、それぞれいくつもの録音が遺されている。

フランス人だがドイツ音楽も得意とした人でもあり、もともとはドイツ人なのにフランス音楽を見事に演奏する人でもあり、指揮者としての円熟期をアメリカで活躍した人でもある。

アルザス＝ロレーヌ地方という、フランスとドイツの国境地帯に生まれ、両国の文化が競い合う環境に育ったことが、こういう音楽的に多国籍の指揮者を生んだ――と言うのはあまりにも単純だが、そういうものなのだろう。

第5章
「孤高の人」
エフゲニー・ムラヴィンスキー

Evgeni Mravinsky

1903年6月4日〜1988年1月19日

ロシア、サンクトペテルブルク生まれ

◉常任した楽団・歌劇場など

レニングラード・フィルハーモニー

現在では、ひとりの指揮者がひとつの楽団の音楽監督・首席指揮者になっても、長くても十年くらいで退任するが、かつては、「終身」の指揮者もいた。そのなかでも、ムラヴィンスキーとレニングラード・フィルハーモニーほど長く続いた指揮者と楽団はないだろう。何しろ、五十年にわたるのだ。

ムラヴィンスキーは、作曲家ショスタコーヴィチと共に歩んだ指揮者でもあった。

■生い立ち

エフゲニー・アレクサンドロヴィチ・ムラヴィンスキーは一九〇三年六月四日(ロシア暦では五月二十二日)に、ロシア帝国のサンクトペテルブルクで生まれた。

父アレクサンドル・ムラヴィンスキーは弁護士で、皇帝直属の諮問機関の法律顧問だった。母エリザヴェータは貴族階級の裕福な家の生まれだ。

父の家系は代々軍人で、エフゲニーの祖父コンスタンチン・ムロヴィンスキー(もとは「ムロヴィンスキー」家だった)は、一八五九年にフィンランドの実業家の娘で、「北国の三大美女」のひとりと評判のアレクサンドラ・マサーリナと結婚し、一男二女が生まれた。その長男がアレクサンドルである。

幸福な一家のはずだったが、結婚から十年ほど経つと、アレクサンドラが近衛士官ドモントヴィチと不倫の恋に落ち、その子を身籠《みご》ってしまった。アレクサンドラは妊娠に気付くと、息子は夫のもとに置き、二人の娘を連れ実家に帰った。コンスタンチンはこの事態に耐えられず離縁すると決めた。だが当時は簡単に離婚できない。宗教上も許されないのだ。そのため特別最高教会会議に持ち込まれ、宮廷まで巻き込み、ようやく姦通《かんつう》を理由に婚姻無効の判決が出た。

アレクサンドラは晴れてドモントヴィチと再婚した。女の子が生まれ、アレクサンドラと名付けられ（ロシアでは父子、母子が同じ名のことが多い）、前夫の娘二人もドモントヴィチ家で育てられ、長男アレクサンドルだけが、父コンスタンチンのもとで育った。

妻を奪われたコンスタンチン・ムロヴィンスキーはさらなる不幸に見舞われた。一八八一年三月にロシア皇帝アレクサンドル二世暗殺事件が起きた時、彼は警備担当のひとりだったため、暗殺事件の共犯と疑われ逮捕されてしまった。証拠はなく、ムロヴィンスキーも無実を主張したが、懲役二十年の有罪判決が出た。彼の一族が代々皇帝への忠誠心が篤《あつ》いこと、別れた妻アレクサンドラが夫ドモントヴィチを通じて次の皇帝アレクサンドル三世に赦免を嘆願したこともあり、シベリアへの流刑は免れ、北西部のアルハンゲリスクに送られた。

「ムロヴィンスキー家」の名は汚れた。そこで息子アレクサンドルは一文字変えて、ムラヴィンスキーと名乗るようになった。アレクサンドルは軍人にはならず、皇帝の諮問機関の法律顧問へと出世した。これには母の再婚相手ドモントヴィチの後押しもあった。

ペテルブルクの名士のひとりとなったアレクサンドルは、貴族の二女エリザヴェータと知りあい、結婚した。この夫婦の唯一の子として一九〇三年に生まれたのが、エフゲニー・ムラヴィンスキーなのである。

■二人の叔母

後の大指揮者の幼少期を記す前に、彼の叔母《おば》たちのことを記しておこう。

父アレクサンドルの妹のエブゲーニャ（愛称ジェニー）は、ロシア随一のソプラノ歌手となった。本名のムロヴィンスカヤをムラヴィナとし、ジェニー・ムラヴィナというステージネームとした。

ジェニー・ムラヴィナは一八六四年生まれで、三歳の頃から音楽の才能を示し、ピアノ教師について学んでいた。母に似て美人だったので少女時代から注目されていた。薦める人がいて帝室劇場のオーディションを受けて、一八八六年にマリインスキー劇場にデビューすると、瞬く間にプリマドンナとなった。

だがライバルによる陰謀で、ジェニーは一九〇〇年に帝室劇場を追われた。エフゲニーが生まれた頃は不遇だった。一九〇六年に引退を決め、サンクトペテルブルクでの引退公演の際に、三歳の甥《おい》エフゲニーと初めて会った。その後結核になり、一九一四年に五十歳で亡くなった。したがって、エフゲニーはこのオペラ歌手の叔母から音楽を学んだわけではなく、彼の人生にジェニーはほとんど影響を及ぼしていない。

だがもうひとりの叔母は、それなりの影響を及ぼす。その叔母は、父アレクサンドルの異父妹、つまりアレクサンドラとドモントヴィチとの間に生まれたアレクサンドラ（母と同名）である。結婚後の姓はコロンタイとなる。

一八七二年に生まれたアレクサンドラ・コロンタイは母に似て美人で、二十一歳で結婚し子供も生まれた。だが、工場の女子労働者が劣悪な労働条件で働かされている惨状を知り衝撃を受けて、マルクス主義に傾倒した。一八九八年には家庭を捨ててスイスのチューリヒに留学し、やがてロシア社会民主労働党（ソヴィエト共産党の前身）に入った。家庭を捨ててしまうあたり、不倫で家庭を捨てた母と似ているのである。当初は文筆活動によって社会変革をしようと、女性解放論を唱えていた。

一九〇五年の革命後、コロンタイは革命家としての政治活動を本格化させ、一九〇八年にドイツへ亡命、ローザ・ルクセンブルクやカール・リープクネヒトとも面識があった。一九一四年に第一次世界大戦が始まると、コロンタイはレーニンのボリシェヴィキに属し、ロシアに戻り革命運動に入った。美貌《びぼう》で貴族出身で弁舌も立ち文章も書けるので、彼女は目立った。

このもうひとりの叔母は、エフゲニー・ムラヴィンスキーの人生に直接影響を与える。

■革命による暗転

エフゲニーの両親はともに藝術家《げいじゅつか》ではなかったが、音楽や美術、演劇の愛好家ではあった。二人は子供が生まれるまで毎日のように劇場に通っていた。母エリザヴェータは生まれてくる子にはピアニストか画家になってほしいと望んでいた。

両親はエフゲニーの教育に熱心で、幼い頃からドイツ語とフランス語を習わせ、さらにピアノも習わせた。そして六歳になったある日、この少年は両親に連れられてマリインスキー劇場へ行き、チャイコフスキーのバレエ《眠れる森の美女》を見て、陶酔し、舞台のバレエと音楽に心を奪われた。これが音楽との決定的な出会いとなった。

十歳になると両親は劇場の定期会員券を与え、エフゲニーはマリインスキー劇場に通うようになった。夏には両親とスイスやドイツの保養地へ行き、大作曲家ゆかりの地を訪問することもあった。十一歳でサンクトペテルブルクの名門ギムナジウムに入学し、成績は優秀だった。音楽は家庭教師のもとで勉強した。

そんな幸福な日日は、しかし一九一四年の戦争の勃発《ぼっぱつ》によって暗転していく。

皇室諮問機関の法律顧問だった父アレクサンドルは、帝政が崩壊しつつあることを悟り絶望していた。そして一九一七年二月、革命で帝政が滅びた直後に結核で亡くなった。エフゲニーが十四歳になる年だ。

二月革命で樹立されたケレンスキー首班の臨時政権は不安定で、ロシアはその後も混迷していた。四月にレーニンが亡命先から帰国し、臨時政府を打倒しソヴィエト政権を樹立する方針を打ち出すと、党内で最初に賛成したのがアレクサンドラ・コロンタイだった。

十一月の革命が成功しボリシェヴィキによる政権が樹立されると、コロンタイは保健人民委員となった。「人民委員」は日本で言う「大臣」なので、厚生労働大臣にあたる要職だ。唯一の女性人民委員である。コロンタイは女性の生活向上の担い手となり、世界史的にも社会主義フェミニズムの先駆者となっていくのだ。

革命後、エリザヴェータとエフゲニーが暮らしていた家は差し押さえられ、ムラヴィンスキー母子は手押し車に家財道具を載せ、石持て追われた。比喩《ひゆ》ではなく、本当に近隣の子が石を投げたという。母子はどうにかマリインスキー劇場近くの共同住宅に住めるようになった。そして貴族の娘として育った母エリザヴェータは劇場の衣装係として働くようになった。帝政が倒れ、社会主義体制となっても、劇場は上演を続けていたのだ。

家庭は一気に貧しくなった。貴族として生まれ、高収入の法律家と結婚し、劇場に通う優雅な生活を送っていたエリザヴェータにとっては、まさに天国から地獄への暗転だった。それが革命だった。しかしエリザヴェータは劇場の仕事以外にも家庭教師の職を見つけ、それで得た資金で、エフゲニーをギムナジウムに通わせ続けた。

一九一九年、エフゲニーはギムナジウムに通っていたが、マリインスキー劇場で端役の仕事を得た。当時のスター歌手シャリャーピンと同じ舞台に立ったこともある。

■音楽院へ

ムラヴィンスキーはギムナジウムを一九二〇年に卒業すると、母が大学進学を奨めたので、ペトログラード大学自然科学部に入った。しかしマリインスキー劇場の仕事も続け、そちらのほうが面白かったので、大学は一年もたたずして中退した。彼はオペラとバレエの魅力に取り憑《つ》かれてしまったのだ。

ムラヴィンスキーは劇場で端役の仕事をしながら、ピットのオーケストラと指揮者も観察していた。マリインスキー劇場バレエ部門には附属の養成学校としてワガノワ舞踏学校があり、ムラヴィンスキーはここの練習ピアニストの仕事も得た。

そんな日日が三年ほど過ぎた。ムラヴィンスキーはマリインスキー劇場や舞踏学校で音楽の実地訓練を積んでいたものの、作曲や指揮の基礎的な勉強をしていないことに気付いていた。そこでペトログラード音楽院に入学しようと決意し勉強し、一九二三年夏に合格した。

だがソヴィエト政権の方針では、労働者や無産階級の子の教育が優先され、貴族出身者は冷遇されることになっていた。一種の報復とも言える。平等ではないのだ。ムラヴィンスキーは試験には合格しても、母が貴族出身で父は皇室に関係していたという理由で、入学を拒絶された。仕方なく、友人と独学で音楽理論や和声学を学んでいた。そんな様子を見て不憫《ふびん》に思ったエリザヴェータは、ソヴィエト政権の幹部となっていた義理の妹であるアレクサンドラ・コロンタイに頼むことにした。

保健人民委員になったコロンタイは、政権内でレーニンと意見が対立すると、人民委員を解任された。しかし完全に失脚したわけではなく、国内政策に発言権のない外交職に就き、一九二三年から四五年まで、世界初の女性大使としてノルウェーとスウェーデンの大使を歴任する。

一九二三年のコロンタイはノルウェー大使だったが、政権への影響力はあり、文化教育人民委員アナトリー・ルナチャルスキーに連絡を取り、「甥を音楽院に入学させてくれ」と頼んだ。ルナチャルスキーは事情を調べ、試験に合格していることを確認すると、「甥が政治的に何の問題もないとあなたが保証し、音楽院院長グラズノフに直訴したらいい」と助言した。コロンタイはグラズノフに手紙を書き、「親戚《しんせき》の音楽家が音楽院での教育を必要としている」と訴えた。

こうして一年遅れてしまったが、一九二四年九月に、ムラヴィンスキーは音楽院作曲科に給費生として入学した。二十一歳での入学だ。

この時期のペトログラード音楽院では、後に盟友となるショスタコーヴィチも学んでいた。ムラヴィンスキーのほうが三歳上だが、ショスタコーヴィチは一九一九年、十三歳の年から音楽院に入っており、在学中の二人はほとんど交流はない。

■ショスタコーヴィチ作曲家デビュー

一九二四年一月二十一日にレーニンが死んだ。ペトログラード市はレニングラード市に改称され、ペトログラード音楽院はレニングラード音楽院になった。

一九二五年七月、ショスタコーヴィチは音楽院の卒業制作として交響曲第一番を完成させた。この曲は翌一九二六年五月十二日、レニングラード・フィルハーモニーによって初演され、大成功した。

ムラヴィンスキーも、作曲した室内楽曲が音楽院内で演奏される機会もあり、それなりに評判はよかったが、作曲家になるのは断念した。ショスタコーヴィチの音楽を知り、自分が書きたいものがそこにあると感じ、同時にショスタコーヴィチには勝てないと悟ったからだった。この青年は、同世代の作曲家の作品を演奏することを生涯の仕事にしようと決意した。

一九二七年九月、ムラヴィンスキーは音楽院指揮科のニコライ・マルコのクラスに入った。しかしマルコは一九二九年四月、デンマークに新しく設立された放送交響楽団に招かれ、レニングラードを去った。事実上の亡命である。

マルコはレニングラード・フィルハーモニーの常任指揮者でもあり、後任にはアレクサンドル・ガウクが就いた。ガウクは音楽院でも教えており、ムラヴィンスキーはその門下に入った。

■レニングラード・フィルハーモニー

レニングラード・フィルハーモニー交響楽団（現在はサンクトペテルブルク・フィルハーモニー）の歴史は一七七二年まで遡《さかのぼ》る。その年、貴族たちの演奏団体としてペテルブルク音楽協会が発足し、三十年後の一八〇二年にペテルブルク・フィルハーモニー協会に改まった。さらに、一八八二年に皇帝アレクサンドル三世の勅命で設立された宮廷直属の楽団が、この楽団の直接の起源となる。当初は宮廷でのみ演奏していたが、やがて富裕な市民を客とする公開有料演奏会も開かれるようになった。

一九一七年の革命で宮廷がなくなると、楽団は国立管弦楽団として再出発した。一九二〇年にペトログラード国立フィルハーモニー管弦楽団になり、一九二四年にこの都市がレニングラードに改称されると、国立レニングラード・フィルハーモニー管弦楽団となった。正確には「レニングラード国立フィルハーモニーという音楽組織に所属するレニングラード・フィルハーモニー管弦楽団」となる。

ムラヴィンスキーは一九三一年春に、音楽院の卒業演奏として、《カルメン》を指揮した。当時のソ連では《カルメン》はストーリーがふしだらだとされ——たしかにふしだらな女が主人公だ——レパートリーから外されようとしていた。それを知っていた観客は、すさまじい拍手喝采《かっさい》で、共産党の道徳政策への抗議を示した。そのおかげで《カルメン》はレパートリーに残ることになった。

一九三一年四月、ムラヴィンスキーはレニングラード音楽院を卒業した。しかし何の仕事もなかった。共産党の青年組織コムソモールのメンバーになれば優先的に就職できたが、ムラヴィンスキーは入ろうとしなかった。叔母が共産党の幹部なのだから、党員になればもっと楽に出世できただろうが、ムラヴィンスキーはその手段は取らなかった。

それでもシーズンオフの夏に、レニングラード・フィルハーモニーを初めて指揮する機会を得た。夏休みの野外演奏会で、ベートーヴェン《エグモント》序曲、《レオノーレ》序曲第三番、ムソルグスキー《ソロチンスクの定期市》の前奏曲などが演奏された。失敗ではなかったが、この演奏会で注目されて仕事が来るわけでもなかった。

叔母のコネは使わなかったが、ムラヴィンスキーは恩師ガウクの推薦で、卒業から半年後の一九三一年九月に国立アカデミー・オペラ・バレエ劇場のアシスタント指揮者の職を得た。

■バレエでの指揮者デビュー

ムラヴィンスキーがオペラ・バレエ劇場で初めて指揮を任されたのは、就職して一年後の一九三二年九月二十日で、チャイコフスキー《眠れる森の美女》だった。定番中の定番である。

偶然にも、ムラヴィンスキーが幼い頃に、当時マリインスキー劇場と呼ばれていたこの劇場で初めて見たのがこのバレエだった。その後もこの劇場でのアルバイト時代から何度も見ており、熟知していた。それゆえに、恩師ガウクを含めた先輩指揮者たちの解釈・演奏とは別の斬新《ざんしん》な解釈で演奏したいと考えた。ムラヴィンスキーはスコアを徹底的に読み込んで公演に臨んだ。

リハーサルは一回しか与えられなかったが、後にフィルハーモニーの指揮者になってからの彼がそうであるように、妥協せず根気強くオーケストラとダンサーに指示を出した。この生意気な青年は何をやろうとしているのだと眺めていた楽団員たちも、やがてムラヴィンスキーの熱意に引き込まれ、協力的になった。公演は大成功した。

オーケストラの音がこれまでとはまったく違っていたと、ムラヴィンスキーの指揮は絶賛された。

《眠れる森の美女》の客席には、叔母コロンタイもいた。彼女は共産党レニングラード地区第一書記で党中央の政治局員でもあるセルゲイ・キーロフに誘われて見に来たのだ。キーロフはスターリンの側近で、後継者候補ともされていた人だ。スターリンはキーロフが有能で、忠誠心もあるので重用していた。しかし猜疑心《さいぎしん》の塊のこの権力者は、やがてキーロフが自分を追い落とそうとするのではとの疑念を抱く。

《眠れる森の美女》の成功を受けてムラヴィンスキーはバレエ公演を任されるようになった。十月にはアダン《海賊》、翌一九三三年二月にはアダン《ジゼル》、四月にはチャイコフスキー《白鳥の湖》のそれぞれ新演出での上演を指揮した。

五月にはリヒャルト・シュトラウスの交響詩《ティル・オイレンシュピーゲルの愉快ないたずら》をムラヴィンスキー自身が台本を書いてバレエとして上演し、指揮もした。これはそれほど評判にはならず、レパートリーとしては定着しなかった。

一九三四年になると、ムラヴィンスキーはレニングラード・フィルハーモニーの定期演奏会に客演する機会も出てきた。最初が一月二日でチャイコフスキー作品だけで構成されるプログラムだった。交響曲第一番や《フランチェスカ・ダ・リミニ》などを指揮した。四月にはブラームス《ハイドンの主題による変奏曲》、ワーグナー《ワルキューレ》からの抜粋、フランク《交響的変奏曲》など、を指揮している。

さらに映画音楽の指揮や、アマチュアの楽団の指揮など、さまざまな仕事もしていた。本業のバレエでも、二月には《くるみ割り人形》を指揮し、これでチャイコフスキーの三大バレエすべてを手掛けた。ムラヴィンスキーは大指揮者となってからもチャイコフスキーの三大バレエの演奏会用組曲をレパートリーの主軸に置いていたが、それは彼の原点がこのバレエだったからだ。

この時期のバレエの仕事では一九三四年九月二十九日が初日の、ボリス・アサフィエフの新作《バフチサライの泉》もある。実験的な作品で、従来のようなバレエの見せ場が少なかったので、初演は賛否両論あったが、やがてソ連のバレエの代表作として定着していく。

■大粛清の始まり

一九三四年十二月一日、レニングラードの第一書記キーロフが暗殺された。実行犯はすぐに捕まった。レニングラードの共産党本部のレストランで働いていた女性に、女好きのキーロフが手を付けて不倫の関係になり、女性の夫がそれを知り逆上して、キーロフを射殺してしまった――ということになっている。

側近の暗殺に政権の危機を感じ取ったスターリンは、すぐにレニングラードへ向かい、「事件の背後関係を徹底的に調べるように」と命じた。犯人は事件から一か月もたたない十二月二十九日に銃殺刑となり、レニングラードの党関係者約五千人が、事件に関与したとして逮捕され収容所に送られた。三角関係のもつれであれば、五千人もが関与するはずがない。何かがおかしかった。さらに大捜査の結果、スターリン政権を壊滅させる「大陰謀」があったことが明らかになった。その大陰謀には、共産党幹部であるジノヴィエフやカーメネフも加担していた――ということになり、レニングラードのみならず、全ソ連で粛清の嵐が吹きまくる。ソ連のこの時代の粛清とは「左遷」や「解雇」ではなく、「銃殺」か「収容所送り」である。

スターリンの命令で、ムラヴィンスキーの職場であるレニングラード国立アカデミー・オペラ・バレエ劇場は「キーロフ劇場」と改称された。大粛清を正当化するためにもキーロフは「党の悲劇の英雄」でなければならなかったのだ。

ムラヴィンスキーは、少しずつではあったが実績を積んでいた。作曲家であれば、一作ヒットさせればそれで人生が変わることもあるが、指揮者の場合は、そういう機会はなかなかない。繰り返し指揮していくことで評価を積み重ねていくしかない。

ムラヴィンスキーは一九三五年五月十七日に、レニングラードの放送合唱団と、キーロフ劇場の独唱者とフィルハーモニーとで、グリーグ《ペール・ギュント》全曲を演奏した。オーケストラのための組曲の演奏は多いが、声楽付の全曲版は珍しいので、注目された。続いてキーロフ劇場のバレエ団を引き連れてモスクワへ行き、ボリショイ劇場で公演をした。いわゆる「引っ越し公演」だが、楽団はボリショイ劇場のもので、ムラヴィンスキーは初めてこのロシア随一の劇場の楽団を指揮し、首都モスクワでもムラヴィンスキーの名が知られるようになった。

レニングラードへ戻って、六月一日には、新進のヴァイオリニスト、ダヴィド・オイストラフと初めて共演し、チャイコフスキーのヴァイオリン協奏曲を演奏した。

ムラヴィンスキーは十二月三十一日にはアサーフィエフの新作バレエ《失われた幻影》の初演を指揮した。しかしこれは作品的に失敗した。ムラヴィンスキーの指揮が悪かったわけではないが、彼の最初の大きな挫折《ざせつ》となった。そのせいなのか、バレエの指揮は少なくなり、フィルハーモニーでの演奏会が多くなっていく。

年が明けて一九三六年、ショスタコーヴィチが奈落の底へと落とされた。

■プラウダのショスタコーヴィチ批判

一九三四年一月に初演されたショスタコーヴィチのオペラ《ムツェンスク郡のマクベス夫人》は大評判となり、レニングラード、モスクワをはじめ、各地で上演されていた。夫のいる女性が愛人と共謀して夫とその父を殺す陰惨な物語で、性的描写も激しいものだが、当時のソ連は「新しい藝術」として受け入れたのだ。

初演から丸二年を迎えようとしていた一九三六年一月二十六日、モスクワのボリショイ劇場へスターリンとその側近たちがやって来た。しかし、スターリンは第三幕が終わると、最後の第四幕が残っているのに席を立ち、帰ってしまった。

ソ連共産党機関紙「プラウダ」は二日後の二十八日に、このオペラとショスタコーヴィチを批判する論文を掲載した。プラウダで批判の対象となったのは、不倫と殺人を描いたストーリーや性描写でもなく、その音楽だった。何がいけないのかというと、下品でブルジョワ的で「形式主義」だからで、それはもはや「音楽ではなくカオス」だとされた。「形式主義」という言葉は、以後もソ連では藝術作品を批判する時のレッテルとして使われるが、その定義は曖昧《あいまい》で誰にも分からなかった。

プラウダ以後、ソ連のすべての新聞、雑誌が一斉にショスタコーヴィチ批判の論文を、競い合って掲載し始めた。

批判の集中砲火を浴びながらも、ショスタコーヴィチは交響曲第四番の作曲を続け、五月に完成し、十二月にレニングラード・フィルハーモニーでの初演が決まったが、リハーサル中に、ショスタコーヴィチはこの曲を取り下げ、初演は中止になった。共産党からの圧力があったからと思われるが、真相は分からない。ショスタコーヴィチが取り下げた理由は公には「現在の自分の創作上の理念と相容《あいい》れない作品」と分かったからだということになっている。

一方のムラヴィンスキーは上昇気流に乗っていた。レニングラード・フィルハーモニーの演奏会をこれまで以上に指揮するようになっていた。二月四日には、新進のピアニスト、エミール・ギレリスとの初共演でチャイコフスキーのピアノ協奏曲第一番を演奏した。

十一月二日のフィルハーモニーの演奏会で、ムラヴィンスキーはチャイコフスキーの交響曲第五番を指揮した。彼が生涯で最も多く演奏する曲となる。

キーロフ劇場の藝術監督は一九三二年から演出家セルゲイ・ラドロフが務めていたが、一九三六年十二月にモスクワ藝術座へ移ることになり、後任には指揮者アーリー・パソフスキーが就いた。藝術監督が首席指揮者も兼ねることになったので、この劇場でのムラヴィンスキーの出番は少なくなりそうだった。

そんな頃、ショスタコーヴィチの交響曲第四番初演中止事件が起きた。

年が明けて一九三七年となった。二月十九日、ムラヴィンスキーは初めてキーロフ劇場でオペラを指揮した。チャイコフスキー《マゼッパ》だった。失敗どころか成功したのだが、これがこの劇場での最初で最後のオペラとなった。政権の思惑により、ムラヴィンスキーのキーロフ劇場時代はこれで終わるのだ。

この年の夏、首都モスクワに、トップオーケストラが結成された。ソヴィエト国立交響楽団と名付けられた。ソ連政府は、レニングラードではなくモスクワに最高のオーケストラがあるべきとの方針を立て、この楽団を作ったのだ。設立を担ったのはガウクだった。ムラヴィンスキーは恩師ガウクに呼ばれて、新生の楽団のソ連国内ツアーを任された。ツアーはモスクワで始まり、キエフ、ハリコフ、バクーとまわった。キーロフ劇場の仕事がなくなったのは、モスクワで指揮させるためだったようだ。しかしムラヴィンスキーはモスクワへは行かなかった。レニングラードを離れる気がなかったのだ。

ムラヴィンスキーは戦後、亡命しようと思えばできる機会があったが、ソ連から離れなかった。共産主義を信じていたからではなく、ソ連という国が好きだったからでもない。彼が愛したのは、ロシアでもなく、レニングラードという都市だった。この指揮者は戦争中の疎開以外は、レニングラードでしか暮らそうとしないのだ。

秋からはレニングラード・フィルハーモニーの演奏会への出番が多くなる。首席指揮者としてシュティードリーが君臨していたので、その下のポジションだが、かなりの数の演奏会を任された。

しかしまだ、飛躍するには何かが足りなかった。センセーショナルな成功が必要だった。

■ショスタコーヴィチの第五番

失脚したショスタコーヴィチが復権するためには音楽面での成功が必要だった。それには社会主義リアリズムにふさわしい曲を書かなければならない。彼は交響曲第五番に着手し、一九三七年七月にほぼ完成させた。

十月八日、レニングラード作曲家同盟の会議で、ショスタコーヴィチの新作を十一月の革命二十年記念音楽祭で初演し、その指揮をムラヴィンスキーに委《ゆだ》ねることが決定した。ベテランの指揮者たちは、この曲がまたもスターリンの逆鱗《げきりん》に触れてしまったら、作曲家のみならず初演の指揮者まで一蓮托生《いちれんたくしょう》で収容所送りになるかもしれないと考えていた。そこで、リスクのある仕事を、若いムラヴィンスキーにやらせることにしたのだ。

ムラヴィンスキーは、「深く考えずにこの仕事を引き受けた」と後に回想している。ショスタコーヴィチが置かれている状況をよく把握していなかったとも語る。そして、若かったからやれたのだと説明する。「若いということは、いつでも自信をもたらすものだ」と。たしかに、その通りだろう。だが、本当にムラヴィンスキーが状況を理解していなかったとは思えない。もし理解していなかったとしたら、かなり能天気な男である。

それでもムラヴィンスキーが第五番初演を引き受けたのは、彼なりの計算があったはずだ。この交響曲が批判されたとしても、それはショスタコーヴィチが責任をとればよく、「自分は命じられたから指揮した」と言い張ればいい。実際に、《ムツェンスク郡のマクベス夫人》にしても、指揮者や出演者は誰もそれが理由では逮捕されてはいない。もし大成功したら、その栄誉は作曲家と共に分け合うことになる――彼はそんなふうに合理的に考えたのではないだろうか。

リハーサルはぎこちなく始まった。ショスタコーヴィチは、ムラヴィンスキーがあまりにも細部にこだわり、全体像を見ようとしないとの不満を抱いていた。ムラヴィンスキーは、ショスタコーヴィチがあまりにも非協力的だと戸惑っていた。リハーサルは最悪の状態で始まったのだ。同じ都市にいながら、これまで二人はほとんど面識がなかった。

事態を打開するため、ムラヴィンスキーは策を練り、わざと、とんでもないテンポで演奏してみた。それを聞いたショスタコーヴィチは慌てて、「そうではない、このテンポだ」と具体的に説明するようになった。そこから両者の真の共同作業が始まった。五日目には互いに理解しあうようになった。

リハーサルに立ち会った者たちによる「今度の第五番は傑作だ」との評判が、レニングラードの音楽愛好家たちの間に伝わっていった。

■勝利

革命二十年を祝うソヴィエト音楽祭は十一月十六日に開幕した。五日後の十一月二十一日、ついにショスタコーヴィチの交響曲第五番の初演の日がやってきた。当日のプログラムの前半はアサーフィエフのバレエ《パリの炎》と、アラム・ハチャトゥリアンのピアノ協奏曲で、独奏は第一回ショパン・コンクール優勝者のレフ・オボーリンだった。後半がショスタコーヴィチの第五番である。

ショスタコーヴィチの交響曲第五番は、ベートーヴェンの第五番と同じように、「苦悩から勝利の歓喜へ」という物語を感じさせる曲だった。演奏が終わると、誰もが足を踏み鳴らし、そして立ち上がって拍手を贈った。

終楽章での「勝利」に聴こえる部分については、実は「強制された歓喜」なのだとショスタコーヴィチが後に語ったという説もあり、裏読みがいくらでも可能なミステリアスな曲なのだが、この時点では、単純に「勝利の歓喜」で終わる曲だと解釈された。日本では長く「革命」という名で呼ばれていたが、これはショスタコーヴィチが付けたものでない。革命二十周年を祝う音楽祭で初演されたが、「革命二十周年記念曲」でもない。

第五番の初演成功によって、ショスタコーヴィチは復権した。そして第五番の初演成功によってムラヴィンスキーはブレイクした。長い下積み生活がようやく報われたのだ。

ショスタコーヴィチの第五番はソ連各地で演奏され、ムラヴィンスキーは一年間に判明しているだけで十五回、この曲を指揮した。翌三八年三月には、ムラヴィンスキーとレニングラード・フィルハーモニーによってレコーディングもされた。これはムラヴィンスキーの初録音でもある。四月にはパリで演奏され、欧米各国にも知られ、瞬く間に「二十世紀を代表する交響曲」となった。

同世代で同じ都市に生まれ育ち、同じ音楽院に通い、同じ音楽業界で仕事をしていながらも、ほとんど話す機会もなかったショスタコーヴィチとムラヴィンスキーは、こうして盟友となった。ムラヴィンスキーの演奏記録によれば、彼が生涯でいちばん多く指揮したのはチャイコフスキーの五番の一三三回で、二番目がショスタコーヴィチの五番の一二五回となる。

■もうひとつの勝利

一九三八年九月、モスクワでは第一回全ソ連指揮者コンクールが開催された。二週間にわたるコンクールに参加したのは、ソ連国内の四十六名の若手指揮者で、そのなかにムラヴィンスキーもいた。参加者は一時間のリハーサルをしただけで、ソヴィエト国立交響楽団を指揮しなければならず、第一次予選で十六名に絞られ、二次審査でムラヴィンスキーを含む五名が残った。予選段階で、ムラヴィンスキーの優勝が確実視されていた。前年にこの楽団とツアーまでしているのも強みだった。

予想通り、ムラヴィンスキーは第一位となった。ソ連邦人民委員会議藝術委員会は、エフゲニー・ムラヴィンスキーをレニングラード・フィルハーモニー管弦楽団首席指揮者に任命した。首席指揮者シュティードリーが、前年にアメリカのニューヨークへ移住してしまったので、このコンクールはその後任選びでもあったのだ。

三十五歳の、ひとつの交響楽団を一シーズンを通じて指揮した経験がまったくない若い指揮者が、ソ連一の伝統と格式とプライドを持つ楽団の首席指揮者に任命された。本人は一度は断った。交響楽団よりもオペラやバレエに愛着があったのだ。しかし、結果として引き受けた。その時点で誰がその後五十年にわたり、ムラヴィンスキーがそのポストに留《とど》まり続けると予想したであろうか。

同じ年、ドイツではヘルベルト・フォン・カラヤンがベルリン・フィルハーモニーを初めて指揮し、またベルリンの州立歌劇場にも登場した。カラヤンがベルリン・フィルハーモニーの首席指揮者の座を射止めるまでには、それから十七年の歳月を必要とする。

■若き首席指揮者

共産党政権は、社会主義国家であろうとも藝術に理解があることを国の内外に示すために、この楽団を社会的にも経済的にも優遇していた。楽団員たちはよく言えば「自主性にまかされ」、つまりは自由放任状態だった。さらに、首席指揮者がほぼ三年ごとに交代していたため、音楽面では長期的展望が立てられず、規律が緩んでいた。楽団内にはこれではいけないと思う者もいたが、人間というものは、楽なほうに流れてしまう。厳しく指導する指揮者がいないのをいいことに、この楽団は伝統と名声で増長していると、ムラヴィンスキーは考えていた。そして自分が首席指揮者となったからには、このオーケストラを鍛え直すと決意して着任した。

ムラヴィンスキーとフィルハーモニーの楽団員は、過去六年にわたり四十数回共演し、うまくやってきた。だがそれはあくまで彼が客演指揮者、「お客様」だったからだ。オーケストラは彼に合わせたたし、ムラヴィンスキーも強権的ではなかった。だがこれからは違う。

リハーサルが始まると楽団員はムラヴィンスキーの指示に従おうとはせず、自主性をもって演奏しようとした。ムラヴィンスキーは妥協せず、自らの信念を貫く強い姿勢を示した。その象徴と言えるのが、セクション（楽器）ごとのリハーサルの導入だった。当初、楽団員たちは猛反発をした。セクションごとにリハーサルした上で、全体のリハーサルをするなど、二度手間だというわけだ。だが、ムラヴィンスキーはこの方針を譲らなかった。そして、彼自身がセクションごとの練習にも参加することで、楽団員に対し自分がいかに本気で取り組んでいるかを示した。これにより、過去十数年にわたり緩みきっていた規律が戻り、アンサンブルの均一性も高まった。

一九三八年十月十八日、ムラヴィンスキーの首席指揮者としての最初の演奏会が開かれた。このシーズンの開幕公演でもある。プログラムは一年前に大成功したショスタコーヴィチの第五番をメインに据えたものだった。

こうしてレニングラードのムラヴィンスキー時代が始まった。

■大祖国戦争

しかし一年後、世界が激動する。一九三九年九月一日、ナチス・ドイツがポーランドへ侵攻したのだ。ソ連は八月の段階でドイツと相互不可侵条約を結び、さらに秘密議定書でポーランドを分割することで合意していたので、ドイツがポーランドを西から攻めると、九月十七日にソ連も東からポーランドへ攻め入った。

ムラヴィンスキーの首席指揮者就任二シーズン目となる一九三九／四〇シーズンは、十月十八日にベートーヴェンの第九で開幕し、十一月二十一日には、ショスタコーヴィチの新曲、交響曲第六番が初演された。その直後の二十九日、ソ連はレニングラードのすぐ隣のフィンランドとの国交を断絶し翌日、侵攻した。「冬戦争」と呼ばれるソ連・フィンランド戦争の始まりだった。

ヒトラーはスターリンがフィンランドへ侵攻するのを黙認し、その間にノルウェーとデンマークを電撃的に襲い占領した。さらに五月十日、ドイツ軍はベルギー、オランダ、ルクセンブルクを電撃的に攻撃し占領し、ベルギー側からフランスへ攻め入った。フランス軍はあっけなく敗退した。六月十四日にパリは陥落し、フランスは十七日にドイツに休戦を申し入れた。事実上の降伏だった。

この間もムラヴィンスキーとレニングラード・フィルハーモニーは演奏を続けていた。四〇年五月にはモスクワへ遠征し、絶賛された。この楽団がモスクワで演奏するのは初めてだった。政治上の首都の座はモスクワに奪われたが、音楽ではレニングラードのほうがはるかにモスクワを凌駕《りょうが》していると、ムラヴィンスキーとレニングラード・フィルハーモニーは改めて認識させたのだ。

このモスクワ公演では、ショスタコーヴィチの五番、チャイコフスキーの六番、ブルックナーの七番という、ムラヴィンスキーのレパートリーの中軸となる作品が演奏された。

ムラヴィンスキーとレニングラード・フィルハーモニーの一九四〇年秋からのシーズンは十月十八日にチャイコフスキー《テンペスト》とピアノ協奏曲第一番、そしてマーラーの交響曲第五番で始まった。

一九四一年六月三日の演奏会で、レニングラード・フィルハーモニーはシーズンを終え、音楽家たちは夏季休暇に入った。

しかし、安息の日日は長くは続かなかった。六月二十二日、ドイツ軍が電撃的にソ連領内へ侵攻したのだ。独ソ戦の始まりだった。スターリンは国民にラジオで徹底的に戦おうと呼びかけ、いつしかドイツとの戦争は「大祖国戦争」と呼ばれる。

ショスタコーヴィチはドイツ軍が迫り来るなか、七月十九日から新しい交響曲に取り掛かった。第七番である。ドイツ軍の侵攻を連想させる不気味なリズムの旋律で始まる曲だ。書いている間にもドイツ軍はレニングラードに迫っていた。

ムラヴィンスキーとレニングラード・フィルハーモニーは政府の命令により疎開することになり、八月二十二日にレニングラードを出発した。列車は広大なシベリアを何日もかけて走り、九月四日にノヴォシビルスクへ到着した。約三八〇〇キロ、東へ移動したことになる。

この地にはそれまで常駐の楽団はなかった。以後三年にわたりレニングラード・フィルハーモニーはこの街で、シベリアの人びとに交響曲のすばらしさを示す。

■《レニングラード交響曲》

ショスタコーヴィチの七番目の交響曲は一九四一年十二月二十七日に完成した。ショスタコーヴィチもレニングラードからシベリアのクイビシェフに疎開しており、同地に疎開していたモスクワのボリショイ劇場の楽団によって初演されることになった。指揮はサムイル・サモスードである。ソ連はこの新曲の初演を国家的イベントと位置づけて前宣伝を煽《あお》った。

かくして一九四二年三月五日、ショスタコーヴィチの第七交響曲は初演され、ラジオでソヴィエト全土に放送され、大評判となった。ソ連共産党機関紙「プラウダ」には、ショスタコーヴィチの「この交響曲をファシズムに対する我々の闘争、来るべき勝利、そして故郷レニングラードに捧《ささ》げます」という談話が載った。こうしてこの交響曲は「レニングラード」と呼ばれるようになる。

ソ連は首都モスクワを守りきり、疎開していた政府機関はモスクワへ戻っていった。三月二十九日、《レニングラード交響曲》は首都モスクワでも演奏され、ショスタコーヴィチも立ち会った。

ノヴォシビルスクにいるムラヴィンスキーとレニングラード・フィルハーモニーが演奏したのは、七月九日だった。ショスタコーヴィチも臨席し、自分の音楽の最高の解釈者がムラヴィンスキーとレニングラード・フィルハーモニーだと再認識した。この夏、ムラヴィンスキーは確認できるだけでも八回、この曲を演奏した。

《レニングラード交響曲》は「ファシズムとの闘い」を描いた曲として評判になり、七月十九日にはニューヨークで、トスカニーニとNBC交響楽団が「アメリカ初演」

をし、全米に放送された。

■第八番の献呈

一九四三年二月、スターリングラードでの闘いでドイツが敗退し、戦況はソ連優位になった。ソ連は国土の再建と、ドイツ壊滅に向けて総力を挙げていく。

三月にショスタコーヴィチはモスクワへ移り、五月頃から交響曲第八番に着手し、九月半ばには完成させた。初演はモスクワのソヴィエト国立交響楽団が演奏することになった。

ムラヴィンスキーには、ショスタコーヴィチの希望で、指揮者にはムラヴィンスキーが呼ばれた。この楽団を立て直すことも求められた。しかし彼は故郷レニングラードを離れる気はなかったので、断った。彼は「ソ連」はもちろん「ロシア」にも帰属意識が薄い。ムラヴィンスキーが帰属するのは「レニングラード」だけだった。

ショスタコーヴィチの交響曲第八番は、十一月三日にモスクワ音楽院大ホールで初演された。一時間近い大作だった。全体には悲劇的イメージの曲だ。スターリングラード攻防戦、あるいは戦争全体の犠牲者への墓碑銘と解釈されることもある。ショスタコーヴィチはこの曲をムラヴィンスキーへ献呈した。

ムラヴィンスキーはショスタコーヴィチのどの交響曲よりも第八番に感情を同化で

きた。十二月までに五回もモスクワで演奏した。しかしソ連ではその後十年間、この曲を指揮する者はいなかった。ムラヴィンスキーだけが三十六回も演奏していたのだ。

■帰郷

一九四一年九月にレニングラードを包囲したものの、ドイツ軍はついに市内に入ることはできなかった。各地での敗退も続き、ドイツ軍の戦力は疲弊していた。ソ連軍はレニングラードを包囲しているドイツ軍を背後から襲い、壊滅的打撃を与えた。一九四四年一月十八日、戦闘での死者よりも餓死者のほうが多かったとされる、レニングラード包囲戦は終わった。

しかしムラヴィンスキーとフィルハーモニーが帰郷するまでには半年以上かかり、彼らが疎開先のノヴォシビルスクを去るのは八月の終わりだった。三年にわたる疎開生活で、彼らはノヴォシビルスクを拠点とし、各地へ巡業し、軍や工場、学校などでの演奏を含め五三八回の演奏会を開き、二三八回のラジオ放送のための演奏をした。戦場で血を流したわけではないが、彼らも闘ったのだ。

帰郷した音楽家たちは自分たちの都市の惨状に衝撃を受けた。それは予想していた以上に悲惨なものだった。ほとんどの建物が破壊され、骨組みだけになっていた。戦争が始まる前に三五〇万人いた市民は五〇万人しか残っていなかった。戦闘による死者も多かったが、包囲されたため食糧が途絶え、一〇〇万人が餓死したとも伝えられる。

　ムラヴィンスキーとレニングラード・フィルハーモニーの新しいシーズンは、十月二十一日に始まった。プログラムはベートーヴェン《エグモント》序曲で始まり、次はチャイコフスキー《悲愴交響曲》の第一楽章、シューベルト《未完成交響曲》の第一楽章と、静かで暗い曲が続いた。死者への追悼の意味もあったのだろうか。最後はショスタコーヴィチの第五番の第四楽章で盛大な歓喜の音楽として終わった。

　市の再建は始まったばかりだったが、演奏会のチケットは争奪戦になるほどすぐに売り切れた。人びとは音楽を求めていた。

　十一月十一日には、ショスタコーヴィチ《レニングラード交響曲》が、レニングラード・フィルハーモニーによって演奏された。

■勝利と第九番

　一九四五年四月三十日、ヒトラーが自殺し、五月にドイツは降伏した。

　対独戦勝利後初のレニングラード・フィルハーモニーの演奏会は、白夜祭の開幕演奏会でもあった。ブルックナーの交響曲第九番と、ダヴィド・オイストラフが独奏するベートーヴェンのヴァイオリン協奏曲で音楽祭は始まった。六月二十六日の演奏会で一九四四/四五シーズンは終わり、ムラヴィンスキーは夏休みに入った。

八月三十日、ショスタコーヴィチの新作、交響曲第九番が完成した。ベートーヴェンの第九のような壮大な歓喜の曲を書いているとの噂があったのに、できた曲は二十五分に満たない、軽快な曲だった。

第九番の初演は十一月三日、レニングラード・フィルハーモニーの一九四五/四六シーズンの開幕演奏会だった。前半がチャイコフスキーの第五番で後半がショスタコーヴィチだ。指揮はもちろんムラヴィンスキーで、これで五、六、八、九番とショスタコーヴィチの四つの交響曲を初演したことになる。この演奏会はラジオでソヴィエト全土に生中継で放送された。軽快な第九番は聴衆からは分かりやすく楽しいと好評だったが、批評家からは「古典的な勝利の交響曲ではない」と批判された。

ムラヴィンスキーは肯定的に評価していたはずだ。彼は命令されても気に入らない曲は演奏しない指揮者だった。レニングラードでの初演の二週間後の十一月二十日、ムラヴィンスキーはモスクワでソヴィエト国立交響楽団を指揮して第九番を演奏し、さらにレコーディングもした。だがこの録音は紛失した。そのため、ムラヴィンスキーのディスコグラフィーに第九番はない。意図的に紛失したのかどうかはわからない。そしてなぜかムラヴィンスキーは、以後演奏会でもレコーディングでも第九番は演奏していない。二回のみなのだ。

ムラヴィンスキーは自分の音楽上の信念に従ってプログラムを決める。レニングラードの共産党から命じられても、気に入らない曲は演奏しないし、共産党政権が嫌っている作品でもすばらしい音楽だと思えば演奏する。後者の例となるのが、ストラヴィンスキー《ペトルーシュカ》で、一九四六年一月二十六日のレニングラードでの定期演奏会で演奏した。

ストラヴィンスキーはロシアが生んだ偉大な作曲家だが、一九一四年に第一次世界大戦が始まった時、演奏旅行でスイスにいたので、そのまま亡命し、一九四六年にフランスの市民権を得る（後にアメリカの市民権）。出国は革命前なのでソヴィエト政権を嫌っての亡命ではないが、ソ連からすれば「好ましからざる人物」だった。しかしその音楽家が亡命しようがどの国の国籍を持っていようが、そんなことはムラヴィンスキーには関係がない。ムラヴィンスキーのストラヴィンスキー作品演奏を政権は止めることができないし、ムラヴィンスキーを逮捕することも解任することもできない。

なぜムラヴィンスキーはそんなにも強かったのか。叔母が共産党幹部だったことも背景にはあるだろう。そしていったん「ムラヴィンスキーは特別扱いすべし」となると、ソ連のような官僚国家は前例主義で物事が動くので、そのままこの指揮者は特別扱いされ続けたのかもしれない。

■初の外国公演

一九四六年二月から三月にかけて、ムラヴィンスキーとレニングラード・フィルハーモニーは初の外国公演をした。彼らにとって初めてであるだけでなく、ソ連の楽団としても初の外国公演だ。出かけたのは隣のフィンランドのヘルシンキで、距離にして四〇〇キロほどの旅だった。

フィンランドの巨匠ヤン・シベリウスはまだ健在だった。高齢だったので演奏会には来られなかったが、ラジオでムラヴィンスキーの演奏する自分の曲を聴き、とくに《トゥオネラの白鳥》に満足していた。ムラヴィンスキーは演奏会のない日にこの巨匠を表敬訪問した。

ムラヴィンスキーとフィルハーモニーはフィンランドで絶賛された。外国の音楽ジャーナリストや興行関係者のほとんどは、ソ連へ行かなければ聴けなかったこの指揮者と楽団を初めて聴いて驚愕《きょうがく》した。ムラヴィンスキーは一気に世界的名声が高まり、この外国公演成功の功績でロシア連邦名誉功労藝術家の称号とスターリン賞第一席を得た。

ムラヴィンスキーは一九四六年五月にも、外国で指揮した。チェコスロヴァキアで開催された「プラハの春」音楽祭にソ連代表として出演したのだ。

この年はチェコ・フィルハーモニーの創立五十周年で、それを記念して開催されたものだ。戦争が終わり、ナチス・ドイツから解放されたことを祝う意味あいもあって、戦勝国である米英仏ソ四国に出演依頼が出された。ソ連からはムラヴィンスキー、ショスタコーヴィチ、オイストラフ、レフ・オボーリンが参加した。

音楽祭は成功し、以後も開催されることになった。ムラヴィンスキーは翌一九四七年も来て、ショスタコーヴィチの交響曲第八番を指揮した。

終戦直後の二年間は、ソ連の音楽家にとってほんの束の間の風通しのいい時期だった。ソ連からムラヴィンスキーやオイストラフが外国へ行けたのと並行して、四七年一月にはウィーンから、ヨーゼフ・クリップスがレニングラード・フィルハーモニーを指揮するためにやって来た。夏にはコダーイがやはりレニングラード・フィルハーモニーで彼自身の作品を指揮した。二人ともこの楽団を絶賛し、ムラヴィンスキーによって鍛えられているからだと、首席指揮者を褒めた。

しかし、「プラハの春」で演奏が絶賛され、レニングラードへ客演した外国の指揮者からもムラヴィンスキーの功績が称《たた》えられたのに——いやだからこそか、以後しばらくムラヴィンスキーの外国公演はなくなってしまう。

■ジダーノフ批判

一九四八年、ソ連では共産党幹部、政治局員のジダーノフによる音楽家への大攻撃が始まった。戦争中は戦争に勝つことが優先されたため、藝術家たちへの規律が緩んでしまった。そこで引き締めのため、ショスタコーヴィチをはじめ世界的に評価を得ている作曲家が見せしめとして批判された。ショスタコーヴィチに対しては、勝利で終わらない第八番や、軽薄な第九番が、社会主義リアリズムに反する、形式主義だと批判された。

四月十九日から二十五日、モスクワで第一回全ソ連邦ソヴィエト作曲家会議が開催され、ジダーノフの方針の正しさが確認された。ショスタコーヴィチも出席し、「党の正しさを信じそれを受け容れている、過ちを指摘していただき感謝している」と発言した。そう言わなければ、どうされるか分からない。

しかしムラヴィンスキーは作曲家同盟の会合に参加し「形式主義を攻撃するよりも、音楽でディレッタンティズムと闘わなければならない」と宣言してショスタコーヴィチ音楽を擁護した。オイストラフ、リヒテル、ロストロポーヴィチといった演奏家たちも逆風下のショスタコーヴィチを支持したが、作曲家たちは、保身ゆえにショスタコーヴィチやプロコフィエフを批判し続けた。二人が失脚すれば自分の地位が上がると考えたからだ。

音楽界が揺れている八月、その揺れの震源地であるジダーノフがモスクワで急死した。その直後、彼が書記を務めているレニングラードでは、共産党支部のなかに反ソ的な動きがあるとして、党幹部と政府幹部数千人がその地位を追われ、数百人が逮捕され処刑される粛清が行なわれた。ジダーノフの死は、彼が党内で力をつけてきたのでスターリンが警戒して殺させたとの説がある。キーロフの死と同じだった。

ムラヴィンスキーは十二月七日のレニングラード・フィルハーモニーの演奏会でショスタコーヴィチの第五番を演奏し、音楽が終わると、スコアを頭上に掲げ、これがショスタコーヴィチの作品であると誇示した。レニングラードの聴衆はさらなる拍手でムラヴィンスキーと、そこにはいないショスタコーヴィチへの賛辞を贈った。それを報じるモスクワの新聞には「指揮者は許せない行動をした」と書かれた。

■スターリンとプロコフィエフの死

一九五二年三月九日、ムラヴィンスキーの叔母、ロシア革命の英雄のひとり、アレクサンドラ・コロンタイの死去が発表された。すでに彼女は外交官も引退していたので、政治的には何の影響もなかった。モスクワでは革命の女性功労者のための葬儀が国家主催で盛大に執り行なわれ、ムラヴィンスキーも参列した。

ムラヴィンスキーは共産党政権への後ろ楯《うしろだて》を失った。しかし、世界的名声という後ろ楯があった。

その一年後の一九五三年三月五日、ソ連の「最高指導者」ヨシフ・スターリンが死んだ。七十三歳だった。同じ日、ソ連の作曲家、セルゲイ・プロコフィエフも亡くなった。六十一歳だった。音楽家たちにとっては、独裁者の死よりもこの作曲家の死のほうが衝撃だった。

偶然にもムラヴィンスキーはモスクワに滞在していたため、スターリンの告別式へ派遣された。オイストラフ、ギレリス、リヒテル、ベートーヴェン四重奏団もいた。彼らは葬送音楽を演奏するよう命じられた。ムラヴィンスキーはソヴィエト国立交響楽団を指揮し、チャイコフスキーの第五番とブラームスの交響曲第四番を担当した。

スターリンの葬儀の盛大さに比べれば、プロコフィエフのそれはひっそりとしたものだった。しかし、参列したショスタコーヴィチやムラヴィンスキーをはじめとする音楽家たちの悲しみは、こちらの小さな葬儀のほうが深く重いものだった。スターリンのことはもはや現代史や社会主義の専門家しか話題にしないが、プロコフィエフの音楽はいまも世界中で奏でられ、聴かれている。

その夜、ムラヴィンスキーとショスタコーヴィチはともに過ごした。二人が何を語り合ったのか、あるいは語らなかったのかは、分からない。

ムラヴィンスキーがプロコフィエフ追悼演奏会を指揮したのは十月二十二日で、

《ロミオとジュリエット》、交響曲第五番、ピアノ協奏曲第一番を演奏した。協奏曲の独奏はリヒテルだった。

ショスタコーヴィチは第九番が不評に終わってから交響曲を書いていなかったが、スターリンの死を受けて、創作意欲が湧《わ》いてきたのか、六月に第十番を書き始め十月二十五日に完成させた。この第十番は、ムラヴィンスキーとレニングラード・フィルハーモニーによって十二月十七日に初演となる。ムラヴィンスキーは初演にあたりショスタコーヴィチとスコアを論じ、いくつもの修正点を提案し、ショスタコーヴィチもそのいくつかを取り入れた。

こうして交響曲第十番は初演を迎えた。最初から最後まで徹頭徹尾、陰鬱《いんうつ》で暗い曲だ。作曲家同盟では、この曲の評価が割れた。曲の始まりが陰鬱なのはよいとしても、最後にはその圧迫から解放され、歓喜で終わるのが、ソヴィエトの正しい音楽だとする意見が出た。ショスタコーヴィチ自身は「人間の感情と情熱を伝えたかった」とし か説明しなかった。

ムラヴィンスキーは第十番を生涯に十回、演奏した。

■ウィーンでの演奏とレコーディング

一九五六年、ムラヴィンスキーとレニングラード・フィルハーモニーはヨーロッパ演奏旅行に出て、東ドイツ、西ドイツ、スイス、オーストリアとまわった。スターリン死後の「雪解け」「緊張緩和」政策がもたらしたもので、ムラヴィンスキーたち高名な音楽家たちは「音楽大使」として西側へ行き、ソヴィエト藝術の質の高さを世界へ知らしめる役割を果たす。

この年はモーツァルト生誕二〇〇年だったので、ウィーンでは六月にモーツァルト音楽祭が開催された。三週間に二十一の演奏会が開かれ、ベーム指揮ウィーン・フィルハーモニーで始まり、ワルターが指揮するモーツァルトのレクイエムで終わった。ムラヴィンスキーとレニングラード・フィルハーモニーは六月二十一日に、モーツァルトの交響曲第三十三番、ヴァイオリン協奏曲第五番、二十三日は《フィガロの結婚》序曲と、ショスタコーヴィチのヴァイオリン協奏曲を演奏した。独奏者はオイストラフである。

さらにウィーンではドイツ・グラモフォンに、チャイコフスキーの交響曲第五番と第六番《悲愴》を録音した。レコードが発売されるとベストセラーになり、まだムラヴィンスキーが訪問したことのない国の音楽ファンはその音楽に驚愕し、一日も早く自分の国へ来てほしいと願った。

■交響曲第十一番

ショスタコーヴィチは一九五七年八月四日に、交響曲第十一番を完成させた。標題を持つ音楽で《一九〇五年》と題された。一九〇五年の第一次ロシア革命の、とくに「血の日曜日」事件を描いた曲だ。

ムラヴィンスキーはさっそく初演の準備に取り掛かり、十一月三日にレニングラード・フィルハーモニーで演奏するが、その五日前の十月三十日、モスクワでナタン・ラフリン指揮ソヴィエト国立交響楽団が先に演奏し、初演の栄誉を勝ち取った。前の第十番とは異なり、社会主義リアリズムに則《のっと》った分かりやすい曲で前評判が高かったので、文化省は首都モスクワの楽団に初演させたかったのだ。

政権中枢とムラヴィンスキーの間には緊張関係が生じていた。

一九五八年にレニングラード・フィルハーモニーは日本へ行ったが、ムラヴィンスキーは同行できなかった。

一九六〇年にはソ連の楽団としての初のアメリカ公演が、ソヴィエト国立交響楽団によって実現した。ソ連政府にしてみれば、「レニングラード・フィルハーモニーは、ソ連のトップのオーケストラではない」のだ。

ムラヴィンスキーとレニングラード・フィルハーモニーは一九六〇年秋に、二か月をかけて欧州七カ国をまわる旅に出た。

イギリスのエディンバラ音楽祭が最初の訪問地で、ショスタコーヴィチとチャイコフスキーの交響曲第五番という、ムラヴィンスキーが生涯で最も多く演奏した二曲が演奏された。イギリスでショスタコーヴィチの交響曲が演奏されるのはこれが初めてだった。

次はロンドンで、ショスタコーヴィチの第八番が演奏された。演奏旅行はフランス、ベルギー、オランダ、イタリア、スイス、オーストリアと続き、最後が十一月五日のウィーンだった。最後を締めたのは初日と同じ、チャイコフスキーとショスタコーヴィチの五番だった。

ウィーンでは再びドイツ・グラモフォンによって、チャイコフスキーの交響曲が録音された。今度はステレオ録音で、発売されると前回のモノラル盤以上のベストセラーとなる。

ムラヴィンスキーのレコードのヒットによって、西側のレコード会社によるソ連の音楽家の争奪戦が始まった。当人たちの意思はほとんど尊重されず、国営のレコード会社と興行会社が条件のいいところと契約していく。

ムラヴィンスキーにとってはショスタコーヴィチの第八番がロンドンやパリで高い評価を得たことが収穫だった。

■《一九一七年》

ムラヴィンスキーは一九六一年四月、指揮者として初めてレーニン賞を受賞した。彼は自分の人生を暗転させたロシア革命とレーニンを憎悪しているはずだったが、ソ連最高の栄誉であるレーニン賞を受けた。受賞記念で、ムラヴィンスキーとレニングラード・フィルハーモニーはモスクワへ呼ばれて三回の演奏会を開いた。

五月下旬からはスカンディナヴィア半島への演奏旅行に出た。コペンハーゲン、ベルゲン、ストックホルム、トゥルク、ヘルシンキとまわった。

帰国すると、ショスタコーヴィチの新しい交響曲が待っていた。交響曲第十二番で、《一九一七年》という標題が付いていた。ロシア革命を描いた曲である。十一番が《一九〇五年》なので、その続編とも言える。完成したのは八月二十二日で、九月二十五日からムラヴィンスキーはリハーサルに入った。

ショスタコーヴィチが完成させた《一九一七年》は、一九六一年十月一日の、レニングラード・フィルハーモニーの一九六一／六二シーズンの開幕演奏会で初演され、二週間後にモスクワでの初演があった。

ムラヴィンスキーはこの曲を評価し、このシーズンは何度もこの曲を演奏した。十二月には珍しくセッション録音もした。結果として、この一九六一年十二月の《一九一七年》がムラヴィンスキーの最後のセッション録音となる。以後は演奏やリハーサルの録音は認めてもレコードのための録音はしなくなるのだ。

十二月、《一九一七年》とは別のショスタコーヴィチの交響曲がもうひとつ初演を迎えた。一九三六年に完成し、初演が中止になった第四番だ。

この第四番の初演は、キリル・コンドラシン指揮のモスクワ・フィルハーモニーが担った。ムラヴィンスキーに打診して断られたのではない。コンドラシンは一九六〇年にモスクワ・フィルハーモニーの首席指揮者となったが、この楽団の藝術監督モイセイ・グリンベルクがこの曲を演奏することを思いつき、コンドラシンに打診したのが始まりだった。コンドラシンがスコアを研究し指揮することを承諾したので、ショスタコーヴィチに初演を切り出し、承諾されたのだった。

■ショスタコーヴィチの誤解

ショスタコーヴィチの交響曲第十三番は、一九六二年七月二十日に完成した。詩人エフトゥシェンコの「バービイ・ヤール」という詩に曲を付けたものだ。「交響曲」というよりも、「オーケストラ伴奏付き歌曲集」なのだが、ショスタコーヴィチは「交響曲」とした。

バービイ・ヤールはナチスが戦争中にユダヤ人を中心としたキエフ市民を虐殺した場所で、その悲劇を訴える詩だった。ソ連国内にも反ユダヤ主義がはびこっていたので、政治的には微妙な問題のある詩だった。

十三番の初演もムラヴィンスキーが指揮するものと、誰もが思っていた。誰よりもショスタコーヴィチがそう思っていた。彼は完成するとすぐに総譜をムラヴィンスキーに見せた。ムラヴィンスキーは乗り気なようだったが、歌手がなかなか見つからない。危険な歌詞なので敬遠されたのだ。

ショスタコーヴィチが「十二月に初演したい」と申し出ると、ムラヴィンスキーは「年内は難しい、翌年にしてはどうか」と答えた。ショスタコーヴィチはそれを婉曲《えんきょく》な断りだと思ってしまった。ムラヴィンスキーは声楽のついた曲をあまり好まない。ベートーヴェンの第九ですら、彼はめったに演奏しない。それにレニングラード・フィルハーモニーには専属の合唱団がない。だからこの曲の初演をしたくないのではないか、と憶測したのだ。

真の理由はムラヴィンスキーの妻が重病で、その看護で彼は疲れ果てていたのだ。さらに十月には初めてのアメリカ演奏旅行が予定されていた。音楽的にも政治的にも難しい曲の初演を引き受ける余裕がなかった。だからムラヴィンスキーは「年内は難しい」と言ったのだが、ショスタコーヴィチは断られたと思い込んだ。

結局、十三番の初演はキリル・コンドラシンがモスクワ・フィルハーモニーと担うことになった。

■キューバ危機

ショスタコーヴィチの新作の初演を断った理由のひとつである、レニングラード・フィルハーモニーのアメリカ・ツアーは、一九六二年十月十八日から十一月三十日までの長期間にわたる。全部で二十六の都市で三十回の演奏会という大規模なものだった。ムラヴィンスキーとゲンナジー・ロジェストヴェンスキーが指揮を分担した。

その直前の十月十四日、アメリカ空軍の偵察機がキューバにソ連の準中距離弾道ミサイルが配備されているのを発見し、世に言う「キューバ危機」を迎えた。二十二日、ケネディ大統領はテレビ演説で「キューバにミサイルが持ち込まれた」とソ連を批難した。世界は緊張した。アメリカにいるソ連の音楽家たちは故国へ帰れなくなるかもしれない。一方、モスクワではニューヨーク・シティ・バレエ団が公演をしていた。彼らも不安だった。

ムラヴィンスキーは二十四日に、ニューヨークでモーツァルトの三十三番とショスタコーヴィチの八番を演奏した。演奏を聴いた国連事務総長ウ・タントは、二十五日に「(国連が)このすばらしいオーケストラのように結束していればいいが」と語った。

アメリカ時間の二十五日、国連の緊急安全保障会議でアメリカ国連大使はキューバのミサイル基地を撮影した写真を示したが、ソ連の大使はこれをはぐらかした。一方で、クレムリンからは二十六日にホワイトハウスへ妥協案が示されていた。だが二十七日にソ連は再び強硬姿勢に転じた。そのうえ、キューバ上空を偵察飛行していたアメリカ空軍機が、ソヴィエト赤軍の地対空ミサイルで撃墜された。

クレムリンもホワイトハウスも、その奥では第三次世界大戦は不可避かという雰囲気になっていくが、水面下の交渉も進んでいた。ワシントン時間の二十八日午前九時、フルシチョフ首相はモスクワ放送で「ミサイル撤去の決定」を発表した。大戦勃発は免れたのだ。

アメリカの二十八日夜、ワシントンではムラヴィンスキーとレニングラード・フィルハーモニーが、ショスタコーヴィチの交響曲《一九一七年》とチャイコフスキーの第五番を演奏した。偶然ではあるのだろうが、ソ連との戦争の危機が去った日に、ロシア革命を描いた曲をソ連のオーケストラがアメリカの首都で演奏したのだ。

関係者は誰も客が来ないのではないかと心配したが、満席となり、ロシア革命の音楽に盛大な拍手が贈られた。その客席でひときわ目立つのは、アメリカ大統領夫人ジャクリーン・ケネディだった。

すべては偶然だが、米ソ関係最大の危機の時に、ムラヴィンスキーというソ連最高の指揮者がアメリカにいて最高の演奏をしていた。もしフルシチョフがアメリカへミサイルを発射したら、自国が誇る音楽家を喪《うしな》ったかもしれないのだ。フルシチョフは、ムラヴィンスキーがアメリカにいたから戦争を思い留まったわけではないだろう。だがこの時期の米ソの文化交流はうまくいっていた。首脳同士の会談も頻繁で、お互いの顔も声も知っている。国民レベルでも、互いの国への親近感が高まっていた。それが、フルシチョフとケネディの判断に何らかの影響は与えていたかもしれない。

ムラヴィンスキーはアメリカでは熱烈に歓迎された。しかしムラヴィンスキーはアメリカが好きにはなれなかった。「あんな軽薄な国には二度と行きたくない」と言い、実際に二度と行かなかった。

■ショスタコーヴィチ最後の交響曲

《バービイ・ヤール》後、ムラヴィンスキーとショスタコーヴィチの関係が悪化したとの説もあるが、以後もムラヴィンスキーはシーズンの開幕や締めくくりの演奏会ではショスタコーヴィチの交響曲を演奏していたし、外国公演でもショスタコーヴィチ作品を披露していた。二人の信頼関係には何の亀裂《きれつ》も入っていなかった。だが、何度か二人の間には予期せぬ行き違いも生じた。

一九六二年の《バービイ・ヤール》の後、ショスタコーヴィチは交響曲から遠ざかり、弦楽四重奏曲や歌曲を書いていたが、一九六九年初頭に入院した際に、久しぶりに交響曲を書きたくなって書いたのが、異色の交響曲、第十四番である。十一楽章という構成もさることながら、ソプラノとバスによる歌で、十三番同様に「オーケストラ伴奏付き歌曲集」としたほうが実態に即している。だが、十三番同様にショスタコーヴィチはこれを「交響曲」と呼んだ。

十四番の九月二十九日の初演は、またしてもムラヴィンスキーではなく、ルドルフ・バルシャイ指揮のモスクワ室内管弦楽団だった。だが、ムラヴィンスキーは客席にショスタコーヴィチと並んで聴いていた。

ショスタコーヴィチの最後の交響曲となる第十五番は一九七一年七月二十九日に完成した。今度は声楽のない、オーケストラだけの曲だったので、ムラヴィンスキーが初演をするのではと思われたが、一九七二年一月八日の初演は、ショスタコーヴィチの息子のマクシム・ショスタコーヴィチ指揮のモスクワ放送交響楽団によって行なわれた。しかし若い指揮者マクシムをムラヴィンスキーはサポートしており、そのおかげでの初演だった。五月五日のレニングラード初演は、ムラヴィンスキーが指揮し、彼のレパートリーにしっかりと入っている。

■陰謀

一九六四年十月、フルシチョフが失脚し、ブレジネフが最高指導者となり、ソ連の巨大官僚機構全体で人事異動がなされた。レニングラード市の文化担当には女性のガリーナ・パクフォモーヴァが着任した。彼女はムラヴィンスキーを更迭しようと画策していた。

ムラヴィンスキーが首席指揮者に就任したのは一九三八年なので四半世紀が過ぎていた。六十歳をこえており、六四／六五シーズンは二十回しか指揮していない。若い指揮者に交代させようという考えは、それはそれとして説得力がある。

しかしムラヴィンスキーはソ連の人間国宝のようなものだった。レニングラード市側から解任するわけにはいかない。パクフォモーヴァはムラヴィンスキーに特別年金を用意するからと引退を奨めたが、彼は無視した。

世界的名声と彼自身の揺るぎない信念とが、この音楽家をソ連国内において、超然とした存在にさせていた。ブレジネフ政権はムラヴィンスキーがどんなに反抗的な言動をしても手を出せない。

一九六八年には作家ソルジェニーツィンの作品が発行禁止となった。フルシチョフ時代は「雪どけ」の象徴でもあったのに、ブレジネフ政権はこの作家を認めようとしない。彼の作品がスターリン批判にとどまらず、ソ連という国家への批判になりかねないと警戒したのだ。

ソ連の文化人たちはソルジェニーツィンを批難する文書への署名を強要された。ショスタコーヴィチもオイストラフもギレリスも署名したが、ムラヴィンスキーはしなかった。署名を求められると、「ソルジェニーツィンの作品は読むことが禁じられているのに、どうしてその内容を批難できるのだ」と跳ね返したのだ。

ムラヴィンスキーを辞任に追い込めなかった意趣返しなのか、キューバ危機の最中のアメリカ演奏旅行以降、ムラヴィンスキーとレニングラード・フィルハーモニーは西側へは行けなくなっていた。招聘《しょうへい》がなかったわけではない。各国から依頼があったのを国営興行会社ゴスコンツェルトが断っていたのである。

演奏旅行が解禁されたのは一九六六年十月のイタリアへの旅からだった。十五日から十一月七日までの三週間にわたる演奏旅行となった。このシーズンはさらに翌六七年五月に三週間の旅をし、「プラハの春」音楽祭へ出演し、スイスとフランスへも行って、パリで打ち上げた。

一九六九年十月はポーランドとルーマニア、七〇年十二月は東ドイツ、七二年十月は西ドイツ、オーストリア、イタリアへの一か月以上の演奏旅行があった。

その間の七一年十一月はこのオーケストラの創立五十周年を祝い、七二年一月には「連邦功労アンサンブル」の称号を政府から授与された。

このようにモスクワの中央政府はムラヴィンスキーを称えていたが、レニングラードでは相変わらず、ムラヴィンスキーへの嫌がらせが続いていた。

一九七〇年、レニングラード・フィルハーモニーは五八年以来の日本公演を予定していた。この年は大阪で万国博覧会が開催され、日本の国家イベントのために世界中の著名音楽家が来ていた。ソ連からはモスクワのボリショイ劇場のオペラと、レニングラード・フィルハーモニーとリヒテルが日本へ行くことになっていた。だが直前になってムラヴィンスキーは「思想性に問題があり、亡命の恐れがある」という理由で出国許可が下りなかった。レニングラードの共産党内の反ムラヴィンスキー派の嫌がらせだった。当人は日本へはそれほど行きたくなかったので、それを受け容れた。代わってアルヴィド・ヤンソンスが日本公演を指揮した。

■日本へ

ブレジネフ体制下のソ連は経済は停滞し、科学技術でも西側に抜かれ、どんよりとした時代で、後に「停滞の時代」と称される。ムラヴィンスキーも高齢になり、人生の終わりへ向かっていた。

一九七三年になって、ようやくムラヴィンスキーは日本を訪れた。飛行機嫌いのため、シベリア鉄道と船を長期間乗り継いでの長い旅だった。

ツアーにはムラヴィンスキーの弟子にあたるアレクサンドル・ドミトリエフも同行し、東京、大阪、京都、仙台以外の地方都市での公演を指揮した。

ムラヴィンスキーが最初の日本公演で指揮したのは、五種類のプログラムだった。

ショスタコーヴィチの第六番とチャイコフスキーの第五番、ベートーヴェンの第四番とショスタコーヴィチの第五番、グリンカの《ルスランとリュドミーラ》序曲とプロコフィエフ《ロメオとジュリエット》第二組曲とブラームスの第四番、ショスタコーヴィチの第五番とチャイコフスキーの第五番、グリンカの《ルスランとリュドミーラ》序曲とプロコフィエフ《ロメオとジュリエット》第二組曲とチャイコフスキーの五番、である。

大歓迎されたこともあり、日本に対して好感を抱き、文化、習慣をはじめカレーライスや餃子《ギョーザ》を食べるまでに至った。「文化果てる国に行くのだと思ったが、来日したら、ロシアのほうが最果てだと思いました」とのコメントを残した。

その後は、一九七五年、七七年、七九年と、一年おきに来日する。

■ショスタコーヴィチの死

一九七五年八月九日、ショスタコーヴィチが亡くなった。六十九歳になる一か月前ほど前だった。ムラヴィンスキーは、盟友の容態がそんなに悪いとは思っていなかったので、気持ちの準備をしていなかった。訃報を受けてすぐにモスクワへ向かった。

葬儀は八月十四日で、音楽院大ホールで国葬として執り行なわれた。ホールでの葬儀ではテープでショスタコーヴィチの音楽が流された。ムラヴィンスキーはこの日はほとんど何も語らなかった。

ムラヴィンスキーは、十月からの一九七五／七六シーズン全体を「ショスタコーヴィチ追悼」にすると決めた。十月二十四日の開幕演奏会ではチャイコフスキー《悲愴交響曲》とショスタコーヴィチの第五番が演奏された。異様な雰囲気の中での演奏会で、誰も体験したことのない、感情が爆発した慟哭《どうこく》の音楽が奏でられた。

ムラヴィンスキーもすでに七十歳を超えている。人生の総決算の時期に入っていた。一九七六年九月二十五日はショスタコーヴィチの七十回目の誕生日だった。例年、レニングラード・フィルハーモニーとムラヴィンスキーは十月下旬にシーズンを開幕するが、この年は九月二十五日にショスタコーヴィチの第五番と第六番を演奏して開幕した。

その後ムラヴィンスキーとフィルハーモニーは、オーストリア、東ドイツ、スイス、西ドイツへの演奏旅行に出て、十月二日から十一月十一日までに三十一回の演奏会を開いた。

東ドイツではこの年、「ドイツ民主共和国におけるソヴィエト音楽文化の日」と銘打って二〇〇回近くの演奏会が各地で開かれ、レニングラード・フィルハーモニーはその目玉だった。ライプツィヒ市議会は、「ソ連とドイツ民主共和国間の文化関係を強化した功績」を認めてムラヴィンスキーにアルトゥール・ニキシュ賞を授与した。

この賞をドイツ人以外で受賞するのはムラヴィンスキーが初めてだった。

一九七七年秋には日本、七八年春はイタリアとオーストリア、七九年春は日本と、外国への演奏旅行は途切れることなく続いていた。

オーストリアへ行くと、ムラヴィンスキーはウィーン楽友協会から名誉会員の称号を受けた。過去にこの名誉会員になったのはベートーヴェン、ヴェーバー、シューベルトなどの大作曲家ばかりで、指揮者としてはカール・ベーム、カルロ・マリア・ジュリーニ、ヘルベルト・フォン・カラヤンに次いで四人目だった。名誉会員だからと特典があるとか権力があるわけではない名誉称号に過ぎないのだが、後にこの名誉会員であることが、ムラヴィンスキーを助けるのだった。

■最後の来日公演

一九七九年の日本での演奏旅行は五月十四日に始まり、六月八日が最後の演奏会だった。四日はムラヴィンスキーの誕生日だったので、滞在先の横浜のホテルの一室でパーティーが開かれ、楽しい一夜となった。しかしその四日後、日本での最後の演奏会を前にして、フィルハーモニーの楽団員二人が亡命した。ひとりは男性でソ連に家族を残しての亡命で、もうひとりは女性で、しかもKGBの監視員だった。レニングラード・フィルハーモニーの楽団員が外国への演奏旅行中に亡命することはこれまでになかった。

　ムラヴィンスキーにはこのことは伏せられた。この高貴な指揮者は屈辱に耐えられず、演奏会をキャンセルして「帰国する」と言い出しかねなかった。亡命した団員はトランペット奏者だったので、急遽《きゅうきょ》、日本人の演奏家を探して代役として、NHKホールでの演奏会は無事に終わった。プログラムはグラズノフの交響曲第五番、チャイコフスキー《眠れる森の美女》の抜粋と、《フランチェスカ・ダ・リミニ》だった。

帰国後、ムラヴィンスキーは共産党のレニングラード本部に呼ばれた。ムラヴィンスキーを追放したい勢力にしてみれば、願ってもないチャンスだった。彼に「責任をとって辞任します」と言わせようとして、「あなたの楽団から逃げたことをどう説明するのだ」と厳しく詰問した。しかしムラヴィンスキーは平然と答えた。

「彼らは私の楽団から逃げたのではない。この国から、あなた方の政府から逃げたのだ」

この発言は、たちまちレニングラードの音楽関係者はもとより、多くの市民の間にも拡散され、市民は当局に気づかれないところで快哉《かいさい》した。しかし共産党レニングラード本部の幹部はこの指揮者への憎悪で煮えたぎり、報復を誓う。フィルハーモニーが楽器を新たに購入したいと申請すると、ソ連製のものしか許可しなくなった。

一九八〇年もムラヴィンスキーとフィルハーモニーは秋にオーストリア、西ドイツ、スイスへ行った。亡命騒動があっても外国へ行けたことで安心し、ムラヴィンスキーは翌八一年の日本公演も決めた。七三年以降、一年おきに行っていたので今回も問題はないだろうと考えていた。

一九八一年九月から十月にかけての日本公演は、スケジュールもプログラムも決まり、日本ではチケットも販売されていた。しかし出発直前になって、共産党レニングラード本部から、「楽団員を査問した結果、三十五名には出国許可が与えられない」との通告が来た。三十五名も欠けたのでは演奏ができない。ムラヴィンスキーは日本訪問を断念した。

以後ムラヴィンスキーは日本へ行くことはなく、一九七九年六月が日本での最後の演奏となった。レニングラード・フィルハーモニーの日本公演も一九八六年まで途絶える。八六年もムラヴィンスキーが来ると発表されたが、体調不良で日本へは来なかった。この時は本当にもう長期の外国旅行は無理だったと思われる。

一九八一年の日本公演は中止になったが、翌一九八二年はオーストリア、西ドイツ、スイス、フランスへ行けた。八三年にはスペインへ行き、これが最後の西側への旅となった。

スペインへの演奏旅行を含めた一九八二／八三シーズンが、ムラヴィンスキーがフルに出演できた最後となる。以後はシーズンに数回しかステージには出ない。八十歳となり、健康状態が悪化していた。

一方、ソ連の指導者たちも、相次いで亡くなった。一九八二年十一月にブレジネフが七十五歳で亡くなり、後任のユーリ・アンドロポフも八四年二月に、さらに後任のコンスタンティン・チェルネンコも八五年三月に亡くなった。

高齢の指導者が続いたが、チェルネンコの後任になったのは、五十四歳のミハイル・ゴルバチョフだった。

■最後の日日

エフゲニー・ムラヴィンスキーが指揮した最後の演奏会は一九八七年三月六日、彼の本拠地であるレニングラードのフィルハーモニーホールでの定期演奏会だった。シューベルト《未完成交響曲》とブラームスの交響曲第四番を指揮した。二曲とも晩年の彼が頻繁に演奏していた曲だった。

この演奏会は「さよなら公演」「引退公演」と銘打たれたものではなかった。しかし、一九八四年以降は年に数回しかステージに立っていないので、楽団員も聴衆の多くも「今日が最後かもしれない」との思いだったろう。だが本人はまだ将来の計画を立てていた。

一九八七年はムラヴィンスキーにとって節目の年だった。ショスタコーヴィチの交響曲第五番の初演を彼が指揮してから、ちょうど五十年だったのだ。十一月にはその記念演奏会も予定されていた。高齢のムラヴィンスキーは万全を期して秋の演奏会に備えていたが、心臓発作を起こし、出演できなくなった。

それどころか、命すら危うい事態だった。だがムラヴィンスキーの妻アーリャはソ連の医療は信用できないと考え、ウィーン楽友協会に相談し、ウィーンの心臓病専門病院へ入院できるよう手配してもらった。ムラヴィンスキーはウィーン楽友協会の名誉会員だったので、楽友協会は手を尽くしたのだ。

しかし最高レベルのウィーンの医師たちも、この八十四歳の指揮者の心臓には手の施しようがなかった。ムラヴィンスキーはヘビースモーカーだったので肺疾患の持病があり、それに腎《じん》不全と心不全との合併症となっていたようだ。手術をしても無駄と判断され、薬もやめて食餌《しょくじ》療法に切り替えられた。妻は医師から、本人が帰りたがっているのなら自宅に帰ったほうがいいと言われた。

年が明けて一九八八年一月七日、ムラヴィンスキーは退院した。ウィーンの病院での治療費と入院費は、とてもムラヴィンスキーが支払える額ではなく、明細書を手にした妻は動揺した。世界的巨匠は一般市民よりは高収入だったが、ソ連の通貨ルーブルは国内でしか使えない。彼が西側で稼いだ外貨は国営興行会社に入るので、彼の取り分は少なく、外貨の預金もあったが、とても西側の先端高度医療の費用には足りなかった。しかしその費用はすべてウィーン楽友協会が払ってくれることになった。ムラヴィンスキーはレニングラードへ帰り、以後は自宅で静養していた。一時的には元気になり、次の演奏会への意欲をみせてスコアを勉強していたものの、一月十九日に容態が急変して亡くなった。八十四歳になっていた。

ムラヴィンスキーは亡命しようと思えばその機会もあったはずだが、生涯、ソ連に留まった。その一方、共産党に入るように何度も要請されたが断り続けた。彼はソ連という体制、社会主義には何の共感も抱いていないが、ロシアの文化は愛し続けた。それゆえにロシア以外の土地で暮らすことなど考えられなかったのだ。

ムラヴィンスキーの藝術は――ドイツやフランスの作品を演奏する場合でも――ロシアに根ざしたものだった。ロシアにいなければ、それもレニングラードにいなければ、彼は生きていることにならなかったのだ。

ソヴィエト共産党は、そういう彼の思いを利用していた。一方で、この音楽家が社会主義者ではなく政権と党の方針に従わないことを――亡命されるよりはましだと考えたのか――容認し、政権とは緊張関係にあった。その人生が終わった。

一月十九日はロシア正教では洗礼祭という重要な祭日で、この日に亡くなるのは有徳の人とされる。ムラヴィンスキーはロシア正教を信仰していたので、当人としても満足だったであろう。

マルクス・レーニン主義は唯物史観なので宗教とは相容れない。革命後のソ連ではロシア正教も弾圧されていた時期があった。しかし信仰は根強いものがあり、世界最強のソ連共産党をしてもロシア正教を根絶させることはできなかった。それでも、ソ連の人びとはよほど信仰が強くない限りは教会で葬儀を行なうことはなかった。だがムラヴィンスキーは遺言でロシア正教会での葬儀を望んだ。

ムラヴィンスキーほどの著名人であれば、国葬またはそれに準じる、政府による葬儀となるのが通例だった。実際、彼の盟友であるショスタコーヴィチの葬儀は、モスクワ音楽院の大ホールで国葬として行なわれた。だが、ムラヴィンスキーの妻は国葬を断り、「ロシア正教会での葬儀」という遺志を押し通した。

二十二日に柩《ひつぎ》がスパソ・プレオブラジェンスキー大寺院に移され、翌二十三日の土曜日に葬儀となった。音楽ファンが各地からやって来て、この大寺院始まって以来の大きな葬儀となり、その様子はテレビで全ソ連に向けて中継された。ゴルバチョフのグラスノスチ（情報公開）政策のおかげだった。ソ連の人びとは、教会での葬儀を初めてテレビで見た。

「巨匠の死」というひとつの時代の終わりと、グラスノスチとペレストロイカによる新時代の到来との二つが交錯する葬儀となった。

帝政時代に母が貴族出身だった指揮者は、革命政権のもとで学び、粛清の時代と戦争を生き延び、戦後の冷戦時代はソ連の音楽家の代表として生き、冷戦終結の兆しのなか、生涯を閉じた。

チャイコフスキーとショスタコーヴィチなどのロシア音楽はもちろん、ベートーヴェンやブラームスも得意とした。しかし、若い時を除けばオペラは指揮せず、またベートーヴェンでも声楽を伴う第九は指揮しないなど、レパートリーには偏りがある。

交響曲の作曲そのものが少なくなった二十世紀にあって、社会主義国であるがために商業ベースに乗らない交響曲を作れたショスタコーヴィチという作曲家との盟友関係が、この指揮者の最大の特徴と言える。

ムラヴィンスキーなくしてショスタコーヴィチの名演はなく、ショスタコーヴィチなくしてムラヴィンスキーの名声はない。

第6章
「帝王」
ヘルベルト・フォン・カラヤン

Herbert von Karayan

1908年4月5日〜1989年7月16日

オーストリア、ザルツブルク生まれ

◉常任した楽団・歌劇場など

ウルム市立劇場、アーヘン市立歌劇場、ベルリン州立歌劇場、
ミラノ・スカラ座、フィルハーモニア管弦楽団（ロンドン）、
ウィーン交響楽団、ベルリン・フィルハーモニー、ウィーン国立歌劇場、
ザルツブルク音楽祭、ザルツブルク・イースター音楽祭

つだった。

二十世紀後半の日本で、最も有名な指揮者がカラヤンだった。「フルトヴェングラー」などと比べて日本人にとって発音しやすい名前なのも、高い知名度の理由のひとつだった。

しかし何よりも、一九五四年以来、何度も来日し、その演奏会がテレビで中継されたことが、カラヤンの名と顔が知られていた最大の理由だろう。一九六〇・七〇年代は欧米の楽団が来日することが事件であり、空港に着いたことがニュースで報じられ、その演奏会はテレビで中継されたのだ（BSもない時代、いまで言う地上波のゴールデンタイムの番組として）。

「史上最もレコードを売った男」とも言われるカラヤンは、それゆえにクラシック・ファンの一部からは「通俗だ」「表面的な美しさ」「底が浅い」と蔑視《べっし》されてもいた。カラヤンを批判するのが「音楽が分かっている証拠」とされた時期もあった。

ナチス党員だった過去、自家用ジェット機を自ら操縦して世界を飛びまわるライフスタイル、フランスのトップ・ファッション・モデルだった美貌《びぼう》な妻を持つ私生活を含め、有名であるがゆえに、カラヤンほど毀誉褒貶《きよほうへん》さまざまな指揮者もいない。

■生い立ち

ヘルベルト・フォン・カラヤンはモーツァルトが生まれた、オーストリアのザルツブルクで生まれた。いまもその生家はあり、カラヤンの銅像が立っている。曾祖父《そうそふ》は中世ドイツ古文書学と歴史学の教授で、貴族院議員にまでなった人だ。音楽にも造詣《ぞうけい》が深く、ハイドンの手紙を所有するなどの蒐集家《しゅうしゅうか》でもあり、論文も書いている。彼自身に音楽的才能があったかどうかは分からない。その息子、ヘルベルトの祖父は医学博士にして宮廷顧問官で、楽器を演奏することはなかったが、音楽好きだった。

ヘルベルトの父はザルツブルク州立病院の外科部長で、アマチュア音楽家でもあり、趣味としてクラリネットを吹き、この町の歌劇場の管弦楽団でも演奏していた。

音楽好きな家系に生まれ、二歳上の兄がピアノを習い始めたので、自分もやりたくなったのが、ヘルベルトが音楽に目覚めたきっかけとなる。

ピアノを始めたのは三歳の年で、すぐに絶対音感があると分かり、両親はこの子は音楽家になれるのではないかと期待した。その頃、父は幼いヘルベルトをワーグナー《ニュルンベルクのマイスタージンガー》へ連れて行き、冒頭の部分だけ見せた。これが、ヘルベルトのオペラ初体験だった。

一九一二年、四歳になると、ヘルベルトはザルツブルクのモーツァルティウムの指導者のひとりから、本格的にピアノのレッスンを受けるようになった。

モーツァルティウムは、モーツァルト没後五十年の一八四一年に、モーツァルト作品の演奏や研究を目的としてできた組織で、博物館、音楽院、オーケストラがある。ザルツブルクは小さな町ではあったが、音楽的には恵まれていた。

七歳になると、ヘルベルトは正式にモーツァルティウム音楽院に入り、本格的に音楽の勉強を始めた。ピアノのほかに、作曲と室内楽を学ぶ。

ヘルベルトの作曲の師が、音楽院の院長でもあるベルンハルト・パウムガルトナーだった。ブルーノ・ワルターの弟子にあたり、指揮者としても活躍した人だ。機械好きで、ヘルベルトには、音楽以外にもさまざまなことを教えた。

ヘルベルトが十二歳になる一九二〇年、ザルツブルク音楽祭が始まった。中心的人物のひとりがパウムガルトナーだったので、ヘルベルトは少年時代からこの音楽祭に親しむことになる。

十三歳になると、ヘルベルトは演奏会やオペラのため、ウィーンやミュンヘンにも出かけるようになった。

■ウィーンへ

一九二二年、フルトヴェングラーがベルリン・フィルハーモニーの首席指揮者になった年、カラヤンは十四歳。この二人は二十二歳と父子ほどの年齢差がある。カラヤンは、まだザルツブルクで暮らす「ピアノがうまい少年」でしかないが、やがてフルトヴェングラーのライバルになる。

十八歳になった一九二六年、カラヤンは父の勧めもありウィーン工科大学へ入学した。音楽の道だけでなく、エンジニアという選択肢もあったのだ。ウィーン音楽院(現・国立音楽大学)へも入学し、ホフマン教授のもとでピアノを学ぶことになった。

ホフマン教授はカラヤンのピアノを聴き、またこの青年との対話を通して、ピアノよりも指揮者が向いていると判断し、指揮科に正式入学するよう手続きをとってくれた。カラヤンが表現したい音楽は十本の指では足りない、数十人が必要だ——これが教授の判断だった。

こうしてカラヤンは音楽アカデミーで指揮を学ぶ。カラヤンの世代から指揮を音楽院で学ぶようになっていく。教授法が確立されてきたのだ。

ウィーンには国立歌劇場とフィルハーモニーがあり、ほかにも歌劇場とオーケストラがあるので、カラヤンは音楽漬けの生活となった。

一九二七年五月二十二日、フルトヴェングラーがベルリン・フィルハーモニーとの欧州ツアーでザルツブルクに客演した時、帰郷していたカラヤンは初めてこの指揮者とオーケストラを聴いた。

その夏のザルツブルク音楽祭で、カラヤンは初めてベートーヴェン《フィデリオ》の練習指揮者の仕事をした。指揮者になるための本格的な修業の始まりだった。こうなるとエンジニアの道は断念しなければならない。カラヤンは工科大学を退学し、音楽一本に進路を絞った。

一九二八年十二月、カラヤンは指揮科クラスの卒業試験の演奏会で、音楽アカデミーのオーケストラを指揮して、《ウィリアム・テル》序曲を演奏、学生時代を終えた。

音楽院を卒業したカラヤンは、国立歌劇場の練習指揮者にならないかと打診されたが断った。カラヤンはあくまで、本番を指揮したかった。世界一の歌劇場の一スタッフになることよりも、小さな劇場でいいから指揮者になりたいと考えていた。

だが音楽院を卒業しただけで、何の実績もない青年を指揮者として雇う歌劇場はない。

■デビュー

ところが、卒業から一か月半後の一九二九年一月二十二日、カラヤンは故郷ザルツブルクでモーツァルティウム管弦楽団を指揮し、プロ・デビューした。プログラムはチャイコフスキーの交響曲第五番、モーツァルトのピアノ協奏曲第二十三番、リヒャルト・シュトラウス《ドン・ファン》だ。

この演奏会はカラヤンの父が資金を出して開いたものだった。つまり、カラヤンがオーケストラの指揮者として雇われたのではなく、カラヤン家が楽団を雇ったのだ。

正確には、興行師が仕切り、カラヤン家がチケットを引き受ける条件で、カラヤンを指揮者にしたのである。

カラヤンは各地の歌劇場の支配人や関係者に招待券を送りまくった。そのひとりで、ウルムの市立劇場の支配人がカラヤンを気に入ってくれた。

ウルムはミュンヘンとシュットゥガルトのあいだにあり、ザルツブルクからもそう遠くはない、ドイツの地方都市だ。カラヤンはウルム市立劇場に呼ばれ、試験として、三月にモーツァルト《フィガロの結婚》を指揮することになった。この公演で認められ、市立劇場「楽長」の職を得た。二十一歳になる直前のことである。

カラヤンは指揮者デビューの時点で、近代的興行システムのなかで、どうやって自分を売り込もうかを考えて行動していた。これは批判されるべきではない。裕福な家庭に生まれ、デビューにあたり財力が役に立ったのは事実だが、才能がなければ、デビューはできても、それで終わる。

自分という商品をどう宣伝するか。カラヤンが二十歳にしてそういう思考をしていたのは事実であり、それがこの指揮者の一面であり、だからこそ前例のない商業的成功をする。

カラヤンがウルムの指揮者となった翌月の五月、トスカニーニがミラノ・スカラ座の一座を率いてウィーンへ来た。カラヤンはそれを観るために、ウィーンへ行った。

初めて聴いたトスカニーニに、カラヤンは心を打たれた。トスカニーニは翌一九三〇年五月もウィーンへ来た。このときはニューヨーク・フィルハーモニックを率いてのヨーロッパ・ツアーだった。カラヤンは、またもウィーンまで行き、この巨匠の演奏会を聴いた。

■若きオペラ指揮者

カラヤンの職場のウルム市立劇場は小さな劇場で、楽団には二十人ほどしかいない。専門の演出家もいなかったので、カラヤンは歌手や楽団を指揮するだけでなく、演出も担った。そればかりか、大道具を作ったり照明を決めたりといった仕事もしなければならなかった。こうした体験によって、カラヤンはオペラ公演とはどんなものなのかを身体で覚えた。

一九三〇年のバイロイト音楽祭はトスカニーニが初めて出演した年だが、その客席にカラヤンがいたのは言うまでもない。ウルムに帰ると、オーケストラの音が変わったと感じた。トスカニーニの霊感がカラヤンに伝わり、それがオーケストラの音も変えたのだ。

カラヤンはウルムで精力的にオペラ公演を続けた。一九三一年十一月には、歌劇場の管弦楽団で初の演奏会も開き、ベートーヴェン《英雄交響曲》などを指揮した。カラヤンはオペラだけでなく、シンフォニー・コンサートの指揮にも意欲を示す。

　ドイツはインフレに見舞われ、失業者は増大し、内閣は短命で、頻繁に選挙がなされ政情不安に陥っていた。この混乱に乗じて、ヒトラーのナチスが勢力を伸ばしていた。

　カラヤンはウルムの指揮者として奮闘していたが、夏には故郷のザルツブルクで音楽祭に裏方として参加し、名指揮者たちの仕事をそばで観察していた。ウィーン国立歌劇場やバイロイト、そしてザルツブルクで上演される素晴らしいオペラに比べて、ウルムの舞台はあまりにも貧弱だった。このままでは終わらないとの野心をカラヤンは抱いていた。

　この青年がウルムに骨を埋《うず》める気がないことは、この町の人々も気付いていた。カラヤンは歌劇場の切符を売るために戸別訪問までしてセールスするなど努力していたが、大半がカラヤンよりも年上である歌劇場のスタッフや楽団員のなかには、反感を抱く者も出てきた。彼らは、世界水準の舞台など目指していない。日日の糧が得られればそれでいい。カラヤンと楽団員たちとは、音楽で目指す次元が違っていた。

　一九三三年一月、ヒトラーが政権の座に就いた。

　カラヤンは、この年初めて指揮者としてザルツブルク音楽祭に出演した。恩師であり音楽祭の理事でもあるパウムガルトナーが作曲した《ファウスト》の音楽を指揮したのである。これはオペラではなく演劇で、その劇伴を指揮したのだ。

そして、カラヤンは勢いのあるナチに入党した。

一九三四年、カラヤンは失業した。ウルム市立劇場が契約の更新をしないと通告したのだ。音楽面で要求の多いカラヤンに対する楽団員の不満が鬱積《うっせき》し、「あいつの指揮で演奏するのは御免だ」という雰囲気になっていた。劇場支配人は「君には、この町は小さすぎる」と慰めてくれたが、カラヤンに相応《ふさわ》しい大きな町の劇場を紹介してくれたわけでもない。カラヤンは自分で次の仕事を探さなければならず、ベルリンへ向かった。

三か月にわたる職探しの末、カラヤンは六月にアーヘンの歌劇場に試験採用された。試用期間は一年である。アーヘンはドイツの西端、ベルギー、オランダと国境を接するところにある。神聖ローマ帝国皇帝の戴冠式《たいかんしき》がおこなわれ、「北の首都」と称されたこともある歴史のある都市で、ウルムよりも大きな歌劇場があった。

一九三四年九月からのシーズンで、カラヤンはアーヘンの市立歌劇場にデビューした。《フィデリオ》《ワルキューレ》《魔笛》《オイリアンテ》を指揮し、さらにオーケストラの演奏会も開き、順調なスタートを切った。

一年が過ぎて一九三五年春、カラヤンはアーヘン市の音楽総監督に就任した。ドイツの主要都市にはこういうポストがあり、市の歌劇場や公的行事での音楽の責任者となる。

しかし「このポストに就くにはナチス党員であることが条件だ」と言われたので、カラヤンは入党した。すでにザルツブルクで一九三三年に入党したはずだが、なぜ、改めて入党したのかは、当人も理由を語っていない。カラヤンが戦後に認めているのは「アーヘンの音楽総監督になった一九三五年に、そのポストに就く条件だったので、ナチスに入った」ということだけだ。

すでにナチスは政権党であり、入党希望者が増大し、制限するほどだった。カラヤンはその数百万人の新規党員のひとりで、ナチスの思想にかぶれていたわけではなさそうだ。出世のために、党員になったのである。

■ベルリンに登場

ナチスのユダヤ人に対する政策は国際的には批判されていたが、ドイツ国内では大規模な反対運動はなかった。

カラヤンはアーヘンで充実した日日を送り、オペラだけでなく、演奏会も、定常的に指揮するようになった。

一九三七年にはウィーン国立歌劇場に呼ばれ、一回だけだったが、《トリスタンとイゾルデ》を指揮した。音楽院時代は、毎晩のように天井桟敷《てんじょうさじき》で聴いていた青年は、指揮者として帰ってきたのだ。歌劇場からは、指揮者の一人にならないかと打診されたが、断った。ウィーンの何人もの指揮者のひとりよりも、アーヘンでの音楽総監督の座を選んだのだ。カラヤンは、この頃から、トップ以外は意味がないと考えるようになっていた。

誰も師のいない状態でカラヤンは「帝王学」を身につけていたのだ。

ドイツがオーストリアを併合した一九三八年は、カラヤンにとっても飛躍の年となった。

まず四月に初めて、ベルリン・フィルハーモニーに呼ばれた。モーツァルトの交響曲第三十三番、ラヴェル《ダフニスとクロエ》第二組曲、ブラームスの交響曲第四番というプログラムで、まずまずの成功だった。

さらに十月にはベルリンの州立歌劇場に呼ばれ、《トリスタンとイゾルデ》を指揮した。新聞は「奇跡の人カラヤン」と絶賛した。こちらのほうがセンセーショナルだった。背景にはヒトラー政権内の派閥争いがあった。

ドイツ全土の歌劇場やオーケストラは宣伝啓蒙《けいもう》省と全国文化院を統括するヨーゼフ・ゲッベルスが管轄していた。一方、内閣では無任所大臣であるヘルマン・ゲーリングはプロイセン州の首相も兼任しており、ベルリンのプロイセン州立歌劇場だけはゲーリングの管轄下にあった。二人は仲が悪く、ヒトラーの寵愛《ちょうあい》を競っていた。

ゲッベルス側にはベルリン・フィルハーモニーとフルトヴェングラーがいたが、ゲーリングの州立歌劇場は、ユダヤ人のクレンペラーたちが去り、クライバーは政権に歯向かって辞任してしまい、指揮者が不足していた。そこでフルトヴェングラーに対抗できる指揮者を探し、若いカラヤンが抜擢《ばってき》されたのだ。ゲーリングは配下のメディアを使ってカラヤンを絶賛させた。フルトヴェングラーは刺激され、カラヤンを脅威に感じるようになる。

いわばナチス内部のゲッベルスとゲーリングの権力争いの代理戦争として、フルトヴェングラーとカラヤンは、ライバル関係に置かれた。

十二月、カラヤンは初めてレコーディングもした。ベルリンの州立歌劇場のオーケストラとの《魔笛》序曲が、カラヤンの膨大な録音リストの最初に記されている曲だ。

一九三八年、カラヤンは四月で三十歳になっていた。この年は、カラヤンにとって、コンサートとオペラでのベルリン・デビューと初録音という記念すべき年となり、さらに七月には、三四年から交際していたアーヘンの歌劇場のソプラノ歌手エルミー・ホルガーレフと結婚し、公私ともに最初の絶頂を迎えたのである。

■暗転する運命

一九三九年九月、ドイツはポーランドに侵攻した。

カラヤンはアーヘンで音楽総監督として歌劇場を指揮していたが、ベルリン州立歌劇場の指揮者にもなり、頻繁に二つの都市を往復する生活となっていた。妻エルミーとはすれ違いの生活となり、ベルリンでは新しい恋人ができた。富豪の娘アニータ・ギューターマンという。

一九三九年四月十四日、カラヤンはベルリン・フィルハーモニーを指揮し、チャイコフスキー《悲愴交響曲》などを演奏し、その翌日、同じ曲をレコーディングした。コンサートとレコードの連動の始まりである。

ところが、フルトヴェングラーもその半年前に《悲愴》をベルリン・フィルハーモニーと録音しており、二つのレコードは競い合うことになった。これがフルトヴェングラーを刺激した。フルトヴェングラーはフィルハーモニーに、「今後、カラヤンには指揮させるな」と伝えた。フルトヴェングラーは公式には首席指揮者を辞任しフリーの指揮者なのだが、フィルハーモニーは逆らえない。カラヤンはフィルハーモニーの演奏会には呼ばれなくなる。

六月二日、ベルリンにはユーゴスラヴィアの王子が国賓として訪問しており、この夜、ヒトラーとともに州立歌劇場を観劇した。演目はワーグナー《ニュルンベルクのマイスタージンガー》で、ヒトラーが最も好きなオペラだった。指揮はカラヤンである。

カラヤンはオペラでも暗譜で指揮する数少ない指揮者だった。ほかにはトスカニーニがいるくらいだ。この日も暗譜で指揮していたのだが、主演の歌手がヒトラーが来ているので緊張していたのか、間違えた。ヒトラーはこのオペラを熟知していたので、すぐに間違いに気づいた。主演歌手はヒトラーのお気に入りでもあった。演奏ミスはカラヤンが暗譜で指揮したからだということになってしまった。

アーヘンでは、ベルリンにいることが多くなったカラヤンに不満の声が上がっていた。

一九四一年四月、カラヤンはアーヘン市の音楽総監督を解任された。市民の不満の声を無視できなかったのだ。

これでベルリンに専念できるかと思ったが、そうもいかない。州立歌劇場には総監督としてハインツ・ティーティエンが君臨しており、カラヤンが自分の権限の拡大を狙うと、それまでカラヤンを寵愛していたティーティエンは、フルトヴェングラーを歌劇場に復帰させた。これにより、州立歌劇場でのカラヤンの出番は一気に少なくなった。出る杭《くい》は打たれたのである。

一九四二年にエルミーと離婚し、恋人だったアニータと再婚すると、ナチスは問題にした。アニータの祖父母のひとりがユダヤ人だったのである。カラヤンは査問され、この時にナチスを離党したらしい。「らしい」とするのは、この離党については、戦後、カラヤンが言っているだけで証拠はないからだ。

カラヤンは干された。このままヒトラー政権が永遠に続けば、カラヤンは不遇な指揮者で生涯を終えただろう。だが、この時期に干された禍《わざわい》が、戦後は福となる。

■敗戦

一九四四年になると戦況はドイツにとって絶望的になってきた。

一月三十日にはベルリンのフィルハーモニー楽堂が空襲で焼失した。六月になると、連合軍がノルマンディーに上陸、八月にはパリを解放した。ヒトラー暗殺未遂事件が起きるなど、ナチス政権は内部からも崩壊しつつあった。

カラヤンは指揮する機会が減っていたが、それでもベルリンに留《とど》まり、おもに州立歌劇場のオーケストラのコンサートを指揮していた。開戦前ならば亡命しても外国で指揮できただろうが、イタリア・日本以外のすべての国を敵としているドイツの指揮者には、もう亡命先は残されていない。ベルリンで空襲に怯《おび》えながら過ごすしかなかった。

フルトヴェングラーも留まっていたが、カラヤンよりも先に逃げた。一九四五年一月にフルトヴェングラーはウィーンから中立国スイスへ亡命したのだ。

カラヤンは二月十八日にベルリンで演奏会を指揮すると、その数日後に妻アニータと共に、イタリアへ亡命した。

四月三十日、ヒトラーが自殺し、五月八日、ドイツは降伏した。

カラヤンはイタリアでドイツの敗戦を知った。

■レコード時代の本格的な始まり

カラヤンをはじめ、ナチス政権下で活躍した人びとは連合国による「非ナチ化審理」を経なければ、復帰できない。

イタリアでドイツ敗戦を迎えたカラヤンは、何回かイタリアで演奏会を指揮した後、故郷ザルツブルクに戻り、オーストリアを占領した連合国軍のもとで、いったんはナチ容疑が晴れた。ユダヤ系の女性を妻としたこと、ヒトラーに嫌われ干されていたことなど、戦争中はマイナスだったことがプラスに転じたのである。

一九四六年一月、カラヤンは本格的な活動再開のためウィーンへ行き、ウィーン・フィルハーモニーを指揮した。ところが、二回目の公演は、ソ連軍の命令で中止となった。

先行き不透明となったカラヤンのもとに、レコード会社ＥＭＩのプロデューサー、ウォルター・レッグが現れた。連合国軍が禁止しているのは演奏会など、「公の場」での活動で、密室でのレコーディングは可能だという理屈で、カラヤンはレコードに活路を見出《みいだ》すことになった。

カラヤンの最初のＥＭＩへのレコーディングは、一九四六年九月、ウィーン・フィルハーモニーとの、ベートーヴェンの交響曲第八番だった。

一九四七年になると、フルトヴェングラーも非ナチ化審理を経て、復帰した。カラヤンも四七年十月二十五日に、ウィーン・フィルハーモニーの演奏会でブルックナーの交響曲第八番を指揮して、完全復帰した。

しかしフルトヴェングラーが、ベルリンとウィーンのフィルハーモニー、ザルツブルク音楽祭など、彼が影響力を発揮できる楽団、音楽祭に、「カラヤンが出るならば、私は出ない」と圧力をかけた。

フルトヴェングラーがなぜかくもカラヤンを嫌ったのか。トラブルがあったわけではない。カラヤンの若さと才能を妬《ねた》み、自分のポジションが奪われると危機感を抱いただけのようだ。二十二歳も年上で、すでに絶大な賛辞を受け、当代一の指揮者であるフルトヴェングラーとしては、大人気《おとなげ》ない。

こうしてカラヤンの不遇は戦後も続くのだが、結果として、フルトヴェングラーがそこまで意識しているのかと、かえってカラヤンへの注目度が高くなっていく。

■ベルリン・フィルハーモニーとの再会

カラヤンは、ベルリンとウィーンのフィルハーモニー、ザルツブルク音楽祭には出られなくなったが、ミラノのスカラ座でドイツ・オペラを指揮し、ウィーン交響楽団では実質的な首席指揮者として演奏会を指揮していた。さらにレコーディングではウィーン・フィルハーモニーとも共演していた。また、二年だけで終わるが、バイロイト音楽祭にも出た。

だが最も多く共演するのは、ロンドンに作られたフィルハーモニア管弦楽団だった。この楽団は、EMIのレッグが創設したものだ。カラヤンとフィルハーモニアはEMIに多くの録音をするが、レコードだけの楽団ではなく、演奏会も開いていた。レッグはEMIの社員でありながら、楽団のオーナーでもあったのだ。

一九五二年、カラヤンはフィルハーモニア管弦楽団を率いてヨーロッパ・ツアーをし、ベルリンへも戦後初めて訪れた。この時、ベルリン・フィルハーモニーの関係者と会った。

カラヤンが戦後初めてベルリン・フィルハーモニーを指揮するのはその一年後、一九五三年九月のことで、ベートーヴェン《英雄交響曲》とバルトークの「管弦楽のための協奏曲」を演奏した。

一九三八年のデビューから数えて、この楽団を振るのはこれが七回目だった。この久しぶりの共演で、ベルリン・フィルハーモニーとベルリンの音楽ファンは改めてカラヤンの才能を感じた。

フルトヴェングラーの章に記したように、戦後のベルリン・フィルハーモニーの首席指揮者はチェリビダッケであり、すでに四百回近く指揮していた。聴衆からの人気もあったが、チェリビダッケと楽団員との間に確執が生じていた。リハーサルが厳しく、年長の楽団員も叱り飛ばすようになっていったのだ。

一九五四年四月、カラヤンは初めて日本を訪れ、NHK交響楽団を指揮して、日本各地をまわった。その演奏はラジオを通じて日本全国に放送された。

一九五四年九月、ベルリン・フィルハーモニーのシーズンが開幕した。十九日と二十日はフルトヴェングラー、二十三日はカラヤンの演奏会だった。フルトヴェングラーの難聴と健康状態から、翌一九五五年に予定されているアメリカ・ツアーに行けるのか不安視されていた。フィルハーモニーのインテンダント（総支配人）は、カラヤンに、「万一の場合、アメリカへ代役として行ってもらえないか」と打診した。カラヤンは承諾した。

十一月二十一日と二十二日、カラヤンがまたもベルリン・フィルハーモニーを指揮した。カラヤンは細かいことは言わず楽団員の自主性に委《ゆだ》ねた。カラヤンの指揮はやりやすいと、楽団員たちのあいだでの評判は高まる。直後の二十五日と二十六日はチェリビダッケの演奏会で、リハーサルでは楽団員と言い争いになった。

そして三十日、フルトヴェングラーが亡くなった。カラヤンはローマにいた。そのホテルにウィーンから電報が届いた。そこには「王は死んだ。新王万歳」とあった。だが、カラヤンが最初に手に入れるのは、ウィーンの王座ではなく、ベルリンの王座だった。

■ベルリンとの駆け引き

ローマに滞在しているカラヤンとベルリン・フィルハーモニーのインテンダントとの間で、交渉が進んでいった。フィルハーモニーにとってフルトヴェングラーの死は悲しむべきことだが、ベルリンでの演奏会は、チェリビダッケもいるし、ほかの指揮者でどうにか回していける。すぐにフルトヴェングラーの後任の首席指揮者・音楽監督を決める必要はなかった。

問題は翌年二月に迫っているアメリカ・ツアーだった。これはベルリン封鎖の時に、アメリカが西ベルリンへ物資を空輸してくれたことの返礼として、西ドイツ政府が派遣する、国家的行事でもあった。

アメリカの興行会社コロムビア・アーティスト・マネージメントがこのツアーを仕切ることになっており、同社は、「フルトヴェングラーの代役はカラヤン」と指名してきた。フィルハーモニーから打診されると、カラヤンは、アメリカ・ツアーの指揮を引き受ける条件として、自分を終身の首席指揮者にするように求めた。コロムビアの副社長はベルリン出身で、カラヤンとは親しく、連絡しあっていたのだ。

フィルハーモニーのインテンダントはこの条件を呑《の》むことを、楽団員に諮った。投票の結果、カラヤンを終身の首席指揮者（藝術監督《げいじゅつ》）にすることが可決された。公式には西ベルリン市の承認も必要だし、契約条件の細部が詰められていなかったが、カラヤンはベルリン・フィルハーモニーを手に入れた。

一九五五年になり、アメリカへ出発する前、ベルリン・フィルハーモニーとカラヤンは、記者を集めた。ベルリン市の代表から、「フィルハーモニーの首席指揮者になる意思はありますか」と訊《き》かれたカラヤンは、「喜んで」と答えた。

戦後彗星《すいせい》のようにデビューし、四百回以上もベルリン・フィルの演奏会を指揮したチェリビダッケではなく、戦前から数えても十回しか指揮していないカラヤンが、こうしてベルリン・フィルハーモニーの首席指揮者となった。

アメリカ・ツアーは二月二十七日のワシントンが初日で、四月一日のニューヨークで終わった。ナチス党員だったカラヤンへの嫌がらせもあったが、成功に終わった。

このツアーは総力戦で闘ったドイツとアメリカの和解の象徴でもあった。

カラヤンとフィルハーモニーは空路ベルリンへ戻り、四月四日と五日は凱旋《がいせん》演奏会が開かれた。五日はカラヤンの四十七歳の誕生日だった。演奏会が終わると、ベルリン市の代表は、カラヤンが首席指揮者に就任すると正式発表した。任期は終身だった。
カラヤンは当面はロンドンのフィルハーモニアやウィーン交響楽団、そしてスカラ座も指揮し、多忙な日程をこなしていく。十月にはフィルハーモニアを率いて再びアメリカを訪問し、フィルハーモニアとのベートーヴェンの交響曲全曲録音も完成した。この頃からステレオ録音も始まった。

■ウィーン国立歌劇場

ナチス時代、オーストリアはドイツに併合されていたが、敗戦と同時に併合は解消され、二国は別の国家となった。しかしドイツ同様に、オーストリアも米英仏ソの四カ国が分割占領していた。その状態が一九五五年十一月をもって終わった。主権を回復し永世中立国として独立したのだ。

その独立式典は、同時にウィーン国立歌劇場の再建・再開記念でもあった。音楽監督に就任していたのはカール・ベームで、《フィデリオ》によって戦後のこの歌劇場の歴史が始まった。カラヤンも開場記念公演で指揮しないかと誘われたが、断った。主役はベームであり、カラヤンは主役になれない所には行かないのだ。

一九五六年一月二十七日はモーツァルトの生誕二〇〇年にあたり、各地で記念演奏会が開かれた。カラヤンは二十七日はウィーンでウィーン交響楽団と、二十八日は自分の故郷でもあるザルツブルクで、フィルハーモニア管弦楽団と記念演奏会を開いた。

そしてこのコンサートの後、ザルツブルク音楽祭の関係者と会っていた。この音楽祭もフルトヴェングラーが実質的には音楽監督だったので、柱となる指揮者を失い、カラヤンに助けを求めたのだ。

カラヤンは三年契約で、なおかつ全プログラムの演目と出演者を決める権利を有する藝術総監督なら引き受けると告げた。ひとりの指揮者にそんな大きな権限を与えることは、この音楽祭の歴史上、初めてだった。カラヤンはザルツブルク州知事と交渉し、三月にザルツブルク音楽祭総監督就任が発表された。

同じ頃、ウィーンでは国立歌劇場音楽監督のベームが開場から一年もたたずに辞任する騒ぎとなっていた。後任の「藝術監督」になったのは、カラヤンだった。

一九五七年一月十六日、トスカニーニが九十歳の誕生日を目前にして、ニューヨークで亡くなった。ウィーンにいたカラヤンは出演予定のない国立歌劇場に現れ、モーツァルト《フリーメイソンのための葬送音楽》を指揮してこの巨匠を追悼した。

カラヤンのウィーン時代（「ウィーンのカラヤン時代」でもある）が本格的に始まるのは四月からだった。二日に《ワルキューレ》を自ら演出もして上演し、大喝采《だいかっさい》を浴びた。

戦後のオペラは演劇として大きく変化した。気鋭の演出家が歌劇場に起用され、大胆な発想で、オペラを読み替えていく「新演出」が当たり前となっていくのだ。カラヤンは指揮者でありながら、この新演出ブームを、「気鋭の演出家」として牽引《けんいん》していく。伝統があり、最も保守的で、最も権威がある歌劇場で、「帝王」と称される男が率先して革命をしていったのだ。カラヤン指揮・演出のオペラは「音楽は最高、演出は最低」と批判もされるが、話題の中心になっていく。

続く《オテロ》では、はやくも物議を醸した。これまでウィーンではイタリア・オペラでもドイツ系の座付きの歌手がドイツ語で歌っていたが、カラヤンはこの風習を改め、すべてのオペラを原語で上演することを基本方針とした。そのために、イタリア・オペラを上演する場合は、カラヤンが関係しているスカラ座からイタリア人歌手を招いた。これに対して保守的な人びとと、ドイツ系の歌手の後援者が反発した。カラヤンはこの方針を貫き、大衆は最初こそ戸惑ったが、支持した。

国立歌劇場でのセンセーショナルな公演の合間に、カラヤンはウィーン・フィルハーモニーの演奏会を七年ぶりに指揮した。フルトヴェングラーの意向で出演できなくなっていたが、もう遠慮はいらない。四月下旬にはベルリンに向かい、ベルリン・フィルハーモニー創立七十五周年記念演奏会で第九を指揮した。

夏は藝術監督として初めて臨むザルツブルク音楽祭である。カラヤンは、《フィデリオ》《ファルスタッフ》の二つのオペラといくつかの演奏会を指揮した。この音楽祭にベルリン・フィルハーモニーが初めて出演した。創設以来、この音楽祭はウィーン・フィルハーモニーが唯一のオーケストラだったが、その伝統が崩れたのである。

一九五四年十一月のフルトヴェングラーの死から、一年数か月にして、カラヤンは世界最高のオーケストラと、世界最高の歌劇場と、世界最高の音楽祭の監督ポストを得たのである。このほか、ロンドンのフィルハーモニア管弦楽団、ウィーン交響楽団、ミラノ・スカラ座にも出演枠を持っていた。

「帝王」の誕生だった。

■三度目の結婚

カラヤンの生涯で最も忙しい日日は、一九五七年から六三年までの、ベルリン・フィルハーモニーとウィーン国立歌劇場を兼任していた時代だろう。

ベルリンにはコンサートとレコーディングの時に滞在するだけで、カラヤンはウィーンに住居を持っていた。さらに、ザルツブルク、ロンドン、ミラノに拠点があり、さらに、ツアーもあった。その多忙な日程と並行して、二十六歳下のファッション・モデル、エリエッテ・ムレーと恋に落ちていた。一九五八年に妻アニータとの離婚が成立し、カラヤンはエリエッテと結婚し、二人の娘が生まれる。

カラヤンはオペラとコンサートの合間に大量のレコードを作っていく。両者を連動させることで、さらに大きなビジネスになると理解していた。その意味では、カラヤンを「音楽のビジネスマン」と称すのは正しい。そしてカラヤンほど優秀なビジネスマンはいなかった。

カラヤンは戦後すぐにロンドンのEMIと契約し、フィルハーモニア管弦楽団とウィーン・フィルハーモニーとのレコードを作っていた。しかし、ベルリン・フィルハーモニーはドイツ・グラモフォンと専属契約を結んでいたので、EMIとの専属契約は破棄し、二社に録音することにした。さらに、ウィーン・フィルハーモニーが契約しているデッカとも契約した。

こうして、三つのレーベルがカラヤンのレコードを競い合って作ることになった。ちょうどステレオ録音とLPの時代に突入していた。

一九五八年秋、カラヤンは単身でニューヨークへ向かった。ニューヨーク・フィルハーモニックの音楽監督になったばかりのバーンスタインが、カラヤンを呼んだのだ。当時の二人は「親友」と呼び合うほど、親しかった。

カラヤンはニューヨーク・フィルハーモニックで二つのプログラム、合計八回の演奏会を指揮した。十一月十三日木曜日から十六日日曜日のプログラムは、前半がヴェーベルンの「弦楽合奏のための五楽章」とモーツァルト《ジュピター》で、後半がリヒャルト・シュトラウス《英雄の生涯》、二十日木曜日から二十三日日曜まではベートーヴェンの「第九」である。ともに放送されたので、録音が残っている。

だが、この時に小さな行き違いがあり、カラヤンとバーンスタインは絶縁してしまう。

一九五九年十月から十一月まで、カラヤンとウィーン・フィルハーモニーは文字通りの「世界一周ツアー」に出た。ヨーロッパからインドのムンバイへ飛び、マニラと香港に寄って日本に入り、東京・大阪・名古屋で公演して太平洋を渡り、ホノルルを通って西海岸に着き、アメリカ各地をまわり、最後はカナダのモントリオールで、大西洋を渡った。

この年の春に「皇太子ご成婚」があり、テレビが一気に普及していた日本では、カラヤンの演奏会をNHKが中継し、「五千万」の日本人が見たと言われた。この数はあてにならないが、「カラヤン」が日本で「クラシックの代名詞」となるのは、この年の来日がきっかけだった。

■東西冷戦

一九六〇年代に入ると、さすがのカラヤンも、仕事を整理せざるを得なくなっていた。まずロンドンのフィルハーモニア管弦楽団とは一九六〇年四月の演奏会を最後に、振らなくなる。さらに、ウィーン交響楽団との演奏会も数が減っていく。ミラノのスカラ座への出演も減った。

しかし、ベルリン・フィルハーモニーとウィーン国立歌劇場、そして夏のザルツブルク音楽祭では、これまで以上に活躍していた。

一九六〇年にはザルツブルクに新しく祝祭大劇場が落成し、柿落《こけら》としでカラヤンは《ばらの騎士》を指揮した。ステージが横に長い大劇場は「カラヤン宮殿」と呼ばれた。総監督の座は六〇年で降りたが、後任の総監督がいるわけではなく、以後も実質的な総監督として、君臨する。

ベルリン・フィルハーモニーの本拠地だったホールは、戦争中に空襲で焼け落ち、戦後は映画館などで公演していたので、新しいホールを建設することになった。その新しいホールの工事が進んでいたが、一九六一年八月に、突如として「ベルリンの壁」ができた。それまでは比較的自由に西ベルリンと東ベルリンのあいだは行き来できたが不可能となってしまった。

音楽家たちは、「東西冷戦」という新たな戦争のなかで、生きていく。

一九六二年、カラヤンはウィーン・フィルハーモニーとヨーロッパ・ツアーに出て、ソ連も初めて訪問した。

ドイツ・グラモフォンへのベートーヴェンの交響曲全曲録音を完成させ、発売されると世界的ベストセラーとなった。

■ウィーンの陰謀劇

すべてが順調なようだったが、一九六四年、カラヤンはウィーン国立歌劇場を辞任に追い込まれた。

発端は一九六一年九月に遡《さかのぼ》る。ウィーン国立歌劇場で労働争議が勃発《ぼっぱつ》したのだ。これは藝術監督カラヤンに対する反抗ではなく、単純な待遇改善要求を目的とした争議だった。いわゆる裏方の従業員たちは低賃金で働かされ、残業手当も少なかった。それをどうにかしてくれとの要求だった。

カラヤンの権限は藝術上のことに限られ、従業員の賃金をあげる決定権はなかった。それは政府の管轄だった。カラヤンは従業員を支援するため、このシーズンに予定していた新演出の公演をすべて中止すると発表した。政府に対し、劇場の従業員に対する残業手当が保証されなければ、自分は辞任するとも通告した。

一九六二年になっても争議は続き、組合とカラヤンは同盟を結び、政府と対峙《たいじ》した。カラヤンは藝術監督としての権限の明確化、すなわちこれまで以上の権限を求めた。さらに、国立歌劇場の予算を完全に政府から独立させることも求めた。予算の大枠は政府が決めるが、その範囲内では、指揮者や歌手、あるいは演出家の誰を呼び、その人にいくら払うかなどについて、いちいち政府にお伺いを立てなくても支出できるように求めたのだ。

三月にカラヤンと文化省との話し合いがもたれ、国立歌劇場は文化省劇場管理局の管轄から文化省の直轄になり、政府の承認を得ずとも歌手と契約でき、新演出のための予算も組めるようになった。カラヤンの勝利だった。組合も喜んだ。

カラヤンは労働争議を機会に、国立歌劇場の管理部門を強化する必要性を感じた。カラヤンが藝術監督に就任してから、一九六一年六月までは副監督がいたのだが、ベルリン・ドイツ・オペラの副総監督になったため、空席になっていた。それも今回の労働争議の遠因だった。そこで、一九六三年六月、カラヤンは文化省の官僚で国立歌劇場管理局長を経験したことのあるエゴン・ヒルベルトを呼んで、共同監督になるよう要請した。ヒルベルトはかなり癖のある人物で、何度か失脚し、そのたびに復権している権謀術数に長《た》けた役人だった。

二人監督体制になって最初の事件は、一九六三年十一月三日に起きた。後に「プロンプター事件」と呼ばれる出来事だ。

スカラ座で好評を博したゼッフィレッリ演出、カラヤン指揮の《ボエーム》と、《トロヴァトーレ》がウィーンでも上演されることになっていた。歌手などの「藝術家」は、労働者ではなかったので、ウィーンの歌劇場で働くことができたが、技術部門のスタッフについては、組合の承認が必要だった。プロンプターは、ミラノでは副指揮者も兼ねる「藝術家」として契約されていたが、ウィーンでは技術部門のスタッフと考えられていた。この違いをカラヤンはよく知らなかったので、スカラ座のプロンプターと契約し、ウィーンへ呼んでいた。

プロンプターがミラノから来ることを知ったウィーン国立歌劇場の労働組合は態度を硬化させ、全面的なストライキに入る構えを見せた。組合は労働裁判所に提訴した。その結果、プロンプターの労働許可がおりないまま、本番の日を迎えた。組合がストライキ突入の指令を出したのは、本番五十秒前だった。開幕時間の十九時を過ぎても開演しないので、客席はざわつきだした。プロンプターをめぐって組合ともめていることは、すでに周知の事実だった。

ヒルベルトと燕尾服《えんびふく》を着たカラヤンが舞台に登場し、組合がストライキに入ったため、本日の公演は中止すると説明した。責任をどちらが取るかで言い合いになり、ヒルベルトとの関係が悪化した。二人は互いに公然と批判し合うようになる。

一九六四年四月一日、オーストリアに新政権が誕生した。ザルツブルク州の知事だったヨーゼフ・クラウスが首相となり、文化大臣には農業政策が専門の、テオドア・ピッフル＝ペルチェヴィチが就任した。クラウスは州知事時代からカラヤンの盟友のひとりだった。カラヤンは、「ヒルベルトを黙らせない限り、自分は辞任する」と首相に陳情した。自分が選んで就任させた共同監督に対して、カラヤンは公然と敵意を示した。

ヒルベルトは実力行使に出た。五月のウィーン藝術週間では、カラヤンが演出し指揮をする《タンホイザー》が国立歌劇場で再演されることになっていた。一方、五月十七日にベルリン・フィルハーモニーが楽友協会ホールに客演し、カラヤンが指揮することも前から決まっていた。

ヒルベルトは《タンホイザー》を五月十七日に上演すると、カラヤンに相談なしに決め、「カラヤンにはベルリン・フィルハーモニーという先約がある」からと、《タンホイザー》の指揮を別の指揮者ダノンに依頼した。それを知ったカラヤンは抗議したが、五月七日、国立歌劇場はダノンの指揮で十七日に《タンホイザー》を上演すると発表した。

五月八日、カラヤンは文化大臣に宛てて辞表を提出した。カラヤンとしては、最悪でも相討ちのつもりだった。つまりヒルベルトも監督辞任に追い込めるだろうと踏んでいた。その上で、誰が新監督になるにしても自分は指揮者・演出家として、要請があれば国立歌劇場の仕事をするとも、文化大臣への手紙に書いた。

だが、ヒルベルトと政府との契約のどこにも、カラヤンが辞任した場合、ヒルベルトも辞めなければならないとは書かれていなかった。

五月十一日、カラヤンの辞任が公表された。そのニュースにウィーン市民は驚いた。

辞意撤回を求める声があがった。五月十七日、楽友協会ホールでのベルリン・フィルハーモニーのコンサートに登場したカラヤンは、嵐のような拍手を浴びた。同じ時、ウィーン国立歌劇場では、オスカル・ダノンがオーケストラピットの指揮者の席に着くと、「ヒルベルトを追放しろ」と女性客が大声で叫んだ。

新任の文化大臣にとっての最初の大きな仕事がカラヤンの説得だった。カラヤンとしても、辞意撤回する気はあった。だが、ヒルベルトはますます増長していた。カラヤンはピッフル＝ペルチェヴィチ文化大臣と、歌劇場の近くのインペリアル・ホテルのラウンジで会い、ヒルベルトの増長ぶりをどうにかしてくれないと撤回できないと言った。プライドの高いピッフル＝ペルチェヴィチは、大臣である自分をホテルのラウンジに呼びつけたことで、カラヤンを「礼節を知らない人間」だと思い、この問題に深入りしないことにした。カラヤンの政治家軽視、国家軽視の性格が裏目に出た。

大臣とヒルベルトは、「ヒルベルトは、カラヤンの辞任問題について、とくになんらかの対策を講ずるつもりがないこと」を確認したと発表した。カラヤンだけが辞めることになった。

カラヤンは六月末の任期いっぱいまで指揮を続けた。五月二十一日には《フィデリオ》の公演があった。カラヤンが登場すると、十五分も拍手が止まなかった。その後も名残を惜しむかのように、カラヤンの公演は続き、ウィーン市民は歌劇場に駆けつけた。

そして十七日に《影のない女》を指揮したのが、国立歌劇場藝術監督としての最後の舞台となった。カラヤンの在任日数は、グスタフ・マーラーよりも二十一日だけ短かった。八シーズンでカラヤン自身が指揮したオペラは二十九作品で二三四回、その大半は演出も担った。

「カラヤンのウィーン時代」、「ウィーンのカラヤン時代」は終わった。一時は、「二度とオーストリアでは指揮しない」と宣言したカラヤンだったが、夏のザルツブルク音楽祭には、予定どおり出演し、理事にも就任した。

■スカラ座での失敗

ウィーン国立歌劇場を喪《うしな》っても、カラヤンにはオペラの場としてミラノのスカラ座があるはずだった。

スカラ座でカラヤンが任されていたのは、ドイツ・オペラだけだった。しかし、一九六四年四月、フランコ・ゼッフィレッリ演出、ミレルラ・フレーニ主演の《ボエーム》を指揮して成功すると、カラヤンは、ゼッフィレッリ演出、フレーニ主演で《トラヴィアータ（椿姫）》もやりたいと申し出た。

スカラ座の聴衆には、マリア・カラスが主演し、ルキノ・ヴィスコンティが演出した《トラヴィアータ》の記憶が濃厚に残っていた。カラス以外のヴィオレッタなど考えられないというのが、ミラノの世論だった。フレーニも、自分は《トラヴィアータ》のヴィオレッタには向いていないと考えていたので固辞したが、カラヤンが熱心に勧めたので、引き受けた。

だが十二月の公演は失敗してしまう。緊張のあまり、フレーニの声が割れてしまったのだ。聴衆からは、待ってましたとばかりにブーイングが飛んだ。翌日、フレーニは体調不良を訴え、以後の公演を降板した。カラヤンは代役の歌手を立て、残りの二回の公演をやり通した。カラヤンは、この失敗に懲りたのか、以後この作品は手掛けなかったし、カラヤンの膨大なディスコグラフィーには、オペラの名作がほぼ網羅されているが、《トラヴィアータ》の全曲録音は存在しない。

一九六七年一月十六日、トスカニーニの没後十年を記念して、スカラ座ではヴェルディのレクイエムのコンサートがあり、カラヤンが指揮をした。同じ年の五月と翌六八年五月の、マスカーニ《カヴァレリア・ルスティカーナ》(六八年はレオンカヴァッロの《道化師》も同時に上演)が、カラヤンにとってスカラ座での最後のオペラ指揮となった。

とくに「事件」があったわけではないが、スカラ座との関係は終わったのである。カラヤンには既存の劇場は不要になっていた。自分ですべてを仕切ってオペラを制作する体制ができていたのだ。

■オペラへの再挑戦

カラヤンは自分が完璧《かんぺき》にコントロールできるオペラの場として、まずは映画製作にのめりこんだ。一九六五年、私財を投じてコスモテル社を設立し、第一作としてフランコ・ゼッフィレッリ演出による《ボエーム》を映画化した。これは劇場での上演を収録するのではなく、先に音楽だけを録音し、スタジオにセットを組んで、音楽に合わせて演技させるものだった。

さらにこの方法でシンフォニーの映像化にも取り組むことにし、フランスの映画監督クルーゾーを監督に招いた。これも演奏会の記録ではなく、「音楽そのものの映像化」というコンセプトでの映画だ。

いくつかの作品が完成したが、当時はまだ家庭用VTRはなく、映画館での上演を目論《もくろ》んでいたのだが、興行的に失敗し、コスモテル社は経営破綻《はたん》し、ユニテル社に作品の権利を打って清算した。カラヤンには何も残らない。

こういう取り組みの過程で、カラヤンはオペラ上演とレコードを完璧に連動させることを思いついた。映像はまだ早い。しかしオーディオは各家庭に普及しつつあった。

春の復活祭の休暇の時期にザルツブルクで、ワーグナー《ニーベルングの指環《ゆびわ》》を、カラヤンの指揮と演出で、一九六七年から毎年一作ずつ上演しようと考えたのだ。公演の一年前に、予定されているキャストでリハーサルを兼ねてレコーディングしておく。一年後、本番の直前に歌手を集め、舞台リハーサルでは、録音しておいたテープを流し、演技指導に集中する。

資金はすべてカラヤンが負担し、彼自身はノーギャラで取り組む。その代わり、誰にも口出しさせない。音楽祭の経営を安定させるために会員制の後援会を作り、会員に優先的にチケットを販売、さらに、一年前に録音しておくことで、音楽祭当日に、そのレコードを会員はもらえる。そのレコードはもちろん市販される。したがって、録音の経費はレコード会社が負担する。

さらにザルツブルクで上演した後、世界各地のオペラハウスに引っ越し公演をする――これが、カラヤンの構想だった。「世界各地」とまではならなかったが、ニューヨークのメトロポリタン歌劇場との提携が決まった。

最後まで決まらなかったのが、オーケストラだった。シーズン中であるため、ウィーン・フィルハーモニーを借りるには、国立歌劇場の許可が必要だ。自分を追い出そうとした歌劇場に頭を下げるわけにはいかない。カラヤンは、ベルリン・フィルハーモニーの起用を思いついた。このオーケストラはオペラを演奏したことがないが、世界最高のオーケストラに不可能はない。

ベルリン・フィルハーモニーを呼ぶのなら、オペラしか演奏しないのはもったいない。そこで、オペラが一回、演奏会が三回の合計四つのプログラムをひとつのチクルスとし、二チクルスの公演をすることになった。もちろん、すべてカラヤンが指揮する。

この計画が正式に発表されると、会費が高額であったにもかかわらず、後援会はすぐに定員がいっぱいとなり、「世界で最も高く、世界で最も手に入りにくいチケット」となった。

一九六六年八月、翌年上演する《ワルキューレ》の録音が始まり、六七年四月、ザルツブルク・イースター音楽祭は開幕、見事な成功を収めた。レコードも絶賛された。《ニーベルングの指環》四作を完成させると、そのほかのワーグナー作品に挑み、それも一通り上演・録音すると、ヴェルディやプッチーニのオペラにも取り組み、カラヤンは亡くなるまで、ザルツブルク・イースター音楽祭を拠点として、彼の理想のオペラを作っていく。

■東方外交

その後のカラヤンの活動は、短期間、パリ管弦楽団の音楽顧問を引き受ける以外は、ベルリン・フィルハーモニーとのベルリンでの演奏会と世界ツアー、そしてレコーディング、ザルツブルクでのイースター音楽祭と、夏の音楽祭への出演に絞られる。絞られると言っても、並みの指揮者数人分の仕事である。

どの時期もそうなのだが、カラヤンとベルリン・フィルハーモニーは、ベルリンよりもそれ以外の都市で演奏するほうが多い。西ベルリン市が財政的に支えている楽団であるにもかかわらず、ベルリンの人々は、あまりカラヤンの指揮を聴けなかったのである。

これは、東西ドイツ、さらには東西の対立という国際情勢がからんでいた。カラヤンとベルリン・フィルハーモニーは「西側の優位」を全世界に示す象徴としての義務を負わされ、世界中をまわっていた。カラヤンがどこまで意識していたかはともかく、彼はナチスの暗い過去をとりあえず忘れ、団結して共産主義の脅威と闘う西側の象徴だった。

その一方で、死力を尽くして闘った独ソ戦の当事者同士として、ソ連との和解の象徴にもなる。

カラヤンの最初のソ連訪問は一九五九年のウィーン・フィルハーモニーとの世界一周旅行のときだった。しかしベルリン・フィルハーモニーとの訪ソはなかなか実現しなかった。東ドイツとの関係があったのだ。

ドイツ・グラモフォンは、一九六〇年に作ったムラヴィンスキーのチャイコフスキーのレコードが世界的なヒットとなったので、ソ連との関係が良好だった。そこで一九六二年、ピアニストのリヒテルとカラヤンとの共演を考え、ソ連側が了承した。当初はベルリン・フィルハーモニーが演奏する予定だったが、リヒテルが西ベルリンへ行くことに東ドイツ政府が難色を示したので、中立国であるオーストリアのウィーンで録音することになった。まだ東西ドイツはお互いを国家として承認していない時期だった。

東西対立を避けるためにウィーンへ行くのはいいが、今度は資本主義国における専属契約問題が浮上した。当時ウィーン・フィルハーモニーはデッカの専属で、グラモフォンへの録音はできなかったのだ。そこで、カラヤンと関係が深かったウィーン交響楽団が起用された。音楽家たちは国境と契約とで自由に共演ができなかった。カラヤンとリヒテルのセッションは九月二十四日から二十六日で、チャイコフスキーの協奏曲が演奏・録音された。

一九六八年には、ロストロポーヴィチとのレコードでの共演が実現した。この時は、ロストロポーヴィチが西ベルリンへ来て、ベルリン・フィルハーモニーと共演できたのだ。

そこで、一九六九年、いよいよベルリン・フィルハーモニーはソ連へ行くことになった。しかし、それを知った東ドイツ政府は強硬に反対した。ソ連が西ベルリンのオーケストラを受け容《い》れるということは、西ベルリンを承認することになる。東ドイツの立場としては、西ベルリンは存在しないことになっている。いや西ドイツも存在しないのだ。だがソ連と西ドイツとは一九五五年に国交を結んでおり、ソ連は西ドイツを国家として承認している。

それでも東西ドイツ両国は、それぞれ自国こそ「唯一のドイツ」という考えで、相手を国家として認めていない。

そこで、ベルリンから直接ソ連へ行くと、東ドイツを刺激するので、まずプラハへ行ったほうがいいとなり、「プラハの春」音楽祭に出ることになった。

一九六九年五月、カラヤンとベルリン・フィルハーモニーは「プラハの春」音楽祭に出た後、モスクワへ向かった。五月二十八日から三日連続して異なるプログラムでのコンサートが行なわれた。最初の二十八日はベートーヴェンの五番と六番、二日目は前半がバッハのブランデンブルク協奏曲第一番、後半がショスタコーヴィチの第十番だった。最後の三十日はモーツァルトのディヴェルティメント第十七番とリヒャルト・シュトラウスの《英雄の生涯》なので、ロシア・ソ連ものは、ショスタコーヴィチだけとなる。

カラヤンは同時代の音楽はレパートリーに入れない指揮者だった。ショスタコーヴィチもこの十番以外は、演奏していない。例外中の例外だった。

二十九日のモスクワ音楽院大ホールの客席にはショスタコーヴィチもいた。前半のバッハが終わった時も、盛大な拍手ではあるが、後半のショスタコーヴィチが終わった後の聴衆の熱狂ぶりはすさまじかった。

ソ連公演の成功によって、ソ連とカラヤンの関係はますます良好になった。それを受けて、ソ連が誇る三人の巨匠、オイストラフ、リヒテル、ロストロポーヴィチをソリストにして、カラヤン指揮ベルリン・フィルハーモニーが演奏するベートーヴェンの「ピアノ、ヴァイオリン、チェロのための三重協奏曲」のレコーディングが実現した。一九六九年九月にソ連から三人の巨匠がベルリンへ向かったのである。ソ連国内でもこの三人が揃うことは珍しく、EMIから発売されたレコードはベストセラーとなった。

東西ドイツがそれぞれを国家として承認するのは一九七二年だが、それに先立って、カラヤンは一九七〇年十一月から十二月に、東ドイツのドレスデン国立管弦楽団を起用してワーグナーの《ニュルンベルクのマイスタージンガー》をレコーディングした。

■ウィーン国立歌劇場との和解

一九七三年秋から七四年夏までのシーズンが、カラヤンとベルリン・フィルハーモニーのピークだった。カラヤンが一九五六年にこの楽団と交わした契約では、年間に六つのプログラムを二回ずつ、合計十二回の演奏会をベルリンで指揮し、さらにツアーで二十回前後というのが、「最低」の数と決められていた。

そのためウィーンと掛け持ち時代の、一九六一／六二年のシーズンは、ベルリンでは十七回、それ以外でアメリカとソ連を含め二十九回、合計四十六回、ベルリン・フィルハーモニーを指揮し、同じシーズンにウィーンには、国立歌劇場で三十二回の公演、ウィーン・フィルハーモニーと八回、ウィーン交響楽団と二回の演奏会と、合計四十二回、出演した。

それがウィーンがなくなってからの一九七三／七四年、六十六歳のシーズンには、ベルリンで二十五回、ザルツブルクで十二回、日本を含む国外で二十四回、合計七十一回、ベルリン・フィルハーモニーを指揮している。

一九七七年五月、カラヤンはウィーン国立歌劇場に十三年ぶりに登場した。単なる客演ではなかった。「カラヤン・フェスティバル」と銘打たれ、五月八日から二十日まで、《トロヴァトーレ》《ボエーム》《フィガロの結婚》の三演目を合計九回、上演したのだ。いずれも、ザルツブルクでカラヤンの演出・指揮で上演されたプロダクションの引っ越し公演だった。以後、八一年までこのフェスティバルは続く。

しかし七十歳になる頃から、健康状態に不安が生じ、カラヤンの出演回数は減っていく。さらに楽団員の採用をめぐり、ベルリン・フィルハーモニーとの関係も悪化するなど、晩年になると、自分の身体を含めて、すべてが思い通りにはならなくなった。

■レコードのカラヤン

一九七〇年代後半、オーディオでの革命が進行しようとしていた。デジタル録音・再生技術だった。カラヤンは懇意にしていたソニーから、デジタル・オーディオについて詳しい説明を受けると、この新しい技術に飛びついた。最初に実用化されたのは録音技術で、一九七九年からカラヤンの録音はデジタル録音となる。最初に録音されたのは《パルジファル》だった。

一九八一年のザルツブルクのイースター音楽祭の期間中、カラヤンはソニーとフィリップスの首脳とともに記者会見に臨んだ。コンパクト・ディスクが発表されたのだ。当初、直径十一・五センチで六十分の録音時間という規格だったが、カラヤンの「第九が一枚に収録できるのがいい」とのアドバイスによって、十二センチとなり、七十四分収録できるようになった。

カラヤンは一九七〇年代半ばまでに、クラシックの主要なオーケストラ曲の大半を録音していたが、デジタル録音という新技術が開発され、さらにCDも生まれると、主要レパートリーを録音し直し、さらには映像にも収録していった。

ハイドンやモーツァルトの交響曲は全曲は録音しなかったが、後期の作品は録音した。ベートーヴェン、シューベルト、メンデルスゾーン、シューマン、ブラームス、ブルックナー、チャイコフスキーは交響曲を全曲録音し、シベリウス、マーラーも大半は録音した。

ベートーヴェン、ブラームス、チャイコフスキーらのピアノ協奏曲、ヴァイオリン協奏曲も名ソリストと共演し、名盤を遺《のこ》した。

ヴィヴァルディ《四季》など、バロック音楽にも取り組み、そうかと思えば、二十世紀のシェーンベルクなど、「新ウィーン楽派」の作品集を自費で録音し、絶賛を浴びた。

オペラも、モーツァルト、ワーグナー、ヴェルディ、プッチーニ、リヒャルト・シュトラウスの主要作品を録音し、映像も作った。

一九八二年、ベルリン・フィルハーモニーは創立一〇〇周年を迎えた。記念演奏会では、カラヤン指揮でベートーヴェン《英雄交響曲》が演奏され、それはテレビ中継された。その映像はカラヤンが設立した映像会社が制作した。

カラヤンは、新たな映像会社テレモンディアルを設立していた。六〇年代に作ったコスモテル社は、オペラ作品は映画館で上演し、交響曲の映像はテレビに売るつもりだったが、どちらも、思ったようには売れず、失敗した。

一九七〇年代になり、家庭用ビデオが普及してきたが、画質・音質の点で満足のいくものではなかった。しかし、八一年に市販が開始されたレーザーディスクには可能性がありそうだった。

コスモテル社でのもうひとつの失敗は、レコード会社との提携を考えなかったことだった。映像を制作するにあたっては、当然、音楽を録音しなければならない。であれば、音楽はレコード会社の費用負担で録音させ、それはレコードとしてリリースすればいい。映像制作はテレビ局と提携し、カラヤンは監督と主演をし、なおかつすべての権利を所有する。イースター音楽祭と同じように、カラヤンは私財を投じることですべての権利を得るが、レコード会社にも金は出させるという構図を描いた。

ドイツ・グラモフォンがこの企画に乗った。CD時代を迎え、デジタル最新録音による音源が欲しかったので、利害は一致したのだ。テレモンディアル社はベルリン・フィルハーモニーと映像における専属契約を結んだ。こうして、ベートーヴェンの交響曲全集をはじめ、主要レパートリーの映像化と、再録音が始まった。

一九八四年にはカラヤンの四度目となるベートーヴェンの交響曲全集が完成した。これはLPとCDとで同時発売された。映像版をどうするかはまだ決まっていない。

■ベルリン・フィルハーモニーとの関係悪化

一九八〇年代になると、カラヤンとベルリン・フィルハーモニーは楽団員の採用をめぐって対立が生じ、こじれていった。

それでもお互いにプロとして、契約してある仕事はこなしていた。だがそれも難しくなると、カラヤンはレコーディングや音楽祭に、ウィーン・フィルハーモニーを起用するようになる。かくして、ベルリン・フィルハーモニーとはますますこじれていく。

さらに高齢となり、カラヤンのキャンセルが続いた。

一九八七年一月一日、前年の秋から三か月にわたり療養していたカラヤンが、全世界の人々の前に姿を現した。ウィーン・フィルハーモニーのニューイヤー・コンサートを指揮したのだ。これは生中継され、全世界で放映された。

カラヤンはベルリン・フィルハーモニーの首席指揮者として、毎年、年末年始にはベルリンで演奏会を指揮していたため、ウィーンのニューイヤー・コンサートにはこれが初出演だった。ベルリンとの関係が冷ややかになっていたこともあり、八七年はウィーンで迎えることにしたのだ。

一九八八年四月、カラヤンとベルリン・フィルハーモニーは、九回目の来日をした。カラヤンだけだと、一九五四年に単身で来てNHK交響楽団を指揮し、ウィーン・フィルハーモニーと来たこともあるので十一回目だった。

夏のザルツブルク音楽祭では《ドン・ジョヴァンニ》を指揮したが、予定していた回数は体調が悪く、振れなかった。

九月からのベルリン・フィルハーモニーとのシーズンでは、九月二十五日から十月二日まではベルリンで三回の演奏会、その後、ウィーン、パリ、ロンドンにツアーで出た。いずれも、カラヤンがかつて藝術監督や実質的な首席指揮者として活躍した都市だった。

ウィーンの演奏会では、客席にレナード・バーンスタインがいて、終演後、楽屋に来た。二人は意気投合し、二人で何か大きなプロジェクトをやろうと話が弾んだ。

十二月三十一日、ベルリンでの演奏会では、ソ連の神童ピアニスト、エフゲニー・キーシンとチャイコフスキーのピアノ協奏曲第一番を演奏し、これがベルリンの聴衆の前で演奏した最後となった。

■最後まで商談を

一九八九年一月、カラヤンは夏のザルツブルク音楽祭で予定していた《仮面舞踏会》のリハーサルを兼ねて、ウィーンで録音した。その後はウィーン・フィルハーモニーとのアメリカ・ツアーに出かけ、三月には、ザルツブルクのイースター音楽祭で、ベルリン・フィルハーモニーと合流した。オペラは《トスカ》が上演された。

四月二十三日にウィーンで、ウィーン・フィルハーモニーとブルックナーの交響曲第七番を演奏し、録音もした。これが最後の演奏会であり、最後の録音となった。

翌日、カラヤンはアニフの自宅にベルリン市の代表を呼び、終身契約だったベルリン・フィルハーモニー首席指揮者にして藝術監督を辞任すると書いた文書を渡した。理由は「健康状態がよくなく、課せられた義務を果たせそうもない」とされていた。楽団員のなかには、辞意撤回を求める署名を集めようとした者もいたが、集まらず、断念した。

七月になると、カラヤンはザルツブルク音楽祭での《仮面舞踏会》のリハーサルに入った。

リハーサルのない七月十六日、ザルツブルク近郊のアニフの自宅に、カラヤンはソニーの大賀《おおが》典雄《のりお》社長を招いていた。テレモンディアル社の映像作品を、ソニーからレーザーディスクで発売しようという商談のためだった。

その面談中、カラヤンは突然、苦しみ出し、そのまま亡くなった。あまりにもあっけない死だった。帝王は、盛大な葬儀も、壮麗な墓も望んでいなかった。遺族はごく少数の身内だけで葬儀を終え、遺体はアニフの教会の質素な墓に埋葬された。

すべてが終わってから、全世界に、帝王と呼ばれた人の死が知らされた。二十三日はザルツブルクでムーティの指揮でウィーン・フィルハーモニーがモーツァルトのレクイエムを演奏した。

カラヤンが指揮する予定だった《仮面舞踏会》はショルティが代役を引き受けた。八月の終わりにはザルツブルクでベルリン・フィルハーモニーもムーティの指揮でヴェルディのレクイエムでカラヤンを追悼した。ベルリンでも九月に追悼演奏会がなされた。バーンスタインも九月にウィーン・フィルと追悼演奏会を開いた。

十月八日、ベルリン・フィルハーモニーは、来シーズンから首席指揮者に、クラウディオ・アバドが就任すると発表した。楽団員の投票によって選出されたのだった。

一か月後の十一月九日、東ドイツ政府は市民の国外旅行、移住規制を簡略化すると発表、多くのベルリン市民が国境に押し寄せ、ベルリンの壁が実質的に崩壊した。

東西冷戦の象徴であるベルリンにいた音楽界の帝王が亡くなると、それを待っていたかのように壁が崩壊し、東西冷戦は一気に終結へと向かったのだ。

フルトヴェングラーがドイツ第三帝国時代の象徴だとしたら、カラヤンは東西冷戦、ベルリンとドイツの東西分断時代の象徴だった。

第7章
「スーパースター」
レナード・バーンスタイン

Leonard Bernstein

1918年8月25日〜1990年10月14日

アメリカ、マサチューセッツ州ローレンス生まれ

◉常任した楽団・歌劇場など

ニューヨーク・シティ交響楽団、ニューヨーク・フィルハーモニック

十九世紀半ばまでは大半の作曲家は演奏家でもあった。ショパンやリストはピアニストとして、メンデルスゾーンやシューマンは指揮者としても活躍した。やがて、作曲しない演奏家が登場し、作曲と演奏とは分離した。

そんな二十世紀後半にあって、作曲家としても名声を持ち、指揮者としても世界中を飛びまわっていた、稀有《けう》な人が、レナード・バーンスタインだった。

バーンスタインは、アメリカのスーパースターのひとりでもあった。

■生い立ち

レナード・バーンスタインは一九一八年八月二十五日に、ロシアからのユダヤ系移民の子として、マサチューセッツ州ローレンスで生まれた。

父サミュエル・バーンスタインは、一八九二年に当時はロシア帝国領だったウクライナで、ユダヤ教の律法学者の子として生まれた。裕福とは言えない生活で、十六歳になった一九〇八年に村を抜け出して、ポーランドを通り抜けてダンツィヒまで歩き、そこから船でイギリスのリヴァプールへ行き、ニューヨークへ辿《たど》り着いた。叔父《おじ》が数年前にニューヨークに落ち着いていたので、その世話で移民の手続きをして、仕事に就くことができた。最初の仕事は魚市場で魚の処理をする作業だった。

やがて叔父の理髪店が成功したので、サミュエルはそこで働くようになり、さらに理容・美容店用商品の会社で在庫管理をする仕事に転じた。同じようにロシアからの移民で、羊毛工場で働いていたジェニーという娘と知り合い、二人は一九一七年に結婚し、一年後にレナードが生まれた。

バーンスタインの父サミュエルは「美容・理容用品の販売会社経営者」と紹介されるが、それは後の話で、レナードが生まれた当時はまだサラリーマンだった。サミュエルが独立して自分の会社を設立したのは一九二三年で、二七年に当時の最新鋭の機械であるパーマネント・ウェーブマシンの地域販売権を得ると、会社は急成長した。

父も母も家族に音楽家はなく、誰もレナードに音楽の才能があるとは思いもしなかった。彼自身、十歳の年に偶然から初めてピアノを弾くまで、音楽への関心もなく、その才能も発見されていなかった。したがって、バーンスタインには神童伝説はない。

しかし近所のピアノ教師から習い始めると、すぐにその才能が開花した。レナード・バーンスタインは神童時代を経ずに、いきなり天才少年になった。

サミュエルとしては、レナードには自分の事業を継いでほしかった。音楽は、趣味あるいは娯楽としてやる分にはいいが、それを職業にするなど、考えられなかった。サミュエルはその人生でクラシック音楽の世界を知らずに生きてきたので、「音楽家」がイメージできなかった。

■ニューヨーク・フィルハーモニックのアシスタント指揮者に

一九三九年にハーヴァード大学を卒業したバーンスタインは、ナイトクラブでピアノを弾く仕事をしながら作曲を学んでいた。

父を説得して、フィラデルフィアのカーティス音楽院でフリッツ・ライナーに師事して指揮を学んだ。指揮者を志したのはディミトリ・ミトロプーロスに刺激されたからだった。

一九四〇年にはボストン交響楽団音楽監督のセルゲイ・クーセヴィツキーと知り合い、タングルウッドでの夏季講習に呼ばれ、指導を受けた。作曲家としては一九三九年から一九四二年にかけて最初の交響曲《エレミア》を完成させた。

売れない音楽家としてナイトクラブでピアノを弾いていたバーンスタインだったが、少しずつ音楽の世界で頭角を現し、ニューヨークで初めて指揮をする機会を得た。一九四三年三月三十日、ニューヨークの近代美術館で開催されていたイベントのひとつで、ポール・ボールズ作曲のスペインのサルスエラ風のオペラ《風は帰る》を指揮したのだ。一回だけの上演だったが、これが評判になり、ニューヨーク・フィルハーモニックの音楽監督になったばかりのアルトゥール・ロジンスキの耳にも入った。

ニューヨーク・フィルハーモニックの音楽監督（常任指揮者）は、一九三六年にトスカニーニが退任した後はイギリスのジョン・バルビローリが四一年まで務め、その後はロジンスキだった。一九四三年春、ロジンスキは若いアシスタントを探していたところだったので、そのリストにレナード・バーンスタインの名を加えた。

バーンスタインのもとに正式にニューヨーク・フィルハーモニックからアシスタント指揮者にならないかとの話が来たのは八月だった。当然、その前にロジンスキはバーンスタインを面接している。

この時のバーンスタインのポストは英語では「アシスタント・コンダクター」である。日本では「副指揮者」と訳されることが多いが、映画でいう「助監督」のようなもので、基本的には助手である。仕事は指揮者の補佐であると同時に、あらゆるリハーサルに参加し、万が一指揮者に事故があり出演できなくなった時は代役を務めることまで含まれていた。しかし、その時点までのニューヨーク・フィルハーモニックの歴史において、アシスタント指揮者が代役として指揮した例など、少なくとも関係者の記憶に残っている範囲では、一度もなかった。

バーンスタインにこの仕事がまわってきたのは、同世代の若い指揮者の多くが徴兵にとられていたからだった。バーンスタインは喘息だったため、徴兵検査で不合格となっていたのだ。

■奇跡のデビュー

一九四三／四四シーズンは、開幕当初はロジンスキが指揮をしたが、それをやり遂げると、彼は休暇をとり、その穴を埋めるべくブルーノ・ワルターが客演指揮者に招聘《しょうへい》されていた。当時のワルターは、アメリカでひとつのオーケストラの常任ポストに就くことはなく、各地を客演していた時期にあたる。

ワルターは十一月に二週間、ニューヨーク・フィルハーモニックに客演し、七つの演奏会を指揮することになっていた。最終日はカーネギー・ホールで、CBSが全米へ生放送する予定だった。

十一月十三日夜、バーンスタインは友人になったばかりの女性歌手ジェニー・トゥーレルの演奏会に出演していた。打ち上げが終わり、バーンスタインが帰宅したのは、十四日の午前四時をまわった頃だった。この時刻について諸説あるが、少なくとも、四時より前ということはないようだ。

バーンスタインは十三日午後の時点で、ワルターが風邪を引いて具合が悪く、明日の演奏会は無理かもしれないとの話は聞いていた。しかし、ラジオ中継も予定されていることもあり、ワルターがキャンセルするとは思えなかったので飲み歩いていた。

ニューヨーク・フィルハーモニックのマネージャーのブルーノ・ジラートは、休暇中のロジンスキに、「ワルターが出られそうもないので戻って来てくれないか」と依頼した。ロジンスキは車で四時間ほどの所にいたのでニューヨークへ戻ろうと思えば可能だったが、「私は戻れないから、バーンスタインにやらせろ」と答えた。ロジンスキ自身が、かつてストコフスキーの代演でニューヨークでのチャンスを摑《つか》んだことがあったので、若者にはチャンスを得る権利があると、この指揮者は考えたのだろう。

ジラートは、その夜中、何度もバーンスタインに電話をかけていた。ようやく明け方になって、バーンスタインが電話に出た。「今日の午後三時からのコンサートを振ってくれ。リハーサルをする時間はない。ワルターはホテルで毛布にくるまっているが、君とスコアを検討してくれるそうだ」とジラートは若い指揮者に伝えた。

バーンスタインはワルターの宿泊先に向かい、予定されているプログラムの講義を受けた。ワルターはいくつかの注意すべきポイントを教えてくれた。

プログラムは、戦争中なので毎回、演奏されていたアメリカ国歌、シューマン《マンフレッド》序曲、ミクロス・ロージャ《主題と変奏と終曲》、休憩の後、リヒャルト・シュトラウス《ドン・キホーテ》、そしてアンコールはワーグナー《ニュルンベルクのマイスタージンガー》前奏曲の予定だった。

ロージャの作品はリズムが複雑な難曲だった。ほかの曲も簡単とは言えない。直前の演奏会でワルターとニューヨーク・フィルハーモニックがこれらの曲を演奏していたことが、最大の強みではあった。だが、《マイスタージンガー》だけは、この何年か演奏していなかった。一方、バーンスタインが指揮をした経験があるのは、この《マイスタージンガー》だけだった。何とも皮肉な組み合わせだった。そして、ラジオ中継されることでの緊張が両者にあった。

カーネギー・ホールにやって来た二千人の聴衆のほとんどが、ワルターのキャンセルを知らなかった。開演時間になると、オーケストラがステージに揃い音合わせを始めた。それが終わると、ジラートが出てきて、聴衆に説明した。それは同時にラジオを聴いている全米の数百万の人への説明でもあった。

「ワルターは残念ながら、本日指揮をすることができません」聴衆は驚きと不満の声をあげた。「その代わりに、若手のレナード・バーンスタインが指揮をします。私とともに、バーンスタインの可能な限り最高の成功を祈ってください。彼も全力を尽くすでしょう」

バーンスタインが姿を現したが、彼を迎えたのは儀礼的な冷たい拍手だけだった。しかし、その次の瞬間から始まった演奏は、全力を尽くすなどというものではなかった。神懸りの演奏だった。前半の二曲目のロージャの曲が終わると、バーンスタインは熱狂する聴衆に応《こた》えるため、四回もステージに呼び戻された。

後半の最後、アンコールの《マイスタージンガー》が終わると、会場は咆哮《ほうこう》に満たされた。聴衆はいつまでも歓呼の声をあげ続けた。

ラジオで聴いていた恩師クーセヴィツキーは「いま聴いている。すばらしい」と電報を打った。休暇中で演奏会には間に合わないはずのロジンスキも駆けつけており、報道陣に「桁外《けた》れの才能だ。彼にはできる限りのチャンスを与えたい」と述べた。

ニューヨーク・フィルハーモニックの広報担当はバーンスタインが代役として指揮することを事前に報道関係に伝えていたので、翌日のニューヨークタイムズは一面で、この快挙を伝えた。アメリカ生まれでアメリカで教育を受けた若者が、アメリカを代表する楽団を指揮して成功したことが重要だった。ヨーロッパから高額のギャラで演奏家を呼ぶしかなかったアメリカ音楽界は、ついに、自分たち自身の英雄を持った。

バーンスタインのデビューは、あまりにも劇的で鮮やかだったため、事前に仕組まれていたことだとする「ワルター仮病説」まで出るほどだった。バーンスタインの父が息子のためにお金を積んで、ワルターに仮病になってくれと頼んだとの説まである。たとえ、仕組まれたものであったとしても、実際にバーンスタインが見事な指揮をして楽団員の心を摑み、さらにその演奏は客席の聴衆を感動させ、ラジオを通して全米の人も感銘を受けたのは、紛れもない事実だった。

バーンスタインは衝撃的にデビューし、一躍スターになったはずだった。しかし、翌日からバーンスタインが連日のようにニューヨーク・フィルハーモニックの指揮台に立てるわけではなかったし、全米各地から客演依頼が殺到したわけでもなかった。

彼は、あくまでアシスタント指揮者だった。

最初に起きたのは、ロジンスキとの関係悪化だった。バーンスタインがあまりにも鮮やかに成功したので、ロジンスキは自分の地位を狙っているのではないかとの疑心暗鬼に陥った。些細《ささい》なことでロジンスキが怒り出し、バーンスタインの首を絞めそうになる事件まで起きた。あわや殺人事件という事態に驚いた総支配人は、バーンスタインに「当分、来なくていい」と伝えた。

年が替わり、一九四四年二月、バーンスタインはアシスタント指揮者を辞任した。そして、来シーズンは客演指揮者としてニューヨーク・フィルハーモニックを指揮することになった。それだけではない。十一月の成功を受け、バーンスタインには全米各地の楽団からの客演依頼が殺到していたのだ。新しい英雄、新しいスターの誕生だった。

そして――戦争も終わろうとしていた。

■ニューヨークの新しい音楽監督

一九四五年五月のドイツ敗戦から九月の日本敗戦までの数か月の間、バーンスタインはニューヨークを拠点としながら、アメリカ大陸を西へ東へあるいは南へ北へと動きまわっていた。ハリウッドへも行き映画の仕事への関心も示した。休暇でメキシコへも行った。ジャズ・シンガーのビリー・ホリディとレコーディングもした。

若い音楽家は無限の可能性を持っていた。作曲家の道も残っていた。一九四二年の交響曲第一番《エレミア》が評価され、四二年にはクラリネット・ソナタ、四三年に歌曲《私は音楽が嫌い》を書いていた。クラシック音楽ではなく、ショービジネスにも進出し、四四年にはバレエ《ファンシー・フリー》、ミュージカル《オン・ザ・タウン》でブロードウェイにも作曲家としてデビューしていた。

師のクーセヴィツキーは、バーンスタインは指揮者になるべきと考えていたので、ニューヨーク・シティ交響楽団の音楽監督に推薦した。

この楽団は一九四三年にニューヨーク市が設立した新しい楽団だった。予算規模は少なく、音楽監督の報酬は用意できないという。バーンスタインはミュージカルがヒットしており、その印税で収入は確保できるし、自分のオーケストラを持つことは指揮者にとって魅力的だったので、ほかの楽団を指揮してもかまわないとの条件で、無報酬で引き受けた。

バーンスタインは、一九四五年八月二十五日、二十七歳の誕生日にニューヨーク・シティ交響楽団音楽監督に就任すると正式に決まり、十月八日に最初のシーズンが始まった。翌四六年四月までに隔週で演奏会が開かれ、バーンスタインは十二公演のうちの九公演を指揮した。

■ヨーロッパ・デビュー

ニューヨーク・シティ交響楽団のシーズンを終えると、バーンスタインはヨーロッパへ向かった。一九四六年五月に開催される第一回「プラハの春」音楽祭に、アメリカ代表として出演するためだった。

バーンスタインの登場は五月十五日で、チェコ・フィルハーモニーを指揮して、アメリカの同時代の音楽家の作品を演奏した。ウィリアム・シューマン《アメリカ祝典序曲》、サミュエル・バーバー《エッセイ》第二番、ジョージ・ガーシュウィン《ラプソディ・イン・ブルー》（ピアノはユージン・リスト）、ロイ・ハリスの交響曲第三番、アーロン・コープランド《エル・サロン・メヒコ》である。翌十六日も四つは同じ曲だったが、ガーシュウィンの曲に替わり、自作の《エレミア》を演奏した。

バーンスタインはプラハからパリへ寄って、ニューヨークへ戻った。五月二十六日にはトスカニーニのNBC交響楽団を初めて指揮し、マーク・ブリッツスタイン《エアボーン（空輸）交響曲》を演奏した。秋にはこの曲のレコーディングもした。

六月になると再び大西洋を越えた。今度の目的地はロンドンだった。イギリスは戦勝国だが、ロンドンはドイツ軍の空襲で荒廃していた。破壊された建物の多くはまだそのままで、空襲の爪痕《つめあと》がいたる所に残っていた。ちゃんとしたコンサートホールはアルバート・ホールだけで、ロンドン・フィルハーモニックのメンバーも軍から復帰していない者が多く半分も揃っていなかった。食糧も衣料も不足していた。

六月十六日と二十一日、バーンスタインはロンドン・フィルハーモニックの演奏会で、コープランド《アパラチアの春》、グリーグのピアノ協奏曲、ワーグナー《トリスタンとイゾルデ》の「愛の死」などを演奏した。

アメリカに戻ると、バークシャー音楽祭（現・タングルウッド音楽祭）が待っていた。バーンスタインは生涯にわたりこの音楽祭に出演し続けた。この音楽祭は教育音楽祭で、若者が巨匠たちから直接指導を受けて演奏する。バーンスタインは若いうちは巨匠たちから多くを学び、彼が巨匠となってからは若い音楽家とふれあい、さまざまなものを伝授する。

一九四六年のバーンスタインは若くもないが、まだ巨匠ではなく、新進気鋭の音楽家だった。この年は八月六日にイギリスのブリテンの新作オペラ《ピーター・グライムズ》のアメリカ初演を指揮した。

その後バーンスタインはバレエ《ファクシミリ》の作曲に取り掛かり、これは十月二十四日に初日の幕を開けた。

秋からはニューヨーク・シティ交響楽団の一九四六／四七シーズンが始まった。

■パレスチナへ

一九四七年春、バーンスタインはパレスチナへ向かった。この旅には父と妹も同行した。ユダヤ人であるこの一家にとって、パレスチナは重要な地だった。

目的は、パレスチナ交響楽団（現イスラエル・フィルハーモニック管弦楽団）への客演だ。バーンスタインは前年に続いて一九四七年も「プラハの春」に呼ばれたので、その後にヨーロッパ各地へ客演する計画を立て、プラハの前にパレスチナ交響楽団を指揮することにしていたのだ。四七年はまだイスラエルは建国されてなく、パレスチナは英国委任統治領だった。

バーンスタインはテルアビブ、エルサレム、ハイファで九回の演奏会を開いた。最後は野外演奏会で三千五百人近くも集まった。

この頃、ボストン交響楽団の音楽監督クーセヴィツキーがそろそろ引退するという憶測が音楽界に流れ、その後任候補としてバーンスタインの名も挙がっていた。強固な師弟関係があるので、クーセヴィツキーはバーンスタインを推薦していた。バーンスタインはパレスチナ交響楽団から、音楽監督就任を打診されたが、ボストンの可能性があったので、断った。

パレスチナでの演奏会を終えると、バーンスタインは再びプラハへ向かった。

第二回「プラハの春」のバーンスタインの出番は五月二十四日と二十五日で、コープランドの交響曲第三番をヨーロッパ初演し、アルゼンチンのリカルド・オドノポソフとグラズノフのヴァイオリン協奏曲を共演した。

プラハの次はパリ、ブリュッセル、オランダのハーグでそれぞれの地のオーケストラを指揮した。そしてニューヨークへ戻り、フィルハーモニックに客演し、六月二十九日からタングルウッド音楽祭というスケジュールだ。

こんな生活がこの後も何十年も続くのだが、バーンスタインの演奏記録に「プラハの春」音楽祭が再び記載されるまでには、四十年以上の歳月が必要となる。チェコスロヴァキアが共産党独裁政権になったため、バーンスタインは「自由な国になったらまた呼んでくれ」と伝え、以後は出演しないのだ。

一九四七年九月からのニューヨーク・シティ交響楽団の三年目のシーズンの開幕は九月二十二日で、マーラーの交響曲第二番《復活》を指揮した。彼の生涯を通じてのレパートリーとなるマーラーへの取り組みが本格的に始まった。

■ドイツでの涙の演奏会

一九四八年の春もバーンスタインはヨーロッパへ行った。目的地はミュンヘンだった。

一九三三年のヒトラー政権樹立後、ユダヤ系の音楽家たちはドイツを追われ、アメリカなどに逃れていた。ナチスが滅び、そのホロコーストの実態が明らかになると、ドイツへの怒りと憎しみは増幅し、ユダヤ人音楽家のなかには二度とドイツでは演奏しないと決めた人が多い。そのなかで、バーンスタインはいち早くドイツで演奏したユダヤ人音楽家だった。

実はバーンスタインは前年のヨーロッパ滞在時に、ウィーン・フィルハーモニーから客演を打診されていたが、楽団員の半分以上がナチスだったと聞いて断った。しかしヴァイオリニストのユーディ・メニューインが、フルトヴェングラーを擁護し共演しているのを見て、考えを改めようとしていた。メニューインはユダヤ人なのにフルトヴェングラーと共演したことでユダヤ人社会から批判されていたが、同じユダヤ人のバーンスタインは何か共鳴するものを感じたのだ。

そんなところに、ミュンヘンのバイエルン州立歌劇場管弦楽団を指揮してくれないかとの依頼があった。まだ誰もアメリカの指揮者は戦後のドイツで指揮していない。バーンスタインはこの仕事を引き受け、ヨーロッパへ旅立ったのだ。

この旅の間の四月三十日、ボストン交響楽団はクーセヴィツキーの後任にフランスのシャルル・ミュンシュが決まったと発表した。バーンスタインはがっかりした。

そんな失意のなか、五月九日、バーンスタインはミュンヘンで指揮した。不安材料はたくさんあった。ドイツ人がアメリカ人を受け容《い》れてくれるのか、しかもユダヤ人で若い指揮者を。だが、ミュンヘンでの演奏は成功した。

翌五月十日、バーンスタインはミュンヘン近郊のユダヤ人の難民キャンプで、一日に二回、演奏会を指揮した。ナチスの強制収容所に入れられていたユダヤ人たちは終戦によって解放されたが、行き場のない者が多くいて難民となっていた。そんな難民たちのための演奏会だった。野外演奏会には五千人もの聴衆が集まった。演奏したオーケストラはダッハウ強制収容所のユダヤ人楽団の生き残りの人びとだった。六十五人のメンバーは十六人しか終戦を迎えられなかったという。

バーンスタインは秘書への手紙にこう書いている。「胸が張り裂けるほど泣いた。」

このバーンスタインの演奏会の直後の五月十四日、イスラエルは建国を宣言した。

ミュンヘンのあとはハンガリーのブダペスト、オーストリアのウィーンで指揮し、スイスへ寄って保養所で演奏し、空路アメリカへ帰った。夏はタングルウッドの音楽祭で、十月から十一月は建国したばかりのイスラエルへ行った。パレスチナ交響楽団は建国に連動してイスラエル・フィルハーモニックと改称していた。

バーンスタインはイスラエルで二か月間に四十数回の演奏会を指揮し、そのうちの三十二回ではピアノも弾いた。こうしてイスラエルとの絆《きずな》は深まった。ボストン交響楽団音楽監督の話もなくなったので、いったんは監督を引き受けたが、イスラエルに一年の数か月を拘束されるのは自由がなくなると考え、断った。

バーンスタインはニューヨーク・シティ交響楽団の監督も辞め、以後はフリーランスの指揮者と作曲家として活動することに決めたのだ。彼にはやりたいことがたくさんあった。

■作曲家として、指揮者として

バーンスタインはニューヨーク・フィルハーモニック、ボストン交響楽団、フィラデルフィア管弦楽団、ピッツバーグ交響楽団など各地のオーケストラに客演した。一九五〇年春は、ヨーロッパへ出かけ、イギリス、オランダ、西ドイツ、イタリア、イスラエルとまわった。五一年にはイスラエル・フィルハーモニックがアメリカへ来たので、そのツアーをクーセヴィツキーと交代で指揮した。

そのクーセヴィツキーは五一年六月に亡くなった。七十六歳だった。この師はバーンスタインがブロードウェイの仕事をすることに苦言を呈していた。クラシックとの両立はできないと考えていたのだ。

バーンスタインは作曲も続け、一九四九年には交響曲第二番《不安の時代》を書いた。一方、一九五〇年にニューヨークのインペリアル・シアターで上演された演劇《ピーター・パン》の劇伴音楽を担当した。こういう仕事をクーセヴィツキーは嫌ったようだ。

一九五一年には歌手のフェシリア・モンテアレグレ・コーンと結婚した。

一九五二年、作曲家としてはオペラ《タヒチ島の騒動》を作曲した。五三年にはブロードウェイ・ミュージカル《ワンダフル・タウン》を書いて、ヒットする。

一九五三年にはオペラの指揮にも挑んだ。ミラノのスカラ座で、マリア・カラス主演のケルビーニ《メディア》を指揮したのだ。

三十代のバーンスタインが活躍している一方、一九五四年四月、八十七歳のトスカニーニが引退した。NBC交響楽団の元楽団員たちは自主運営のシンフォニー・オブ・ジ・エアを結成し、NBCのライバルであるCBSのテレビ番組『オムニバス』に、バーンスタインと共に出演した。さらにバーンスタインはカーネギー・ホールでの演奏会の指揮も引き受け、一時は、この楽団の音楽監督になるのではないかとの噂も出ていた。

だが、バーンスタインが選んだのは、ニューヨーク・フィルハーモニックだった。

■ニューヨーク・フィルハーモニックへ

ニューヨーク・フィルハーモニックは、ロジンスキが辞任した後は、ブルーノ・ワルターに音楽監督就任を要請したが、ワルターは「音楽顧問」ならいいと答え、一九四七／四八、四八／四九の二シーズンにわたり、指揮した。ポスト名は「音楽顧問」

だったが、実質的には音楽監督といってよかった。もちろん、ワルターひとりではなく、レオポルド・ストコフスキー、シャルル・ミュンシュ、ジョージ・セルらがよく客演していた。

ワルターの「音楽顧問」は二シーズンで終わり、一九四九年から五一年までの二シーズンはディミトリ・ミトロプーロスとストコフスキーの二人が首席指揮者として仕事を分担するかたちがとられた。その後はミトロプーロスが音楽監督になっていた。

一九五四年にNBC交響楽団が解散すると、ライバルがいなくなったので、ニューヨーク・フィルハーモニックは緊張感を失い、だらけていると批判された。危機感を抱いたこの楽団は、立て直しのため、若いバーンスタインを選んだのだ。

一九五六年秋からのシーズンが始まる前に、ニューヨーク・フィルハーモニックは、ミトロプーロスを音楽監督から首席指揮者に降格させ、五七／五八シーズンから、バーンスタインも首席指揮者となることが発表した。

こうしてバーンスタインは、アメリカのクラシック音楽界最高の地位に手が届く所まで駆け上った。だが彼にはもうひとつの栄光が近づいていた。

一九五六年十月、ブロードウェイではバーンスタイン作曲のミュージカル《キャンディード》が開幕し、八十回ほど上演される。作品への批評は賛否両論だった。

しかし――バーンスタインは次の作品も準備していた。

■二つの頂点

一九五七年、大西洋の向こうで、ヘルベルト・フォン・カラヤンが、ベルリン・フィルハーモニー、ウィーン国立歌劇場、ザルツブルク音楽祭の三つの監督ポストを手に入れた年、バーンスタインもアメリカで二つの頂点に立っていた。

予定通り十月に、ミトロプーロスとバーンスタインの二人が首席指揮者となる一九五七年秋からのシーズンが始まると、その直後の十一月、ニューヨーク・フィルハーモニックは来シーズンからバーンスタインが音楽監督に就任すると発表した。

一九四三年に衝撃的なデビューをしてから、十四年が過ぎていた。アシスタント指揮者は、まわり道をして、ようやく音楽監督になったのだ。

音楽監督就任が発表された時、バーンスタインはブロードウェイで頂点にあった。

八月十九日、バーンスタイン作曲のミュージカル《ウエスト・サイド・ストーリー》はワシントンで試験興行の幕を開けた。初日には政界の大物たちも観に来た。最高裁判所判事フランクファーターは、休憩時間にバーンスタインとロビーで会うと「アメリカの歴史が、いま変わったところですね」と言った。三週間にわたる試験興行は連日満員で大成功のうちに終わった。

次はフィラデルフィアで、そこでも熱狂は続いた。この試験興行で最後の仕上げをして、ニューヨークに乗り込み、九月二十六日、ついにブロードウェイでの公演が始まった。初日から絶賛され、実に七三二回ものロングラン興行となるのである。

「ロミオとジュリエット」の物語を現代のニューヨークに移し替えた物語は、救いようのない悲劇で終わる。にもかかわらず大ヒットした。バーンスタインの音楽の斬新《ざんしん》さと、ジェローム・ロビンズの振付による革命的なダンスに、人びとは衝撃を受けた。若きアメリカの才能が結集し、ミュージカルの概念を変えたのである。

しかしバーンスタインは二者択一を迫られた。ニューヨーク・フィルハーモニックの理事会は保守的だったので、バーンスタインにブロードウェイの作曲家との二刀流を許さなかった。音楽監督就任の条件として、ブロードウェイの仕事をしないことを突きつけたのだ。バーンスタインは、ニューヨーク・フィルハーモニックを選んだ。

しかし、新作は書かなくても、《ウエスト・サイド・ストーリー》はロングランを続け、映画にもなり、外国でも上演され、「最も成功したミュージカル」となるので、バーンスタインのミュージカル作曲家としての名声も高まった。

レナード・バーンスタインは、クラシックの範疇《はんちゅう》を超越したアメリカ音楽界のスーパースターとなっていく。

■助走

ニューヨーク・フィルハーモニックのバーンスタイン時代は、正式には一九五八年秋から始まるが、就任が発表された五七年秋から、すでにニューヨーク・フィルハーモニックは「バーンスタインのオーケストラ」となっていた。

一九五八年一月二日、当時の「二人目の首席指揮者」にして「次期音楽監督」バーンスタインは、このシーズンとしては初めてニューヨーク・フィルハーモニックの演奏会を指揮した。プログラムはあの一九四三年のデビューと同じ、シューマン《マンフレッド》序曲とシュトラウス《ドン・キホーテ》だった。それにラヴェル《ラ・ヴァルス》とアメリカ初演となるショスタコーヴィチのピアノ協奏曲第二番が加わり、ショスタコーヴィチはバーンスタイン自身がピアノも弾いた。

二週間後には、テレビ番組「ヤング・ピープルズ・コンサート」(青少年コンサート)が放送開始となった。クラシック音楽の伝道師としてのバーンスタインの仕事が本格的に始まったのである。ホールに子供たちを招待し、ステージにはニューヨーク・フィルハーモニックが並び、バーンスタインが、さまざまな音楽を解説し、その場で演奏していく趣向の音楽教育番組だった。これはニューヨーク・フィルハーモニックが定期会員を増やす原動力にもなった。

五月と六月、ニューヨーク・フィルハーモニックは南アメリカ歴訪のツアーに出た。十二カ国二十都市で演奏会をするもので、アイゼンハワー大統領による「文化の紹介を目的とする特別国際プログラム」基金の支援を受けた文化外交のひとつだった。バーンスタインとミトロプーロスが指揮者として同行した。この南米ツアーをもって、ミトロプーロスはニューヨーク・フィルハーモニックでの仕事を終え、翌シーズンに彼の出演予定はなかった。

ニューヨークに戻ると、六月二日、バーンスタインとニューヨーク・フィルハーモニックは、ルイゾーン・スタジアム四十周年記念のイベントとして、このスタジアムで演奏した。観客は一万二千人も入り、熱狂のうちに演奏会は終わった。

これが助走期間だった。夏休みが終われば、ニューヨーク・フィルハーモニックの新しいシーズンの開幕だった。

■黄金時代

一九五八年十月二日、「バーンスタインのニューヨーク・フィルハーモニック音楽監督時代」、いや、「ニューヨーク・フィルハーモニックのバーンスタイン時代」、あるいは「アメリカ音楽界のバーンスタイン時代」が正式に始まった。

プログラムはウィリアム・シューマン《アメリカ祝典序曲》、チャールズ・アイヴズの交響曲第二番、ベートーヴェンの交響曲第七番、ベルリオーズの序曲《ローマの謝肉祭》だった。これに象徴されるように、バーンスタインは自国アメリカの作曲家の作品をプログラムに積極的に取り入れていった。だが、それに偏ることのないように、古典派・ロマン派の作品もしっかりと入れてバランスをとっていた。

ニューヨーク・フィルハーモニックの演奏会の数は激増した。ミトロプーロス時代は年間に一三一回だったが、バーンスタインの最初のシーズンは一六五回となり、これが五シーズン続き、六シーズン目からは一九二回になる。それだけの客が集まったのである。さらに、コロムビア・レコード（CBSを経て、現・ソニー）への録音も毎週のようにセッションが組まれた。これにより、楽団の経営は安定していく、バーンスタインは、まさに救世主だった。

ニューヨーク・フィルハーモニックの定期演奏会は木曜から日曜まで同じプログラムで続く。バーンスタインは初日の木曜の演奏会を「プレビュー・コンサート」と名づけ、彼が曲を解説しながら演奏することにした。実質的には総リハーサルに近いわけだが、有料だった。

就任披露演奏会が熱狂のうちに終わると、バーンスタインはパリに飛んだ。ほかのオーケストラへの客演も続けるつもりだったのだ。

パリではラムルー管弦楽団を指揮して《春の祭典》、国立管弦楽団とマーラー《復活》を演奏し、ミラノではスカラ座管弦楽団の演奏会を指揮した。こうして短期間に外国で三つの楽団を指揮したバーンスタインは、「自分のオーケストラはニューヨーク・フィルハーモニックだ」との結論に達し、帰国すると理事会に対し「当分はほかのオーケストラに客演しない」と告げて喜ばせた。

バーンスタインが帰国すると、客演指揮者としてカラヤンがニューヨークにやって来た。一九五三年から五四年にかけて、バーンスタインがスカラ座に客演した際に、カラヤンもスカラ座に客演しており、ユダヤ人と元ナチス党員の二人は意気投合して、「親友」になった。その後、二人とも自分のオーケストラを持ち、客演指揮者を決める権限を持つと、お互いに呼び合うことになり、まず、カラヤンがニューヨーク・フィルハーモニックに客演したのだ。

カラヤンは二つのプログラム、合計八回の演奏会を指揮した。二人の指揮者の友情に亀裂《きれつ》が入るのは、片方からすれば些細な、もう片方からすれば重大な「連絡ミス」が原因だった。バーンスタインはせっかくカラヤンが来るのだから、そのリハーサルと本番の演奏会を収録しておこうと考え、テレビ・クルーに準備をさせていた。ところが、それをカラヤンには知らせていなかった。

カラヤンは、リハーサルにテレビ・クルーがいるので激怒した。そもそもカラヤンは、ウィーンでもベルリンでも楽団員以外の者がリハーサルに立ち会うのを極端に嫌い、許可しないので有名だった。

怒ったカラヤンは楽屋に挨拶《あいさつ》に来たバーンスタインとも会おうとしなかった。二人の友情は終わったのである。

カラヤンは自分をニューヨークに招聘してくれたお返しとして、バーンスタインとニューヨーク・フィルハーモニックを五九年夏のザルツブルク音楽祭に招いていた。これはすでに契約が結ばれていたので、破棄はしなかった。

■ソ連へ

バーンスタインの最初のシーズンは客の入りもよければ批評家の受けもよく、一九五九年六月に大成功のうちに終わった。夏にはザルツブルクに行くことにはなっていたが、それ以外は仕事はないはずだった。ところが合衆国政府からの要請でバーンスタインとニューヨーク・フィルハーモニックはソ連や東欧、中東にまで行くことになった。

アイゼンハワー大統領の基金による音楽外交として、アメリカのオーケストラは各国を訪問していたが、五八年はニューヨーク・フィルハーモニックが南米へ行ったので、五九年はシカゴ交響楽団が東欧・ソ連・中東に出かけることになっていた。ところがシカゴ交響楽団の七十歳になる音楽監督のフリッツ・ライナーが、「健康に不安があるので行かない」と言い出した。オーケストラは不満だったが、ツアーをキャンセルした。そこで代役がニューヨークにまわってきたのだ。

いずれにしろ、バーンスタインたちはザルツブルクへ行くことになっていたので、その前後に各地をまわることになった。

ザルツブルク音楽祭が始まると、最大の話題は、「カラヤンとバーンスタインは握手をするのか」となった。かつてこの音楽祭では、トスカニーニとフルトヴェングラーが言い争いをしたこともある。二人は、しかし大人の対応をした。心配したミトロプーロスの仲介で、しっかりと握手したのだ。

本人たちにライバル意識はあったとしても敵対感情はなかったはずだが、「帝王」と「スーパースター」の二人には取り巻きが多かった。ザルツブルクではカラヤンの指示があったわけではないが、その取り巻きが忖度《そんたく》し、「バーンスタインのチケットは売り切れた」と嘘の情報を流し、客席を空席だらけにしようとした。だが、この画策は失敗に終わり満席となった。

バーンスタインは自作の《不安の時代》とバーバー《管弦楽のためのエッセイ》第二番、そしてショスタコーヴィチの第五番を演奏した。これらはソ連でも演奏するつもりの曲だった。

バーンスタインとニューヨーク・フィルハーモニックのツアーは、八月二日にニューヨークを発《た》ち、アテネ、バールベク、イスタンブール、サロニカを経て、ザルツブルクは十六日。ワルシャワへ行き、二十二日からモスクワでの演奏会となり、レニングラードやキエフもまわり、九月十日までがソ連。その後、スヘヴェニンゲン、デュッセルドルフ、エッセン、ヴィスバーデン、ルクセンブルク、パリ、バーゼル、ミュンヘン、ベルグラード、ザグレブ、ヴェネツィア、ミラノ、ハンブルク、ベルリン、オスロ、ヘルシンキ、タルク、ストックホルム、ゲートーバーク、最後が十月十日のロンドンという旅程だった。

カラヤンとの和解は果たしたものの、バーンスタインは米ソの歴史的和解には貢献できなかった。ストラヴィンスキー《春の祭典》を演奏するにあたり、バーンスタインは「ロシア革命の前にもうひとつの革命があった。それが《春の祭典》である」とスピーチしたのだ。この曲の初演は一九一三年でロシア革命は一九一七年なので、間違いではないが、ソヴィエト政府の高官のいる前で、この国家の原点である革命と、ロシアから亡命した作曲家の作品を同列に扱った。さらに、「《春の祭典》がロシアで演奏されるのは三十年ぶりのことである」と暗にソ連政府を批判した。

バーンスタインは、「ソ連の敵」となってしまった。本当の外交官であれば、失格の烙印《らくいん》を押されるところだが、幸いにもバーンスタインの職業は藝術家《げいじゅつか》だった。外交的配慮など眼中にないバーンスタインは、ソ連政府が不快に思うのを承知のうえで、『ドクトル・ジバゴ』で知られる作家ボリス・パステルナークと晩餐《ばんさん》をともにし、演奏会にも呼んだ。

十月十二日にバーンスタインとニューヨーク・フィルハーモニックは凱旋《がいせん》帰国した。

■マーラー・フェスティバル

一九六〇年はマーラー生誕一〇〇年だったので、バーンスタインはマーラーを集中的に演奏するマーラー・フェスティバルをこのシーズンのニューヨーク・フィルハーモニックの目玉とした。

フェスティバルの開幕は一九五九年十二月三十一日、ミトロプーロス指揮の第五番で、一月三日まで四日連続して演奏された。続いてミトロプーロスは一月七日から十日まで第一番、十四日から十七日まで第十番の第一楽章、二十一日から二十四日まで第九番と、四曲を演奏した。

バーンスタインの登場は一月二十八日で、三十一日まで四日連続で第四番を指揮した。バーンスタインがニューヨーク・フィルハーモニックでマーラーを指揮したのはこれが初めてだった(直前の二十三日にテレビの公開番組「ヤング・ピープルズ・コンサート」で、第一番、第二番他を抜粋して演奏した)。そして二月一日、第四番のセッション録音もした。バーンスタインにとって、初のマーラー作品のレコーディングだった。

二月もマーラー・フェスティバルは続き、バーンスタインはマーラーの歌曲のコンサートの後、十八日から二十一日まで、第二番《復活》を指揮した。そして四月十五日、ニューヨーク・フィルハーモニックのかつての音楽顧問であり、マーラーの部下で親友だったブルーノ・ワルターが久しぶりにフィルハーモニックの指揮台に立ち、《大地の歌》を演奏した。このコンサートは十六日と二十一日にもあり、十八日と二十五日にはレコーディングもした。

この時点でのバーンスタインは、まだマーラーの曲をほとんど指揮したことがない。だが、このフェスティバルで、ミトロプーロスが指揮した第一番、第五番、第九番、第十番を間近で聴き、自分も第二番、第四番を指揮して、マーラーに取り憑かれていった。

バーンスタインはニューヨーク・フィルハーモニックの定期演奏会で、マーラーを演奏すると、その直後にレコーディングして、史上初のレコードによるマーラーの交響曲全集を八年かけて完成させる。

その軌跡を簡単に記すと、前述の第四番を一九六〇年、第三番を六一年、第二番と第五番を六三年、第七番と第九番を六五年、第一番を六六年、第六番を六七年にセッション録音し、第八番は六六年にロンドン交響楽団とレコーディングした。これで九曲が揃い、六八年にLP十四枚組のボックス入りの「マーラー交響曲全集」としてリリースされるのである。

この全集の完成によって、バーンスタインは「マーラー指揮者」として認められることになった。ユダヤ人で指揮者にして作曲家でもあるという共通点から、バーンスタインはマーラーに全身全霊で共感し、多くの名演を遺す。

■ケネディ政権

一九六〇年十月、バーンスタインとニューヨーク・フィルハーモニックはアメリカとカナダの各都市をまわるツアーに出た後、ベルリンへも飛んだ。ベルリンではアシスタント指揮者に内定していた日本人青年と会った。青年の名は小澤征爾《おざわせいじ》という。

十一月の大統領選挙で民主党のケネディが勝利したのは、バーンスタインにとって喜びだった。バーンスタインは民主党支持者であり、ハーヴァードで同窓のケネディとは親しくしていたのだ。

年が明けて一九六一年一月二十日の大統領就任式前日の十九日は大雪となったが、ワシントン教練所でケネディの大統領就任祝賀演奏会が開催され、バーンスタインも招かれた。クラシックの音楽家として招かれたのは彼だけだった。

バーンスタインは、単に招待客として呼ばれただけではなかった。式典で演奏されるためのファンファーレを作曲し、さらにスーザ《星条旗よ永遠なれ》とヘンデル作曲のハレルヤを指揮することにもなっていた。新しい若い大統領だけでなく、この音楽家も式典の主役のひとりだったのだ。雪のための渋滞に巻き込まれたバーンスタインはパトカーの先導で会場に到着し、その役目を果たした。

ケネディはリップサービスではあろうが、「もしバーンスタインが民主党の予備選挙に出ていたら、自分は大統領候補に指名されず、大統領にはバーンスタインが当選していただろう」と語った。

■日本へ

ケネディ政権が本格的に動き出して数週間後、アメリカン・アカデミーの外郭団体である、藝術・文学協会の委員に、バーンスタインが選ばれた。

一九六一年春にニューヨーク・フィルハーモニックは初の日本公演に出るが、その資金はCBSがスポンサーとなった。さらに、CIAが出資する文化自由会議が東京で主催する東京世界音楽祭の一環としての公演となった。

バーンスタインたちが羽田空港に降りたのは、四月二十一日だった。同行したアシスタント指揮者が小澤征爾である。彼が日本の土を踏んだのは、実に二年と二か月ぶりだった。

ニューヨーク・フィルハーモニックの日本での最初の演奏会は四月二十六日だった。会場は四月七日に開場したばかりの上野の東京文化会館である。プログラムは、ハリスの交響曲第三番、バルトークの「弦楽器・打楽器・チェレスタのための音楽」、ラヴェルのピアノ協奏曲（ピアノもバーンスタイン）、そして、ラヴェル《ラ・ヴァルス》だった。意欲的なプログラムだが、なじみのない曲ばかりだ。アメリカの楽団なのに商売気がない。知名度のある人気曲ではないので、チケットも売れ行きは悪かった。東京世界音楽祭ということもあって、藝術性を重視したのかもしれないが、裏目に出た。

その後の地方公演では、知名度の高い曲になり、ベルリオーズ《ローマの謝肉祭》、ブラームスの交響曲第一番、ベートーヴェンの交響曲第七番、チャイコフスキーの交響曲第四番と《フランチェスカ・ダ・リミニ》、シューマンの交響曲第二番、ラヴェル《シェエラザード》などと、チャベス《シンフォニア・インディアナ》とバーンスタイン自身の交響曲第一番が組み合わされていた。

東京に戻っての五月五日の東京文化会館は、またも意欲的なプログラムとなった。ヒンデミット「弦楽と金管楽器のための演奏会用音楽」と、ベルク「管弦楽のための三つの小品」、チャベス《シンフォニア・インディアナ》、コープランド《エル・サロン・メヒコ》、そして小澤が振った黛敏郎《まゆずみとしろう》《饗宴《きょうえん》》で、翌六日は、アイヴズ《答えのない質問》と交響曲第二番、ストラヴィンスキー《春の祭典》だった。現在でもあまり観客動員が見込めそうもない曲が多い。

同時期に来日していた東ドイツのライプツィヒ・ゲヴァントハウス管弦楽団はフランツ・コンヴィチュニーが指揮していた。プログラムはベートーヴェンの九つの交響曲、シューベルト《未完成交響曲》など有名曲ばかりだった。さらに英国ロイヤル・バレエ団も来日しており、バーンスタインとニューヨーク・フィルハーモニックは集客に苦労し、新聞などの批評も賛否両論、毀誉褒貶《きよほうへん》であった。

この不評のせいなのか、ニューヨーク・フィルハーモニックの次の来日はほぼ十年後の一九七〇年まで待たねばならない。

■ケネディとの亀裂

一九六二年一月、ホワイトハウスでストラヴィンスキーの八十歳を祝う小さなパーティーが開催された。バーンスタイン夫妻も招かれ、ほかの客が帰った後も夫妻は遅くまでホワイトハウスに残っていた——これが、バーンスタインがケネディ時代のホワイトハウスに招かれた最後となった。

春になるとケネディ政権は、ソ連に対抗すべく核実験を再開すると宣言した。これにはアメリカのリベラル層が反発し、大きな抗議運動へと発展した。核兵器反対のデモ行進がワシントンで行なわれ、二万五千人が参加した。その先頭には核兵器廃絶を願う音楽家、レナード・バーンスタインの姿もあった。

バーンスタインはこのデモ以後、ケネディ政権では一度もホワイトハウスには招かれなかった。

九月にニューヨークの大規模再開発事業として複合的文化施設リンカーン・センターが完成し、ニューヨーク・フィルハーモニックの本拠地となる新しいホールも落成した。九月二十三日のオープニング演奏会には大統領夫妻が出席し、休憩時間にバーンスタインとケネディとがテレビカメラを前にして会談することになっていた。

だが、九月十一日になって大統領夫妻の欠席が発表された。多忙がその理由だったが、二十三日の大統領の予定はニューポートでの静養であり、「多忙」ではなかった。ケネディ自身が欠席を決めたのか、側近が忖度して勝手に決めて発表してしまったのか。

大統領夫妻欠席が報じられた翌日、ワシントンに新しく建てられる複合文化施設の資金集めパーティーが開かれることになっていた。ケネディが熱心で、バーンスタインに藝術監督就任を要請したプロジェクトである。バーンスタインはこのパーティーでの主役のひとりであり、大統領夫人ジャクリーンを紹介し、それを受けて彼女が建設予定のビルの模型を披露するという段取りだった。

だがバーンスタインは、当日になって、「唇を切ってしまいスピーチができない」との理由で欠席してしまった。もちろん仮病だった。

両者の緊張は高まった。このままではアメリカの最高権力者とアメリカ音楽界のスーパースターの関係は決裂してしまう。

九月二十三日のリンカーン・センターのオープニングに大統領は欠席したが、ジャクリーンは出席した。バーンスタインをこれ以上怒らせるのはまずいとの判断であろう。

■一九六三年十一月二十二日

その日、バーンスタインはニューヨークで、テレビの公開番組「ヤング・ピープルズ・コンサート」のため、フィルハーモニックのホールで打ち合わせを兼ねた昼食をとっている時に、そのニュースを知った。ジョン・F・ケネディ大統領がダラスで暗殺されたのだ。狙撃《そげき》した犯人はすぐに逮捕されたが、二日後に移送の際に射殺された。背景を含め謎が多く、いまだに「真相」が諸説ある暗殺事件だった。

バーンスタインは三作目の交響曲《カディッシュ》をこの夏に作曲し、秋の間はオーケストレーションに没頭していた。親友の訃報は、そんな時期に飛び込んできた。「カディッシュ」は、「神聖化」「聖なるもの」といった意味で、死者の追悼のために歌われる祈りでもある。バーンスタインは親友の死を予期して書いたわけではないが、この最新作をケネディに捧《ささ》げることを決めた。

ニューヨーク・フィルハーモニックは、二十四日の演奏会を大統領追悼演奏会とすることを決めた。バーンスタインが選んだのはマーラーの交響曲第二番《復活》で、追悼演奏会はテレビ中継され、何百万もの人が聴いた。この選曲は意表を突くものだった。こういう場合、モーツァルトやヴェルディのレクイエムか、葬送行進曲のあるベートーヴェンの《英雄交響曲》が定番だからだ。《復活》を選んだ理由について、バーンスタインは「《復活》は希望と勝利といった非現実的な観念が世俗の苦しみに打ち克《か》つ曲です。私たちの愛すべき人物の『復活』を願ってというだけでなく、彼の死を嘆き悲しむ我々すべてに希望を呼び戻したいと考えたのです」と説明した。

《カディッシュ》はこの後の一九六三年十二月にテルアビブで初演された。声楽を伴う交響曲で、歌詞も暗く重い。「私の最期は一分後か、一時間後か」「神は死を招く新発見の火を弄《ろう》することをなぜ人間に許したのか」など、核戦争の恐怖を連想させる歌詞となっている。初演の評判は賛否両論だった。

一九六四／六五年のシーズン、バーンスタインは作曲するという理由で長期休暇を取った。

この長期休暇でバーンスタインが作曲したのは《チチェスター詩篇《しへん》》で、六五年七月に初演された。そして六五年秋からバーンスタインは、ニューヨーク・フィルハーモニックのステージに本格的に復帰した。同時に六六年三月にはウィーン国立歌劇場とウィーン・フィルハーモニーにデビューし、大成功していた。六四年六月にカラヤンが去って以来、この音楽の都はスター指揮者を求めていた。その有力候補としてバーンスタインが浮上していた。

一九六六年十月、バーンスタインは「六九年をもってニューヨーク・フィルハーモニックの音楽監督を退任する」と楽団の理事会に伝えた。理由は、作曲に専念したいからとされていたが、ウィーンが視野に入っていたはずだ。

一九六八年六月六日、ロバート・ケネディが暗殺された。ケネディ家をまたも悲劇が襲ったのだ。バーンスタインはロバートとも親しかったので衝撃に打ちひしがれ、一週間ほど何もする気になれなかった。

しかし、追悼ミサでバーンスタインが演奏しないわけにはいかない。六月八日、セント・パトリック大聖堂でのミサで、バーンスタインとニューヨーク・フィルハーモニックの有志は、マーラーの交響曲第五番の第四楽章アダージェットを演奏した。

その年の八月、ワルシャワ条約機構軍がチェコスロヴァキアに侵攻した直後、ニューヨーク・フィルハーモニックはヨーロッパ・ツアーに出かけた。その旅の最中に、民主党の党大会でバーンスタインが支持していたユージン・マッカーシーが大統領指名選挙に敗れた。戦後のアメリカの「青春」が終わろうとしていた。

■世界へ

一九六九年五月十七日、ニューヨーク・フィルハーモニック音楽監督としてのバーンスタインの最後の演奏会が開かれた。曲はマーラーの交響曲第三番で、演奏が終わると、轟々《ごうごう》たる拍手、そして客席の全員がスタンディング・オベーションで、バーンスタインを讃《たた》えた。

バーンスタインはオーケストラのほうを向いたまま、一分以上もじっとしていた。言葉を失っていた。

音楽監督としての十年間で、バーンスタインは八〇〇回以上の演奏会を指揮し、一〇〇枚以上のレコードを録音した。彼は五十歳になっていた。つまり、人生の絶頂期とも言うべき四十代をこの楽団と共に過ごしたのだ。双方にとって、最も幸福な時代だった。それが、終わったのだ。

しかし、感傷的なのはその夜だけだった。翌日、バーンスタインはジミ・ヘンドリックスのコンサートでロックをガンガンに浴び、その翌日にはウィーンへ飛び、一週間後にはウィーン国立歌劇場一〇〇年祭でベートーヴェンの「荘厳ミサ」の指揮をした。

バーンスタインはニューヨーク・フィルハーモニックから「桂冠指揮者」という名誉称号を与えられ、以後も共演は続けるが、どこのオーケストラとも常任契約は結ばず、「世界一のフリーランスの指揮者」となった。

バーンスタインが何度も指揮したオーケストラとしては、ウィーン・フィルハーモニー、アムステルダムのロイヤル・コンセルトヘボウ管弦楽団、イスラエル・フィルハーモニック、フランス国立管弦楽団、バイエルン放送交響楽団、ロンドン交響楽団などがある。

レコードでは、ニューヨーク時代は、コロムビア・レコード（CBS）と契約していたが、ドイツ・グラモフォンと契約した。このレーベルで、ウィーン・フィルハーモニーの演奏会のライブ録音を次々とレコードにしていく。

ウィーン・フィルハーモニーとバーンスタインは、ベートーヴェン、ブラームスの交響曲の全曲録音をはじめ、交響曲の多くをレコーディングした。その多くは映像も収録されている。

■ベートーヴェン・イヤー

一九七〇年はベートーヴェン生誕二〇〇年の年で、各地で記念演奏会が開かれた。なかでも、ベートーヴェンが暮らしていたウィーンでは、さまざまなイベントが開催され、その主役のひとりが、バーンスタインだった。

四月には、ウィーン・フィルハーモニーとボストン交響楽団の演奏会で、ベートーヴェンの第九を指揮した。六月には、《フィデリオ》を初演の地であるウィーンのテアター・ディア・ウィーンで指揮した。

一九七一年九月八日、ワシントンに、ジョン・F・ケネディ・センターが落成し、そのオープニングに、バーンスタインが登場し、新作の「歌手、演奏家、舞踏家のための劇場用作品《ミサ曲》」が初演された。ケネディ大統領へ捧げられた大規模な曲だった。

一九七二年九月には、メトロポリタン歌劇場のシーズン開幕公演《カルメン》を指揮し、オペラ指揮者としての活動も本格化していく。

一九七二年の大統領選挙ではニクソンが再選された。アメリカでは現職の大統領が再選されても、改めて就任式が行なわれる。年が明けた一九七三年一月二十日が就任式で、十九日はその前夜祭が計画されていた。ケネディ・センターでは記念演奏会が開催され、フィラデルフィア管弦楽団がユージン・オーマンディの指揮で演奏することになっていた。

ニクソン政権はベトナム戦争の休戦に向けて秘密裏に動いていたが、就任式までに休戦協定を結ぶことはできなかった。

平和の闘士であるバーンスタインはニクソン政権に対し一貫して批判的立場をとっていた。十九日のニクソン就任記念演奏会の同時刻に、バーンスタインは、ワシントン大聖堂で、「平和への嘆願」と銘打った演奏会を開くことにした。

バーンスタインが選んだ曲は、ハイドンの「戦時のミサ」と呼ばれるものだった。オーケストラに加え、一二五人の合唱団が必要な曲だ。ナショナル交響楽団のメンバーが組合の定める最低賃金で演奏を引き受けた。

会場になる大聖堂には三千人の席が用意されていた。「戦時のミサ」はそれほど有名な曲ではない。はたして客は来てくれるのか。しかも、その夜は激しい雨と風になった。それでも、人びとは来た。反戦の声が高まっていることを、音楽を聴きに行くことで示そうとした人びとが詰めかけた。

三千席はすぐに埋まった。それでも大聖堂へ向かう人の流れは絶えない。急遽《きゅうきょ》、大きなスピーカーが大聖堂の外に取り付けられた。入れなかった一万二千人が雨と風のなかで凍えながら、スピーカーから流れる「戦時のミサ」を聴いた。それを聴いている人びとのことは全米に報じられ、さらには全世界へも伝わった。

この音楽家は大統領就任記念演奏会の同日同時刻に同じ都市で反戦演奏会を開き、見事に成功させたのだ。

パリでベトナム戦争の和平協定の仮調印がなされたのは、四日後の一月二十三日、調印式は二十七日のことだった。

■平和への旅

バーンスタインは「教育者」としての一面も持つ。一九七三年にはハーヴァード大学で音韻論、音楽意味論などの講義をした。

作曲も続けていたが、広く知られる作品にはならない。指揮者としての名声は高まるばかりだったが、作曲家としては「《ウエスト・サイド・ストーリー》を作った人」でしかなかった。クラシック作品は、彼自身の演奏会でしか演奏されない。

一九七九年十月、ついにバーンスタインがベルリン・フィルハーモニーを指揮する機会が訪れた。カラヤンとの確執が実在したのかどうかは分からないが、世界中の著名オーケストラに客演していたバーンスタインにとって、唯一、一度も客演していなかったのが、ベルリン・フィルハーモニーだった。当然、人びとはそこに「カラヤンの意思」を感じていた。オーケストラとバーンスタイン・サイドは周到に計画を練り、カラヤンの管轄下にある定期演奏会ではなく、ベルリン藝術週間の枠組のなかで、収益をアムネスティ・インターナショナルに寄託するチャリティーコンサートで共演することにした。

十月四日と五日、バーンスタインはベルリン・フィルハーモニーを指揮して、マーラーの第九番を演奏した。この後も共演はなかったので、一期一会、空前絶後の名演として伝説になった。演奏会は放送されたので録音もされていたが、カラヤンとバーンスタインの存命中に発売されることはなく、二人が亡くなった後の一九九二年にCDとしてリリースされ、ベストセラーになる。

一九八〇年代のバーンスタインは、作曲に重点を置いていた。新しい作品を作ることと、過去の作品に手を入れて決定版とすること、そしてそれらを演奏し、録音録画していくことで、自分の作品を後世に遺《のこ》そうとしていたのだ。

その音楽活動と並行して、反戦・平和活動も続け、ときに音楽活動と政治的活動とは一体となる。この時期は、ホロコーストをテーマにしたオペラを構想していた（結局、実現しない）。

音楽家としての知名度を利用して、バーンスタインは平和運動など、社会的な運動にも積極的にコミットした。核軍縮、世界平和、人種差別撤廃、アムネスティ・インターナショナル、エイズ研究など、多くの社会問題について機会があれば発言した。彼は世界中のオーケストラに客演していたので、世界中の主要都市をまわり、そのたびにその国の大統領や首相と会い、これらの問題についても語った。

一九八五年には「平和への旅」と名付けて政治と音楽活動を一体化させた。ユース・オーケストラとともに平和を訴える演奏会を世界各地で開くというものだった。

そのなかでも八月六日の広島での演奏会はひとつのクライマックスだった。いうまでもなく、原爆投下から四十年の日である。

アメリカのテレビ局のインタビューには「戦争は不要であり、核兵器などというナンセンスなものはすべてきっぱりと廃絶すべきであるという賢明な認識を、この演奏会によって少しでも広げることができればと思っている」と答えている。

バーンスタインと青年たちのオーケストラはその後、ブダペストとウィーンでも演奏会を開き、核兵器廃絶と平和を訴えた。

■東欧革命

一九八九年四月、バーンスタインはイスラエルで、彼が作曲した《ジュビリー・ゲームズ》の改訂版《オーケストラのための協奏曲》の初演を指揮した。

当時のイスラエルは強硬派で知られるイツハク・シャミルが首相だった。平和を求めるバーンスタインは、イスラエル・ホロコースト・メモリアルでのセレモニーで、アラブに対する煽動《せんどう》的な演説をするシャミルに対しては疑問を抱き、懸念を隠さなかった。

七月にカラヤンが亡くなった。その一年前から二人は急接近し、ウィーン・フィルハーモニーの日本公演に二人で行く計画まで立てていた。人生の最後になって、再び「親友」になったのだ。

カラヤンの死の前後から、東欧の民主化運動が急展開していた。その重要なシーンには、常にバーンスタインがいた。

バーンスタインは八月のタングルウッド音楽祭の仕事を終えると、ワルシャワへ向かった。

九月一日は、ヒトラーのナチス・ドイツがポーランドへ侵攻した日で、一九八九年はちょうど五十年にあたった。それを記念する音楽イベントがワルシャワであり、バーンスタインはその主役のひとりだった。オーケストラと合唱団はポーランドの音楽家たちで、指揮者やソリストは、かつての敵国であるドイツと、連合国側のアメリカの音楽家たちで、ともに演奏することで平和を確認する。バーンスタインはベートーヴェン《レオノーレ》序曲第三番と自作の宗教合唱曲《チチェスター詩篇》を指揮した。

ほかには、ポーランドのクシシュトフ・ペンデレツキが自作《ポーランド・レクイエム》のなかから何曲かを指揮し、ベルリン出身のユダヤ人であるルーカス・フォスがアルノルト・シェーンベルク《ワルシャワの生き残り》を指揮した。

演奏会後のレセプションで、バーンスタインはヴォイチェフ・ヤルゼルスキ大統領と、タデウシュ・マゾヴィエツキ首相と面談した。

■ベルリンの壁崩壊祝賀

十一月に、ベルリンの壁が崩壊した。

バーンスタインはクリスマスに「ベルリンの壁崩壊」祝賀公演を指揮することになった。

東西のドイツと、ベルリンを占領・統治した米英仏ソ、あわせて六カ国の音楽家たちによる臨時の楽団を編成し、ベートーヴェンの第九を演奏するのだ。

まさに、東欧革命における真打ち登場だった。

ベルリンには、西ドイツのバイエルン放送交響楽団、東ドイツのドレスデン国立管弦楽団、ニューヨーク・フィルハーモニック、ロンドン交響楽団、レニングラード・キーロフ歌劇場管弦楽団、パリ管弦楽団から選抜メンバーが集まった。

会場は二十三日が西ベルリン側にあるフィルハーモニーで、一日休み、二十五日は東ベルリンのシャウシュピールハウスだった。

バーンスタインは演奏にあたり、第四楽章の「歓喜の歌」の歌詞の「フロイデ（喜び）」を「フライハート（自由）」に変更した。

二十三日のフィルハーモニーでの演奏会は、市の繁華街に置かれた巨大スクリーンにも映し出され、チケットを買えなかった者はそれで観た。霧雨が降っていたが、何万もの人びとがその雨のなか、バーンスタインが指揮する自由を謳《うた》い上げた「第九」

を観て聴いて涙を流した。

翌日はリハーサルもせず、休んだ。そして二十五日のクリスマス、会場は東ベルリンのシャウシュピールハウスに移る。朝から寒かった。

この日の演奏会は衛星中継で全世界二十カ国に放送された。テレビで放送されただけでなく、レーザーディスクとしても発売され（現在はＤＶＤ）、ライブ録音のＣＤにはベルリンの壁の残骸《ざんがい》が付録として付けられた。

バーンスタインの第九は全世界へ届いた。しかし、彼の身体を、この時すでに癌が冒していた。

■「プラハの春」、再訪

バーンスタインは一九九〇年になっても多忙だった。八九年クリスマスのベルリンでの大仕事を終えるとアメリカへ帰って、一月は休養と作曲にあてられた。しかし作曲ははかどらなかった。

二月から三月にかけては、ウィーン・フィルハーモニーを指揮した。バーンスタインがウィーンへ行って演奏し、続いてフィルハーモニーがニューヨークへ来るという趣向だった。

バーンスタインはニューヨークの後は、ミュンヘンとパリで演奏した。

そして――四月に癌であることが分かった。肺の周囲の膜を破壊する中皮腫《ちゅうひしゅ》という悪性の腫瘍《しゅよう》だった。放射線治療を受けたが、その副作用で肺に水がたまるなど、いつ何があってもおかしくない状態だったが、極秘にされた。

五月の「プラハの春」でも最後を飾るのはバーンスタインだった。チェコスロヴァキアは前年十二月、ビロード革命で社会主義政権に終止符を打っていた。癌に冒されてはいたが、バーンスタインには守らなければならない約束があった。

一九四六年の最初の「プラハの春音楽祭」こそが、バーンスタインのヨーロッパ・デビューだった。この時のチェコスロヴァキアはまだソ連の支配下にはなかった。その翌年の四七年の「プラハの春」にもバーンスタインは出演したが、四八年に共産党政権が樹立されると、以後は行かなかった。

ビロード革命の最中の一九八九年十二月上旬、バーンスタインはプラハからテレックスを受け取った。それには、「あなたはこの音楽祭のスタート時に、ここにいました。そして、この国のすべての人びとの心に春が来た時、必ず戻って来ると約束されました。いま、その時が現実のものとなったのです」とあった。

バーンスタインとしては行くしかない。放射線治療はうまくいき、癌は消えたようだった。バーンスタインはプラハへ向かい、六月二日と三日、ベートーヴェンの第九を指揮した。

この音楽祭でバーンスタインは新しいチェコスロヴァキアの大統領であるハヴェルとも長い時間、面談した。バーンスタインは一九七七年にプラハに行くことになっていたが、当時の政権が反体制作家を投獄したことに抗議して、取り止めたことがあった。ハヴェル大統領はその時のことを感謝した。

■最後の日日

バーンスタインはプラハからアメリカに戻ると、作曲に専念するつもりで指揮の仕事は入れなかった。

次の指揮者としての仕事は、教育者としての仕事を兼ねるものだった。彼が提唱して、札幌に創設された新しい教育音楽祭PMF（パシフィック・ミュージック・フェスティバル）のために、医師や周囲の者は反対したが、バーンスタインは日本へ向かった。

札幌での音楽祭は数週間にわたり、バーンスタインは元気に見えた。音楽と若者たちのエネルギーが、彼を支えていたのかもしれない。学生たちのオーケストラを指導し、演奏会も指揮した。

札幌の仕事が終わると、バーンスタインは東京へ行き、そこでロンドン交響楽団と合流した。東京の最初の演奏会、サントリーホールでの七月十日には天皇・皇后が臨席することになっていた。体調は最悪だったが、バーンスタインはステージに立った。しかし体力的に予定したプログラムのすべてを指揮できず、彼自身の作品《ウエスト・サイド・ストーリー》のシンフォニックダンスは、若い日本人指揮者に代役として振らせた。十二日のオーチャードホールでの演奏会もどうにかこなした。

しかし、それが限界だった。十四日の朝、バーンスタインはホテルで床に倒れたま ま、動けなくなっていた。まだ大阪や京都での演奏会が残っていたが、残りの日本での日程はキャンセルされ、バーンスタインはアメリカへ戻った。

帰国後は、この年もタングルウッド音楽祭へ行き、学生たちを指導した。

八月十九日、タングルウッドの日曜コンサートで、バーンスタインはボストン交響楽団を指揮した。ブリテンの「《ピーター・グライムズ》からの四つの海の間奏曲」を指揮すると、バーンスタインはいったんステージから去り、次に予定されていた曲はほかの指揮者にまかせた。後半のベートーヴェンに全力投球するためだった。

休憩の後、バーンスタインは再びステージに登場し、ベートーヴェンの交響曲第七番が始まった。第三楽章は立っているのがやっとだったが、最後まで演奏した。元気な頃のような派手な動きではなく、抑制のきいたものだったが、そこには激しいエネルギーがあった。

これがバーンスタインの最後の演奏、指揮者としてのフィナーレになろうとは、このとき誰が知ろう。

バーンスタインは演奏後の打ち上げのパーティーには顔を出しただけで、すぐにニューヨークへ飛んで帰り入院した。八月二十八日に退院し、しばらくはニューヨークのアパートメントで暮らしていたが、九月にコネチカット州に持っている家へ移り、療養した。そしてまた十月にニューヨークへ戻った。

ニューヨークに戻ると検査と治療の日日が続いた。癌は治ったはずだったが、バーンスタインは死を恐れて、精神的にも不安定になっていった。バーンスタインは死を恐れて、肺組織が硬化する線維症と診断された。

東西冷戦は終わろうとしていたが、八月二日、イラク軍がクウェートに侵攻した。湾岸戦争へ発展するのは翌年である。

バーンスタインが病気と闘っている間の十月三日、ベルリンの壁崩壊から一年足らずにして、ドイツは再統一された。

バーンスタインが覚悟して、身辺整理に入ったのはドイツ統一を見届けた頃だった。まだ何年か先まで演奏会の予定が詰まっていたが、それらをキャンセルしなければならない。マネージャーと相談し、「演奏会からの引退」を宣言することにした。「今後は、プロフェッショナルとしての能力を、作曲、創作、教育の分野に注ぐ」「自伝も執筆する」という内容の声明文にサインし、十月六日に引退が発表された。

バーンスタインはニューヨークの高級アパートメント、ダコタハウスの自宅で療養していた。

しかし――十月十四日午前六時十五分、医師の治療を受けている間に、レナード・バーンスタインは心臓麻痺《まひ》で亡くなった。七十二歳だった。

葬儀は自宅で営まれ、ブルックリンのグリーンウッド共同墓地に葬られた。十六日夜八時、ニューヨークのブロードウェイの劇場街はネオンをいっせいに消して、この作曲家に弔意を表した。

十一月にニューヨーク・フィルハーモニックと、バーンスタインが指揮したことのある世界中のオーケストラのメンバーがカーネギー・ホールに集まり、追悼演奏会を開いた。十二月にはマジェスティック劇場で劇場関係者による追悼演奏会が開かれた。そして十二月三十一日、セント・ジョン・ザ・ディヴァイン大聖堂での毎年恒例の平和演奏会は、バーンスタイン追悼演奏会となった。

シンフォニー・オーケストラ、ブロードウェイ、平和運動のそれぞれが、偉大な指揮者を送ったのだ。

第8章
「無欲にして全てを得た人」クラウディオ・アバド

Claudio Abbado

1933年6月26日〜2014年1月20日

イタリア、ミラノ生まれ

◉常任した楽団・歌劇場など

ミラノ・スカラ座、ロンドン交響楽団、ヨーロッパ室内管弦楽団、ウィーン国立歌劇場、ベルリン・フィルハーモニー、ルツェルン祝祭管弦楽団

一九三〇年代生まれの名指揮者は多い。そのなかでクラウディオ・アバドを選んだのは、ベルリン・フィルハーモニーの首席指揮者だったからにほかならない。では、この地位に就いていなかったら、彼は大指揮者ではないのかというと、そうでもない。ミラノのスカラ座、ウィーン国立歌劇場、ロンドン交響楽団、シカゴ交響楽団というトップクラスの歌劇場と楽団で常任ポストにあったマエストロの中のマエストロなのだ。

■生い立ち

クラウディオ・アバドは一九三三年六月二十六日に、イタリアのミラノで生まれた。父ミケランジェロ・アバドはヴァイオリニスト、音楽学者、ヴァイオリン教師であり、ジュゼッペ・ヴェルディ音楽院教授になった高名な音楽家で、その名を冠した「ミケランジェロ・アバド国際ヴァイオリン・コンクール」が開催されている。兄のマルチェロはピアニストで作曲家でもあり、いくつもの音楽院の教授を務め、ヴェルディ音楽院やスカラ座の理事にもなる。その子（クラウディオの甥《おい》）ロベルトは指揮者だ。姉のルチアーナは音楽出版社リコルディに勤務し、後にミラノ音楽祭の創設者になる。弟のガブリエルは建築家だ。

母はマリア・カルメラ・サヴァニョーネというペンネームの児童文学作家で、ピアニストでもあった。その父（クラウディオの祖父）はパレルモ大学の古文書学教授である。クラウディオは幼い頃はこの母方の祖父と過ごすことが多かった。

このように、アバド家はインテリの音楽家一家だった。それでもクラウディオには「三歳からピアノが弾けた」という神童物語はない。八歳になると父からヴァイオリンを習ったが、しばらくしてピアノに転向し、母が教師となった。やがて七歳上の兄マルチェロからピアノと、楽理と和声の基礎も学ぶ。

八歳の年、兄マルチェロが、スカラ座での演奏会に連れて行ってくれ、アントニオ・グァルニエーリの指揮するドビュッシー《夜想曲》を聴いた。「雲」「祭」「シレーヌ」の三曲で構成される管弦楽曲だ。クラウディオはなかでも「祭」に感動し、その夜、日記に「指揮者になりたい」と書いた。これが指揮者になろうという出発点となる。

クラウディオが生まれた一九三三年は、ドイツではヒトラー政権が始まった年だが、イタリアはそれよりも前からムッソリーニ政権下にあった。父ミケランジェロはトスカニーニと親しかったようだが、このマエストロはイタリアでは指揮しないと決めていた時期にあたるので、クラウディオは幼少期に出会ってない。

ファシスト政権下にアバド家がどう生きていたのかは、断片的にしか分からない。

クラウディオが多くを語ろうとしていないからだ。父はラジオに出演して生計を立てていたという。両親ともムッソリーニに心酔していたわけではなく、批判的な立場だったようではある。一九四四年には追われていたユダヤ人の少年を匿《かくま》って逃がしたことで、母が逮捕され、短期間だが刑務所に入れられた。こういう経験があるので、クラウディオは大人になっても反ファシズムの立場で、イタリアでは左翼政党を支持する。

一九四五年、アバドが十二歳になる年に戦争は終わったが、ミラノ市民にとっての終戦は、一九四六年五月、トスカニーニがミラノへ帰り、スカラ座の再建記念演奏会を指揮した時だった。この瞬間、ファシズムと戦争の時代は完全に終わったのだ。

一九四九年に、レナード・バーンスタインがミラノへ来て、バッハのブランデンブルク協奏曲を演奏したが、その時にソリストを務めたのが、父ミケランジェロだった。バーンスタインはアバド家に招かれ、クラウディオが「指揮者になりたいんです」と言うと、「きみは指揮者の眼をしている」と励ました。

しかし父はこの仕事の厳しさとその割には経済的に恵まれないことから、最初は反対し、クラウディオはなかなかヴェルディ音楽院に入学させてもらえなかった。クラウディオにずば抜けた才能があるように見えなかったからでもある。この大指揮者には、神童伝説も天才少年物語も存在しない。

それでも母が父を説得してくれ、クラウディオは十六歳でヴェルディ音楽院に入学した。音楽院に入ると、ブルーノ・ベッティネリからピアノと作曲を学んだ。この頃から教会でオルガンを弾くアルバイトも始めた。

指揮の師となったのは、トスカニーニのアシスタントをしていたことのあるアントニオ・ヴォットーだった。カルロ・マリア・ジュリーニも、間接的な師だった。ジュリーニは学生オーケストラを指揮していたので、それを見て学んでいたのだ。

一九五〇年には、フルトヴェングラーがスカラ座で《ニーベルングの指環《ゆびわ》》を指揮したのを聴いて、衝撃を受けた。

一九五二年五月、十九歳になる直前に、クラウディオはミラノに帰っていたトスカニーニの前で、父が率いる室内管弦楽団で、バッハのピアノ協奏曲を演奏する機会があった。トスカニーニはクラウディオのピアノを「手袋のようにフィットしている」という褒め方をした。

■ウィーンで学ぶ

ヴェルディ音楽院に入学したアバドは十九歳でピアノ科の卒業資格を得て、二年後に指揮と作曲のクラスを卒業した。その間の一九五五年の夏はザルツブルクで過ごし、ピアニストのフリードリヒ・グルダの夏季講座に参加し、この時、ピアニストのマルタ・アルゲリッチと知り合った。

翌一九五六年の夏はシエナでのキジアーナ・アカデミーのマスタークラスに参加した。そこではアルフレッド・コルトーやカルロ・ゼッキといった著名音楽家が教えていた。生徒として参加していたのが、インド出身のズービン・メータで、二人は親友になる。

メータはアバドの三歳下だが、一九五四年からウィーン音楽院で学んでいた。メータが師である指揮者ハンス・スワロフスキーについて熱っぽく語るので、アバドはウィーンへ行こうと決意した。

スワロフスキーはシェーンベルクに師事した人だった。アバドが後にシェーンベルク、ベルク、ヴェーベルンら新ウィーン楽派の音楽をプログラムに入れるのは、この師の影響からだ。

一九五六年秋、アバドはウィーン音楽院に入った。前年に国立歌劇場が再建され、一年も経たずにベームが辞めて、翌年からはカラヤンが来ると決まっていた時期にあたる。メータとアバドは楽友協会のコーラスに入り、ワルター、セル、クリップス、シェルヘン、カラヤンらの名指揮者たちの指揮を体験するという、またとない経験をした。なかでもカラヤンはリハーサルの場に部外者を入れないことで有名だったので、出演者としてリハーサルに参加することで、「見学」しようと考えたのだ。しかし二人は合唱のリハーサルには興味がなく、オーケストラが加わるリハーサルにしか参加しなかったので、カラヤンがそれに気付いて、追い出されるという一幕もあった。

一九五八年、アバドとメータはウィーン音楽院を卒業した。この時点で二人は卒業生のなかで突出していた。

その夏、二人は渡米してバークシャー音楽祭（現・タングルウッド音楽祭）に参加した。この教育音楽祭では、シャルル・ミュンシュやピエール・モントゥー、レナード・バーンスタインらが指導し、最後に最も優秀な指揮者にクーセヴィツキー賞が与えられる。メータが最有力候補だったが、アバドが受賞した。

優勝したアバドには、アメリカのいくつかの楽団から客演やアシスタント指揮者にならないかとのオファーがあったが、彼は「まだ早い」のと、ヨーロッパで暮らしたいとの思いから断り、イタリアへ戻った。

親友のメータはこの年リヴァプールでの指揮者の国際コンクールで優勝すると、各地に客演していく。

ヨーロッパへ帰ったが、アバドはオーケストラか歌劇場のアシスタント指揮者になったわけでもなかった。一九五九年にトリエステ・フィルハーモニーの演奏会で、ヒンデミット《至高の幻想》などを指揮し、これがプロの指揮者としてのデビューとなる。

オペラ指揮者としてのデビューは一九六〇年十一月、トリエステの市立歌劇場（ヴェルディ劇場）で、ミラノ音楽院での師だったジョルジョ・フェデリコ・ゲディーニ《アレクサンドリアのマリア》を指揮した。

一九六〇年からアバドはパルマ音楽院で室内楽の講師となり、三年間、教えていた。その間に、年に数回ではあるが、指揮の仕事もしていたのだ。

一九六一年六月にはローマの聖チェチーリア音楽院管弦楽団、ウィーン交響楽団に客演した。

■ベルリン、ザルツブルクへデビュー

一九六三年四月、アバドはニューヨークで開催されたミトロプーロス国際指揮者コンクールに参加した。一位に入賞すると、賞金のほか、アメリカのメジャー・オーケストラのアシスタント指揮者として一シーズン契約できる。

イタリアからアメリカへ来たアバドを迎えたのは、親友のメータだった。三歳下のメータは二十七歳にして、モントリオール交響楽団とロサンゼルス・フィルハーモニックの音楽監督を兼任していた。メータはモントリオールにアバドを客演させてくれた。しかし、あまりいい評判は得られず、コンクールに臨むにあたり自信をつけさそうというメータの思惑通りにはならなかった。

コンクールには六十五人が応募した。オーケストラを指揮する前の段階で、かなり落とされた。しかしアバドは準々決勝、準決勝、決勝と進んだ。決勝ではストラヴィンスキー《火の鳥》を指揮した。オーケストラはニューヨーク・フィルハーモニックである。そして、見事に三名の一位入賞者のひとりになった。

アバドは一シーズンだけだが、ニューヨーク・フィルハーモニックのアシスタント指揮者になった。当時の音楽監督はバーンスタインである。指揮の指導を受けられるわけではないが、バーンスタインや客演指揮者たちのリハーサルと本番の演奏会に立ち会える特権を得るのだ。それを見て、聴いて、学べということだった。

かつてブルーノ・ワルターが急病になり、バーンスタインが代役でデビューしたように、バーンスタインがインフルエンザに罹《かか》り、アバドが代役となる可能性は、ゼロではないという程度だ。

ニューヨーク・フィルハーモニックの一九六三／六四シーズンの開幕は九月二十四日だった。その二番目の演奏会として、二十六日から二十九日に、バーンスタインの指揮でマーラーの交響曲第二番《復活》が演奏された。アバドはそのリハーサルを間近で見ていた。

ニューヨーク・フィルハーモニックは、アバドの労働力を期待していたわけではないので、休暇は自由に取れた。アバドは十月下旬、ヨーロッパへ戻り、ベルリン

（西）放送交響楽団に客演した。ベートーヴェンのピアノ協奏曲第三番のソリストは、マウリツィオ・ポリーニで、二人の長い友情の始まりだった。ポリーニは六〇年のショパン国際ピアノ・コンクールで優勝した直後で、演奏会にはあまり出ていない時期にあたる。ほかにチャイコフスキーの幻想序曲《ロミオとジュリエット》、プロコフィエフの交響曲第三番を指揮した。

たまたまこの公演をカラヤンが聴いていた。帝王はアバドに何かを感じ、一九六五年夏のザルツブルク音楽祭にデビューすることが決まった。

ニューヨークに戻ると、フィルハーモニックのテレビ番組「ヤング・ピープルズ・コンサート」で、十一月にラヴェルの「序奏とアレグロ」を指揮した。さらに一月には、定期演奏会でモーツァルトのヴァイオリン協奏曲第三番、プロコフィエフ《道化師》、チャイコフスキーの交響曲第二番を指揮し、四月にはリンカーン・センターの学生プログラムで、アイヴズ《答えのない質問》と、バーンスタインの交響曲第二番《不安の時代》を指揮し、一シーズンの契約を終えた。

ニューヨークでは、バーンスタインもさることながら、セルの指揮に感動した。そういう収穫はあったが、英語が得意ではなかったこともあり、それほど得るものはなかった。

アバドはヨーロッパへ帰り、八月十八日、再びベルリン放送交響楽団に客演し、バッハ《音楽の捧《ささ》げもの》、ベルク《ルル》組曲、ラフマニノフの「パガニーニの主題によるラプソディ」、ラヴェル《ラ・ヴァルス》というプログラムを指揮した。記念すべきザルツブルク・デビューのオーケストラはウィーン・フィルハーモニーである。曲の選択権はアバドにあった。三十二歳の指揮者は、世界一のオーケストラを初めて指揮する曲として、大胆にも、大編成を必要とし声楽も加わり、演奏時間も九十分近くになる大曲にして難曲の、マーラーの交響曲第二番《復活》を選んだ。バーンスタインがシーズンの始まりに演奏したのを見て聴いているとはいえ、いきなりザルツブルク音楽祭のウィーン・フィルハーモニーという大舞台はリスクが大きい。そこでアバドは七月二日にスカラ座管弦楽団の演奏会でマーラー《復活》を指揮した。

一九六五年八月十四日、運命の日がやって来た。ウィーン・フィルハーモニーにとってマーラーは、かつて自分たちを指揮したマエストロではあるが、当時の楽団員はとうにいなくなっている。この楽団は作曲家マーラーの作品を当時はそれほど多く演奏していない。慣れていないということは、若い指揮者が指示しても「それは伝統と違う」という反発が生じない。ザルツブルクでこの曲が演奏されるのも初めてだったので、「過去の名演」と比べられることもない。アバドにとってもこの曲は初めてだが、ニューヨークでバーンスタインが演奏するのを間近に見ていたし、直前にスカラ座で指揮しているので、ザルツブルクにいる人びとのなかで、この曲をよく知っているのはアバドだけという点では、優位に立っていた。

アバドも、ウィーン・フィルハーモニーも、《復活》に慣れていないので、最初はぎこちない演奏となっていたが、だんだんに熱気を帯びていき、最後は盛り上がった。拍手と喝采《かっさい》の声はすさまじく、伝説の名演となった（放送されたので録音が残っている）。

遅咲きの青年指揮者のザルツブルク・デビューは大成功したのだ。

カラヤンの耳も正しかったことになる。だが、そのカラヤンにしても、この青年がやがて自分の後継者になると、この時点で予測できたかどうか。

トスカニーニとフルトヴェングラー、そしてワルターという十九世紀生まれの三大指揮者の晩年の演奏を聴いていたアバドは、戦後の二大スターであるカラヤンとバーンスタインの二人によって、メジャーへと引き立てられていった。

大指揮者の系統図のさまざまなラインが、この青年に集中していたのだ。

■スカラ座音楽監督へ

ザルツブルク音楽祭は世界中の音楽関係者が集まる。ミラノ出身の青年の名は、瞬く間に各国のオーケストラと歌劇場へ知られていった。

一九六五年十一月、アバドはイギリスでの初公演としてハレ交響楽団に客演し、以後一九六七年の終わりまでの二年間に、アムステルダムのコンセルトヘボウ管弦楽団、ロンドンのニュー・フィルハーモニア管弦楽団（その後「ニュー」が取れる）、ロンドン交響楽団、イスラエル・フィルハーモニック、ウィーン交響楽団などの演奏会に初出演した。

一九六六年は、アバドが後に深い関係を持つベルリン・フィルハーモニーと、ルツェルン音楽祭の二つにデビューした年でもある。八月二十日には、ルツェルン音楽祭のスイス祝祭管弦楽団の演奏会でヒンデミットの「ヴェーバーの主題による交響的変容」、シベリウスのヴァイオリン協奏曲（ソリストはジノ・フランチェスカッティ）、メンデルスゾーンの交響曲第四番を指揮した。

ベルリン・フィルハーモニーの演奏会には十一月二十日と二十一日に登場し、ヒンデミットの「交響的変容」と、プロコフィエフのピアノ協奏曲第五番（ピアノはニキータ・マガロフ）、シューベルトの交響曲第四番を指揮した。以後、この楽団の定期演奏会に、毎シーズンに一回は客演する。六八年のザルツブルク音楽祭では、マーラー《復活》を、今度はベルリン・フィルハーモニーと演奏した。

歌劇場での活躍も始まった。三月にスカラ座でベルリーニ《カプレーティとモンテッキ》を指揮し、六月のオランダ音楽祭でもこのオペラを指揮し、さらに翌六七年八月のエディンバラ音楽祭、十月のモントリオール万国博覧会へのスカラ座の引っ越し公演でも、このオペラを指揮した。

こうして実績を積むと、スカラ座の一九六七/六八シーズンの開幕公演でドニゼッティ《ランメルモールのルチア》を指揮する大役を得た。

一九六八年はスカラ座のほか、六月にはロンドンのコヴェント・ガーデン王立歌劇場でヴェルディ《ドン・カルロ》(ルキノ・ヴィスコンティ演出)、七月にはザルツブルク音楽祭でロッシーニ《セビリャの理髪師》(ジャン・ピエール・ポネル演出)で、十月にはメトロポリタン歌劇場で《ドン・カルロ》を指揮した。メトロポリタン歌劇場はこれが最初で最後となるが、コヴェント・ガーデンへはそう多くはないが、以後も客演し、オペラ指揮者として評判になっていった。

こうして一九六八/六九シーズンから、スカラ座の音楽監督に就任した。初の常任のポストである。十二月七日《ドン・カルロ》でシーズンの幕を開けた。七一年までかけて、スカラ座管弦楽団の演奏会では、マーラーの交響曲と歌曲を全曲演奏していく。

■スカラ座時代

スカラ座音楽監督としての最初のシーズンは一九六八年十二月から翌年三月までで、

《ドン・カルロ》を八回、ストラヴィンスキー《エディプス王》を六回、《ランメルモールのルチア》を五回、指揮した。

その合間に各国に客演する、人気指揮者としての活動が本格化していく。きりがないので、初めて客演した楽団、歌劇場だけを記す。

アメリカの楽団への客演も増えていった。一九七〇年は一月にボストン交響楽団、十一月にクリーヴランド管弦楽団、一九七一年一月にはシカゴ交響楽団を振った。さらに七三年にはクリーヴランド管弦楽団と、フィラデルフィア管弦楽団とアメリカ国内ツアーにも出た。

ウィーン・フィルハーモニーとの関係もより深くなり、ウィーンでの定期演奏会やザルツブルク音楽祭で共演を重ねていった。ベルリン・フィルハーモニーも前述のように一シーズンに一回は呼ばれている。

この時代はどの歌劇場でも、一シーズンに数作、気鋭の演出家を招聘《しょうへい》して新演出でオペラを上演していた。スカラ座も、イェリネク演出《ヴォツェック》、ポネル演出のロッシーニ《チェネレントラ（シンデレラ）》《アルジェのイタリア女》、ストレーレル演出《シモン・ボッカネグラ》《マクベス》《三つのオレンジへの恋》、デ・ルッロ演出《アイーダ》、シェンク演出《フィガロの結婚》、ロンコーニ演出《ヴォツェック》などが、アバドの指揮で次々と放たれていった。

ロッシーニは有名な作曲家だが、その作品は時代遅れの古いものとされ、歌劇場のレパートリーから消えていたが、アバドは積極的に蘇《よみがえ》らせていった。

新演出を作るだけでなく、アバドはオペラのスコアを徹底的に研究し、作曲された当時のオリジナルの形での上演を目指した。何十年もの間の演奏で、歌手や指揮者の都合で改変された箇所が、演奏習慣あるいは伝統となっていた。それを元通りにしていったのだ。

本拠地のスカラ座以外でも、アバドは新演出のオペラを指揮していく。たとえば一九七二年はバイエルン州立歌劇場で、オットー・シェンク演出《シモン・ボッカネグラ》と、ベルリン・ドイツ・オペラでカポビアンコ演出《アイーダ》、一九七五年はコヴェント・ガーデンでシェンク演出《仮面舞踏会》を振った。

オペラではなく、管弦楽でもアバドは新作に積極的だった。ウィーン音楽院時代の師であるスワロフスキーの影響で、シェーンベルクなどの新ウィーン楽派を演奏するのはもちろん、二十世紀後半の現代音楽も多く取り上げていた。

一九七二年にはスカラ座管弦楽団の演奏会でルイージ・ノーノ《力と光の波のように》をポリーニと初演した。ノーノとは個人的にも親しくなる。ほかに、シュトックハウゼン、ベリオ、リゲティ、ペンデレツキ、ブーレーズ、マンゾーニ、ペトラッシ、ダッラピッコラといった作曲家の作品がアバドのプログラムに載る。

ノーノとポリーニとのコラボレーションは発展し、一九七三年にはレッジョ・エミーリアでワークショップ「音楽と現実」を開催した。これのプロジェクトにはマンゾーニ、アッカルド、カニーノといった現代音楽の作曲家たちも参加し、以後も続いていく。

一九七五年四月にはノーノの新作《愛に満ちた偉大な太陽に向かって》が、テアトロ・リリコでリュビモフ演出、アバドの指揮で世界初演された。

アバドの初来日は一九七三年で、ウィーン・フィルハーモニーのアジア・ツアーとして来て、三月二十日に東京で演奏し、名古屋、富山、大阪、熊本、福岡、広島、倉《くら》敷《しき》、大阪、東京、札幌とまわった。最後の札幌は四月九日なので、三週間にわたり滞在していたことになる。

プログラムはモーツァルト、ベートーヴェン、シューベルト、ブラームスといった極めてオーソドックスなものだが、ヴェーベルンの「五つの小品」も入れておくあたりが、アバドらしい。

■帝王の横槍

一九七二年から、スカラ座はアバドが音楽監督で、音楽面、とくにオーケストラの権限と責任を持ち、その上に藝術《げいじゅつ》監督としてマッシモ・ボジャンキーノと、総支配人のパオロ・グラッシがいるというトロイカ体制で運営されていた。

だが一九七六年四月、グラッシがイタリア放送局へ行くことになり辞任すると、アバドも続いて辞任を表明した。しかし、即日、辞めたわけではなかった。スカラ座は一九七八年が創立二〇〇年なので、すでにいくつものプロジェクトが動いており、投げ出すわけにもいかなかったのだ。

スカラ座に限らず、イタリアの歌劇場は政治・行政との関係が複雑で、その調整に支配人や藝術監督は労力の大半を費やしていた。労働組合も強く、頻繁にストライキが打たれた。財政難は恒常化しており、シーズンの初日はギリギリまで幕が開けられるのかどうか分からない状況だった。

それなのに、アバドはスカラ座に残った。それだけではない。一九七七年九月、アバドは藝術監督に就任した。ボジャンキーノがフィレンツェの歌劇場の総支配人に異動してしまったので、後を継ぐことになったのだ。指揮する以外にオペラを上演するためのさまざまな案件を決裁しなければならず、仕事は増えていった。アバドをそうさせたのは、本人が言うには「スカラ座への愛と絆《きずな》と情」ゆえ、だった。

かくしてスカラ座は、アバド藝術監督のもと、一九七七年十二月七日、二〇〇年祭シーズンを開幕した。その開幕公演はロンコーニ演出《ドン・カルロ》だった。通常は四幕版で上演されるが、あえて五幕版で上演するこだわりを見せた。テレビ中継されるはずだったが、出演した歌手のうち、カレーラスら四人が、《ドン・カルロ》の録音と録画については、カラヤンと行なうという専属契約を結んでいるとの理由で、放映できなくなった。しかし、開幕公演とは別の日に別のキャストを組んで放映した。世に言う「カラヤンの横槍《よこやり》事件」である。この帝王はアバドが無名時代には、その才能を見出《みいだ》してザルツブルク音楽祭に抜擢《ばってき》するという器量の大きさを見せたが、それから十数年後には理不尽で横暴な権力者となっていた。それだけ、アバドの力が大きくなり、カラヤンあるいはその取り巻きにとって脅威に映ったからかもしれない。

十二月三十日からはゼッフィレッリ演出《仮面舞踏会》が始まった。二月はノーノ《愛に満ちた偉大な太陽に向かって》が、スカラ座で上演された。

創立二〇〇年を祝っている間は、ゴタゴタも表面化しなかったが、一九七九年秋、アバドは今度は藝術監督を辞任して、音楽監督としてのみ留《とど》まると発表した。スカラ座への愛と絆と情にも限界があったのだ。

その前の九月に、アバドはロンドン交響楽団首席指揮者に就任していた。

■ユース・オーケストラ

アバドが亡くなるまで続けていた活動のひとつに、若い世代によるオーケストラを作り、それを育てていくことがあった。

その最初が、一九七六年に設立されたヨーロッパ共同体（EC）ユース・オーケストラ（その後、EUユース管弦楽団）である。その前年にアバドが、スコットランドのアバディーンで開催された国際ユース・オーケストラ音楽祭に参加したのがきっかけで、当時の欧州議会と欧州委員会の協力のもと、設立された。

このユース・オーケストラは、各国でオーディションをして選ばれた、十四歳から二十歳までの音楽家によって構成され、在籍期間は一年しかない（年齢制限はその後、変動する）。その間に、さまざまな指揮者のもとで、世界各地で演奏していく。アバドは一九九四年まで、このユース・オーケストラの音楽監督を務めた。

ECユース・オーケストラの楽団員は一年が過ぎると卒業していく。就職先は各国のオーケストラとなるが、全員がすぐにどこかの楽団に入れるわけでもない。そこで一九八一年、自主運営のオーケストラとして、ヨーロッパ室内管弦楽団が設立された。この楽団は音楽監督は置いていないが、実質的にはアバドが音楽監督であり、日本にこの楽団とツアーをしたこともあるし、シューベルトの交響曲全集やロッシーニのオペラをレコーディングした。

さらに一九八六年にはグスタフ・マーラー・ユーゲント管弦楽団が設立された。これはアバドが主導して結成したもので、音楽監督も務めた。これもユース・オーケストラなので、団員は二十六歳以下と年齢制限がある。

このマーラー・ユーゲント管弦楽団の卒業生たちが、一九九七年にアバドと設立したのが、マーラー室内管弦楽団だった。この楽団のメンバーが中心となって、後にルツェルン祝祭管弦楽団が作られる。

二〇〇四年には、モーツァルト管弦楽団を設立した。モーツァルトが滞在したこともあるボローニャが拠点で、十八歳から二十四歳の音楽家によって構成される。

音楽界の頂点に立ち、世界最高のオーケストラ、最高のソリストたちと演奏できる環境にありながら、アバドは、常に若い音楽家たちと接していたのである。

■ロンドン交響楽団

アバドがロンドン交響楽団にデビューしたのは三十三歳の年、一九六六年十月のことだった。二十日にヒンデミットの「ヴェーバーの主題による交響的変容」、ベートーヴェンのピアノ協奏曲第四番（ソリストはペーター・フランクル）、ムソルグスキー《展覧会の絵》、二十五日にアルゲリッチとプロコフィエフの協奏曲第三番、チャイコフスキーの交響曲第五番、二十七日はシューベルトの第三番とマーラーの第六番と三つのプログラムでデビューした。

ロンドン交響楽団は一九〇四年に設立された。前身にあたるのが、一八九三年設立のクイーンズホール管弦楽団で、その名の通り、ホールの専属楽団だった。クイーンズホールでは飲食しながら音楽を聴く演奏会が売り物で、ヘンリー・ウッドが指揮者として君臨し、気に入らない楽団員はすぐに解雇された。身分が不安定であることと、ウッドの暴君ぶりに反発し、五十人の楽団員が集団で退団して自主運営の楽団として結成したのが、ロンドン交響楽団だった。設立の経緯と、楽団員の自主運営という点で、ベルリン・フィルハーモニーに似ている。

最初の演奏会は、一九〇四年六月九日で、クイーンズホールで開かれた。ウッドとは喧嘩《けんか》別れしても、ホールとは争ったわけではなかったのだろう。最初の指揮者はハンス・リヒターで、以後、エドワード・エルガー、アルトゥール・ニキシュ、トーマス・ビーチャム、アルバート・コーツ、ウィレム・メンゲルベルクなどの巨匠たちが首席指揮者を務めていた。戦後も、ヨーゼフ・クリップス、ピエール・モントゥー、イシュトヴァン・ケルテスらが務めていた。いずれも大指揮者、名指揮者たちである。アバドの前任はアンドレ・プレヴィンで、一九六八年から七九年まで十一シーズンにわたり務めていた。

一九七九年のアバドは四十六歳になる。七九／八〇から八二／八三シーズンまでは首席指揮者、八三／八四から八七／八八シーズンまでは音楽監督と、九シーズンにわたり、この楽団とともにあった。この楽団で「音楽監督」になったのはアバドが初めてだった。

アバドがロンドン交響楽団首席指揮者になった一九七九年、フィリップ・ハート著『新世代の8人の指揮者』(木村英二邦訳、音楽之友社)が刊行された。ハートは一九一四年生まれのアメリカ人で、トスカニーニを聴いたことのある世代だ。ポートランド、シアトル、シカゴの交響楽団のマネージャーだったことがあり、音楽評論も書いている。

この本のタイトルの「新世代」とは、「カラヤン・バーンスタイン世代の次」という意味で、当時四十歳前後の「これからの指揮者」が八人選ばれている。そのなかにアバドもあるが、ほかの七人は、ダニエル・バレンボイム、アンドルー・デーヴィス、リッカルド・ムーティ、ズービン・メータ、小澤征爾《おざわせいじ》、エド・デ・ワールト、ジェームズ・レヴァインだった。一九七九年時点では、彼らが「ポスト・カラヤン」候補だったのだ。

言うまでもなく、この十年後に、ベルリン・フィルハーモニーでのカラヤンの後継者になるのはアバドである。十六歳になってようやく指揮者になろうと決意し、その後も才能はありながらも、目立った存在ではなかったアバドが、どうやって、王位へと辿《たど》り着いたのか。

かつてフルトヴェングラーがワルターを押し退けた時のような強引な売り込みと権謀術数は、この人にはない。いつの間にか、しかるべき時にしかるべき所にいたのである。

■ウィーン国立歌劇場

アバドはスカラ座とロンドン交響楽団に加え、一九八二年からはシカゴ交響楽団の首席客演指揮者のポストも得た。当時のシカゴはショルティが音楽監督で、七三年から七六年はカルロ・マリア・ジュリーニが首席客演指揮者だった。

オペラはスカラ座、コンサートはヨーロッパではロンドン、アメリカではシカゴと、三つの拠点を得て、さらに各音楽祭にも出て、ユース・オーケストラも指導と、多忙かつ多彩な活動が続く。

多彩なレパートリーを持つようになっていたアバドだが、ワーグナーはなかなか手をつけなかった。バイロイト音楽祭から声がかかっても、断っていた。それが一九八一年十二月、ようやくスカラ座で《ローエングリン》を指揮して、この歌劇王の作品を手掛けるようになった。

一九八四年五月、アバドは頂点のひとつに達した。ウィーン国立歌劇場の音楽監督に就任すると内定したのだ。この歌劇場は、カラヤンが一九六四年に辞任した後は指揮者が監督職に就くことはなく、一九八二年になってようやく、ロリン・マゼールが就任したが二シーズンで辞めてしまった。この歌劇場は魑魅魍魎《ちみもうりょう》が跋扈《ばっこ》する陰謀と謀略の宝庫であり、マゼールはその陥穽《かんせい》に陥《はま》ったようだ。

しかし、アバドもすぐには動けない。任期は八六年秋からとなった。それまでにスカラ座を退任しなければならない。

スカラ座での最後となる一九八五／八六シーズンは、八六年五月二十八日からのヴィテーズ演出《ペレアスとメリザンド》で六月十六日が最後となった。以後、この劇場での指揮は演奏会だけとなる。

九月、ウィーン国立歌劇場の一九八六／八七シーズンが始まった。音楽監督就任披露公演となったのは、十月十九日のデ・ボジオによる新演出の《仮面舞踏会》で、このシーズンは五回、指揮した。続いて十月二十四日から《シモン・ボッカネグラ》を三回上演した。

ウィーン・フィルハーモニーの定期演奏会への出演も増えてくる。一九八七年三月にはこの楽団とアメリカ・ツアーをし、三月十五日にロサンゼルスで演奏すると、太平洋を渡り、二十日には大阪で演奏し、名古屋、東京とまわった。東京では五公演でベートーヴェンの交響曲全曲を演奏した。

ウィーンに戻ると、《セビリャの理髪師》と《シモン・ボッカネグラ》《仮面舞踏会》《ヴォツェック》を指揮して、最初のシーズンを終えた。

一九八七年にアバドはウィーン市の音楽総監督に任命された。そこで、ユース・オーケストラとして、グスタフ・マーラー・ユーゲント管弦楽団を創設し、さらに「ウィーン・モデルン音楽祭」を創設し、現代音楽のブーレーズ、ノーノ、リゲティ、クルターク、ヴォルフガンク・リームなどを演奏した。

ウィーン・フィルハーモニーのニューイヤー・コンサートを初めて指揮するのは、一九八八年一月一日である。二月にはパリへウィーン・フィルハーモニーと行き、ベートーヴェンの交響曲とポリーニをソリストにしてのピアノ協奏曲の全曲演奏をした。それが終わるとヨーロッパ室内管弦楽団とのアメリカ、日本ツアーだった。

一九八八/八九シーズンは前シーズンの終わりの六月に新演出で作ったヴィテーズ演出《ペレアスとメリザンド》で、九月一日に開幕した。八九年一月にはキルヒナー演出《ホヴァーンシチナ》を上演した。

■ベルリンの政変

一九八九年一月、カラヤンは夏のザルツブルク音楽祭で上演する予定の《仮面舞踏会》のため、ウィーン・フィルハーモニーとドミンゴなどを集めてリハーサルとレコーディングをしていた。その後カラヤンは二月にウィーン・フィルハーモニーとニューヨークへ行き、三月はベルリン・フィルハーモニーとザルツブルク・イースター音楽祭に出たが、この頃にはベルリンの仕事を辞めると決めていた。四月二十三日にウィーン・フィルハーモニーの演奏会を指揮すると、その翌日、カラヤンはザルツブルク近郊のアニフ村にある自宅にベルリン市の代表を呼びつけて、フィルハーモニーの監督を辞任すると伝えた。

オーケストラとカラヤンの関係は悪化していたので、強い慰留はされず、退任が決まった。ベルリン・フィルハーモニーの楽団員たちは、選挙によって次の首席指揮者を選ぶことを確認すると、その準備に入った。

アバドのウィーン国立歌劇場は、とりあえずは平穏な日日が続いていた。このシーズンの新演出はクプファー演出《エレクトラ》で六月十日が初日で、二十二日がこのシーズン最後のアバドの公演だった。

夏は例年どおり、アバドもザルツブルク音楽祭への出演が決まっていた。この年はウィーン・フィルハーモニーとの演奏会ではマーラーの歌曲《少年の魔法の角笛》と、ベートーヴェン《田園交響曲》、オペラはウィーンで作った《エレクトラ》を演出ごと持って行くことになっていた。

この音楽祭の最中の七月十六日、カラヤンが急死した。「カラヤンが亡くなって、後任にアバドが選ばれた」印象があるが、厳密にはカラヤンが辞任したので、後任を選ぼうとしているときにカラヤンが亡くなり、その後にアバドに決まった。

四月にカラヤンが辞任したが、ベルリン・フィルハーモニーは、九月からの新シーズンに間に合うように新しい首席指揮者を決めるつもりはなかった。著名指揮者は数年先まで契約があるので、そう簡単には来てくれない。早くても九〇年秋からだった。その九〇年秋を新しいシェフで始めるには、一年前には決める必要があった。

一九八九／九〇シーズンは、暫定的にバレンボイムが実質的な首席指揮者に決まっていた。というのは、バレンボイムはパリに新しくできるバスチーユ・オペラの監督に決まっていたのだが、フランスの政局の影響で解任されてしまい、スケジュールがほぼ一年分、空いてしまった。そこで、カラヤンがいなくなったベルリン・フィルハーモニーが呼んだのだった。

バレンボイムは四十七歳で、ベルリン・フィルハーモニーの次期首席指揮者の有力候補のひとりだったが、最有力候補とされていたのは、マゼールだった。五十九歳である。アバドはその間の五十六歳で、ほかにハイティンク、小澤、レヴァインなども、名前だけは挙がっていた。楽団員のなかにはカルロス・クライバーを推す声も多かったが、当人が常任のポストに就く気がなかった。マゼールは次は自分だと思いこんでいた。それだけ強い自信があった。

九月十日と十一日、アバドはこのシーズン初めてベルリン・フィルハーモニーに登場した。盟友であるポリーニをソリストにしたシューマンの協奏曲、ブラームス《運命の歌》と交響曲第三番というプログラムだ。一九六六年十二月のデビュー以来、ほぼ毎年一回、客演していたので、これが十七回目だった(二回の客演で同一プログラムで二公演か三公演ある)。カラヤンもフルトヴェングラーも、首席指揮者になる前は、それほど客演していない。この楽団は、以後も、そういう「なじみのない指揮者」を首席指揮者に選ぶ傾向がある。

十月七日の土曜日、東ベルリンでは、建国四十周年を祝うパレードが盛大に開かれていた。

その翌日の十月八日午後、西ベルリンでは、フィルハーモニーの代表が記者会見を開き、楽団員の総意によって、ベルリン・フィルハーモニーの次の首席指揮者はクラウディオ・アバドに決まったと発表された。

この指名に、いちばん驚いたのは当人のアバドだったが、謹んで受けた。まるでベルリンへ行くのを予感していたかのように、前年に、ロンドン交響楽団音楽監督は退任していたが、それでも一九八九/九〇シーズンのスケジュールはいっぱいだったので、任期は一年後の一九九〇年秋からとなる。

本命視されていたマゼールは就任記者会見の準備までして、その時を待っていたので、ショックでしばらく立ち直れなかった。神童として音楽人生を始め、天才少年を経て、新進気鋭の指揮者から巨匠へとなろうとしていたこの自信過剰な指揮者にとって、ウィーンを事実上更迭された時に次ぐ、挫折《ざせつ》だった。挫折の大きさではベルリンを手に入れ損なった今回のほうが大きい。しかも、二度とも、持っていったのはアバドだった。

マゼールは読み間違えていた。自信の塊であったカラヤンの後任に、同じタイプのマゼールを、楽団員が選ぶはずがないのだ。一般論として、オーケストラの音楽監督は、リハーサルに厳しい指揮者の次は緩い指揮者になる。その結果、規律が乱れ、演奏の精度も落ちると、次は厳しい指揮者が選ばれる。古典が得意な指揮者の次は現代音楽への造詣《ぞうけい》が深い指揮者、現代ものばかりやって客足が落ちると、ロマン派を得意とする指揮者――といったように、前任者とは異なるタイプが選ばれるのだ。

アバドは、その温厚で控え目な性格が、若い頃は出世を遅らせたが、五十代半ばになると、巨匠なのに威張ったりしない、その温厚な性格が大きなポジションをもたらしたのだ。

この後、マゼールはベルリン・フィルハーモニーからの客演のオファーがあっても応じず、次に出るのは十年後の一九九九年だった。傷が癒《い》えるのに、それだけの時間がかかったのだ。

■ベルリンの新時代

アバドがベルリン・フィルハーモニーの首席指揮者に決まってから、最初に訪問したのは日本だった。しかしそれはベルリンの新シェフとしてではなく、ウィーン国立歌劇場のシェフとしてで、十月二十一日から十一月十六日まで滞在し、《ランスへの旅》《ヴォツェック》の二つのオペラと、演奏会を指揮した。

アバドとウィーン国立歌劇場（ウィーン・フィルハーモニー）が日本にいる間の、十一月九日木曜日の夜、ベルリンの壁が、あまりにもあっけなく、崩壊した。

アバドが次期首席指揮者に決まってから最初にベルリン・フィルハーモニーを指揮したのは、十二月十六日と十七日だった。シューベルトの交響曲第七番と、ヴォルフガンク・リーム《Dämmerung》、マーラーの交響曲第一番というプログラムだった。次の首席指揮者に決まる前から予定していた曲だったが、マーラーや現代音楽というカラヤンが避けていたプログラムが、これからのフィルハーモニーのプログラムの中心になるという宣言となっていた。

一九九〇年になってからもアバドは、ベルリン・フィルハーモニーに、三月に二回と八月のザルツブルク音楽祭とルツェルン音楽祭でも共演した。

そして九月四日と五日、ベルリン藝術週間のフィルハーモニーのコンサートで、ストラヴィンスキー《星の王》、ドビュッシー《選ばれし乙女》、そしてブラームスの交響曲第一番を指揮し、ベルリンの聴衆へのお披露目とした。

十月三日、壁の崩壊から一年足らずにして、東西ドイツは統一された。

十一月の定期演奏会でもアバドはブラームスやメンデルスゾーンに、ノーノも加えるなど、現代音楽を重視する姿勢が如実となっていく。これまでのベルリン・フィルハーモニーはカラヤンが同時代の音楽に関心を抱かなかったので、この分野が弱かった。客演指揮者が取り上げることもあったが、そう多くはない。もともと現代音楽は、評論家の受けはいいが、一般の音楽ファンの間では人気がないので、興行面を考えると、やらないほうがいい。音楽監督に強い意思がないと、演奏される機会は少ないのだ。

ベルリンのフィルハーモニーのホールは一九六三年に落成したが、三十年近くが過ぎて改修が必要となった。その工事の間は、東ベルリン側にあった劇場を本拠地としていたが、九四年四月、その工事が終わった。六三年の柿落《こけら》しでカラヤンが選んだのはベートーヴェンの第九だったが、九四年の再開記念演奏会でアバドが選んだのは、合唱を伴う大曲という点では同じだが、シェーンベルク《グレの歌》だった。

ベルリン・フィルハーモニーは変わった。

■ウィーンを去る

アバドはベルリンのシェフとなったが、ウィーン国立歌劇場音楽監督職もまだ持っていた。その点ではカラヤンと同じだった。

しかし、カラヤンは八シーズンにわたりベルリンとウィーンの掛け持ちを続けたが、アバドはウィーンは九一年九月に、《ローエングリン》の指揮をキャンセルすると同時に、音楽監督を辞任した。辞任の経緯は、カラヤンと似ているとも言える。政界を巻き込んでの、人事抗争に疲れ果てたのである。

アバドをウィーンに招聘した総監督はクラウス・ヘルムート・ドレーゼで、一九八六年からその職にあった。演劇人で、いくつもの劇場で監督を務めていた。七五年からはチューリヒ歌劇場で指揮者のアーノンクールとともに一時代を築き、その功績が認められて、八四年にオーストリアの文化大臣に招聘されて、八六年から五年契約でウィーンの総監督になることが決まった。

ドレーゼはウィーンへ行くと決めると、アバドを音楽監督に推した。こうして八六年秋から、二人は揃って、ウィーン国立歌劇場の総監督と音楽監督として、新風を巻き起こしていた。批評家からの評価も高く、観客動員も問題はなかった。だが魑魅魍魎が跋扈するウィーンでは、成功は長続きしない。八八年、スター歌手への出演料が高すぎると問題になり、政界での政争にまで発展した。文化大臣はドレーゼに対し、契約は延長しないと告げた。九一年までということだ。ドレーゼはすぐにでも辞めようかとも考えたが、任期までアバドを支えることにした。

アバドはドレーゼと音楽やオペラについての考えが一致していたので、やりやすかった。総監督がフォローしてくれるので、音楽に集中できた。そのドレーゼが、通告通り、九一年六月で辞め、後任としてバリトン歌手出身のエーベルハルト・ウェヒターと、イオアン・ホーレンダーの二人が総監督となった。アバドはドレーゼがいなくなったウィーンにはいてもしょうがないと考え、辞任した。

一九九一年十月のタルコフスキー演出のムソルグスキー《ボリス・ゴドゥノフ》が、アバドのウィーン国立歌劇場音楽監督としての最後の公演となった。しかし、ウィーン・フィルハーモニーの演奏会やザルツブルク音楽祭での指揮は続ける。

■プログラムの革新

ユース・オーケストラを除けば、アバドが常任のポストを持つのはベルリン・フィルハーモニーだけとなると、アバドはこの楽団のプログラムでの革新を始めた。たとえばベートーヴェンの生誕二〇〇年とか、モーツァルトの没後二〇〇年といった記念年にはその作曲家の作品によるプログラムで演奏することなどはあったが、シーズンを通しての統一したテーマを設けることはなかった。そこでアバドは、シーズンごとに文学的なテーマを定め、それにふさわしい曲を演奏する演奏会を、いくつか設けることにしたのだ。

その最初が、一九九二年五月二十三日と二十四日の演奏会で、テーマはギリシア神話にある「プロメテウス」だった。ベートーヴェン《プロメテウスの創造物》、ノーノ《プロメテオ》、リストの交響詩《プロメテウス》、スクリャービン《プロメテウス、火の詩》が演奏された。

最初のシーズンはこの公演だけだったが、一九九二／九三シーズンは「ヘルダーリン」をテーマに五種類のプログラムの演奏会が開かれ、ホールの展示室では展覧会も開かれた。九三／九四シーズンは「ファウスト」、九四／九五シーズンは「古代ギリシア神話」、九五／九六シーズンは「シェイクスピア」、九六／九七シーズンは「ベルクとビヒュナー」、九七／九八シーズンは「さすらい人」がテーマとなり、最初はベルリン・フィルハーモニーだけだったが、博物館、映画、演劇など、ほかの施設や組織、アーティストも巻き込む、ベルリン市の一大プロジェクトへと発展していった。

もちろん、ベルリン・フィルハーモニーの定期演奏会ではモーツァルト、ベートーヴェンの古典からブラームス、マーラーまでのドイツ音楽の王道の曲も極めていくし、国内外へのツアー、レコーディングも活発に行なった。

一九九四年からは、カラヤンが始めたザルツブルクのイースター音楽祭の監督も引き継いでいた。

■病に倒れるが、音楽で復活

一九九七年になると、アバドとベルリン・フィルハーモニーとの関係が悪化し、辞任するのではないかとマスメディアで取り沙汰《ざた》されるようになっていた。楽団員以外は知らないはずのリハーサルでのアバドとメンバーとの不穏なやりとりまでが、新聞に載った。誰かがリークしたのだ。

一九九八年二月、アバドは「辞任する」との噂を否定するために、あえて現行の契約で定められた二〇〇二年までは首席指揮者を続けるが、以後、契約更新はしないと発表した。すぐには辞めないが四年後には辞めるということだ。

ニキシュ、フルトヴェングラーの「辞任」は彼らの「死」によるもので、カラヤンの辞任も唐突だった。楽団はすぐに後任を決めなければならなくなったが、今回は違った。一年は選考に時間を費やせた。

一年後の一九九九年六月、ベルリン・フィルハーモニーは、イギリスのサイモン・ラトルを次の首席指揮者に決めた。後任が決まり、あとはアバドとの残された日日を、実りあるものとして過ごせばいいだけとなった。

シーズンのテーマは、一九九八／九九シーズンと九九／二〇〇〇はともに「愛と死」で、最初の年が北ヨーロッパ編、二年目は地中海・イタリア編で、目玉となるのは、ワーグナー《トリスタンとイゾルデ》だった。

二〇〇〇年、アバドは四月にザルツブルク・イースター音楽祭に出て、五月にはベルリン・フィルハーモニーとの初の南米ツアーに出たが、ヨーロッパへ戻ると、倒れてしまった。後に胃癌と発表されるが、夏の予定は全てキャンセルされた。

九月に二〇〇〇／〇一シーズンが始まったが、すぐには復帰できなかった。このシーズンは「音楽はこの世の愉しみ」がテーマだった。

アバドのベルリン・フィルハーモニーのステージへの復帰は十月三日で、この日はドイツ統合十周年記念演奏会だった。ベートーヴェンの《英雄交響曲》とシュトラウス《ティル・オイレンシュピーゲルの愉快ないたずら》を指揮した。アバドのげっそりと痩《や》せた姿は衝撃を与えた。

ベルリン・フィルハーモニーは日本ツアーを予定しており、アバドがキャンセルした場合に備えて代役の打診もしていたが、アバドは日本へ向かい、イースター音楽祭で上演したプロダクションの引っ越し公演として《トリスタンとイゾルデ》と、演奏会を指揮した。

一幕が終わるごとに楽屋では横になり、医師がつきっきりだった。命を削っての演奏は、しかし、最良の薬でもあった。音楽の力で、アバドは復活した。「音楽はこの世の愉しみ」というテーマを実証した。

■ベルリンでの最後の日日

アバドとベルリン・フィルハーモニーとの日日も少なくなっていた。二〇〇一年二月は、ローマとウィーンでベートーヴェンの交響曲の全曲演奏をした。四月のイースター音楽祭では「音楽はこの世の愉しみ」のテーマに沿った、ヴェルディ《ファルスタッフ》を上演した。

二〇〇一年九月八日と九日、ベルリンでの最後のシーズンの幕開けにアバドが選んだのは、シェーンベルク《ワルシャワの生き残り》と《ペレアスとメリザンド》、ピアノ協奏曲だった。

そして、世界は「9・11」を迎えた。アバドとベルリン・フィルハーモニーは十月にアメリカ・ツアーをし、ベートーヴェンの交響曲を演奏した。

このシーズンのテーマは「パルジファル」で、ベルリンで十一月に半舞台形式で上演した後、二〇〇二年三月のザルツブルク・イースター音楽祭で、舞台上演した。

ベルリンでの最後の演奏会は四月二十四日から二十六日で、ブラームス《運命の歌》、マーラー《リュッケルト歌曲集》、後半はショスタコーヴィチの映画音楽《リア王》を映画上映付きで演奏した。

その後、アバドはベルリン・フィルハーモニーを連れて故国イタリアへの凱旋《がいせん》をし、五月十三日に、ウィーンで首席指揮者としての任期を終えた。最後の曲はマーラーの交響曲第七番だった。

■ルツェルン音楽祭

ベルリン・フィルハーモニー首席指揮者という音楽界最高のポストを手放した時、アバドは六十九歳だった。トスカニーニがNBC交響楽団を引き受けた年とほぼ同じだ。

癌から生還しており、元気になっていた。しかし、一年を通して働く常任のポストに就く気はなかった。アバドが選んだのは、八月の終わりにスイスのルツェルンで開催される音楽祭の藝術監督だった。

この音楽祭が始まったのは一九三八年、ナチスがオーストリアを併合した年で、ザルツブルク音楽祭に出る予定だったトスカニーニらが出演した。音楽祭のために、スイス・ロマンド管弦楽団や、チューリヒ・トーンハレ管弦楽団、バーゼル交響楽団など、スイスの名門オーケストラから演奏者が集められて、音楽祭期間中だけの楽団が編成された。

この音楽祭では戦後もずっと、スイス国内の楽団のメンバーによる臨時編成の楽団が演奏していたが、アバドは、自分の手兵であるマーラー室内管弦楽団を中核にし、ベルリン・フィルハーモニーなどからも演奏者を呼んで、新たなルツェルン祝祭管弦楽団を発足させた。みな、アバドを慕ってやってきた音楽家たちだった。

二〇〇三年八月から新体制の音楽祭が始まり、アバドは自分の理想とする楽団を得て、マーラーの交響曲を毎年一曲ずつ、演奏していく。

ベルリン・フィルハーモニーへの客演も続いた。ユース・オーケストラとのツアーにも出かけるなど、常任ポストから解放されても、多忙な日日が続く。二〇〇四年には新たにモーツァルト管弦楽団をボローニャに創設し、世界各地へ客演していく。ルツェルン祝祭管弦楽団としてのツアーも始め、二〇〇六年には日本にも来た。

■最後の日日

アバドもまた亡くなる直前まで現役の指揮者だった。

二〇一二年十月には、一九八六年以来二十六年ぶりにスカラ座へ帰還し、スカラ座管弦楽団（スカラ・フィルハーモニー）とモーツァルト管弦楽団との合同でマーラーの交響曲第六番を指揮した。

二〇一三年で八十歳になったが、この年もルツェルン音楽祭に出た。八月二十六日が音楽祭最後の演奏会で、シューベルト《未完成交響曲》と、ブルックナーの交響曲第九番という、二つの未完の曲を指揮した。

十月にはルツェルン祝祭管弦楽団との日本ツアーが予定されていたが、健康上の理由でキャンセルされ、モーツァルト管弦楽団、マーラー室内管弦楽団の演奏会への出演もキャンセルされた。

イタリアのナポリターノ大統領は、アバドをイタリア共和国終身上院議員に任命した。名誉職である。

年を越して、二〇一四年一月二十日、ボローニャの自宅で、アバドは亡くなった。八十歳だった。

第9章
「冒険者」小澤征爾

Ozawa Seiji

1935年9月1日〜

満州国、奉天（現・中華人民共和国、瀋陽）生まれ

◉常任した楽団・歌劇場など

トロント交響楽団、サンフランシスコ交響楽団、新日本フィルハーモニー、ボストン交響楽団、セイジ・オザワ 松本フェスティバル、ウィーン国立歌劇場、水戸室内管弦楽団

日本で最も有名なクラシックの音楽家であり、世界で最も有名な日本人のひとり——小澤征爾はそういう存在だ。

小澤の生涯は戦後日本のサクセス・ストーリーの象徴でもある。敗戦ですべてを喪《うしな》ったところからのスタート、師との出会い、冒険、強運、挫折、再起、さらなる成功。

スポーツ選手であれば四十歳前後で引退し、あとは指導者、管理者、あるいは業界利益代表者となって、老害という道を歩むが、音楽家、とくに指揮者は高齢になればなるほどその藝術は深まるとされる。だから、八十歳を超えても小澤征爾は現役だ。

■生い立ち

小澤征爾は一九三五年九月一日に、満州《まんしゆう》国奉天《ほうてん》市で生まれた。いまの中華人民共和国瀋陽《しんよう》市で、昭和十年にあたる。

父・小澤開作《かいさく》は一八九八年（明治三十一）、山梨県の農村で農業と製糸業を営む家の五人姉弟の二番目の子として生まれた。小学校を出ると東京へ行き、働きながら夜は東京歯科医専に通った。結核に罹《かか》り療養したが快復後、ドイツへ行こうと思い立つ。当時は満州からシベリア鉄道というのが欧州へ行く一般的なルートだ。開作もそのルートで旅立ったが、満州の長春《ちようしゆん》に留《とど》まり、そこで歯科医を開業した。

小澤歯科医院は繁盛し、知人の紹介で東京にいる女性さくらと見合いをした。といっても、写真を送り合うだけの見合いだ。結婚が決まると、さくらは会ったこともない男性の待つ長春へ向かった。

開作・さくら夫婦には、四人の男子が生まれ、征爾はその三男である。長兄・克己《かつみ》は彫刻家、次兄・俊夫《としお》はドイツ文学者で口承文芸の研究家でもあり、弟・幹雄《みきお》は俳優をしていた時期もあるがエッセイストとしても知られる。ミュージシャンの小沢健二《けんじ》は俊夫の子だ。

一九二九年（昭和四）に、開作は在満邦人の自治組織・満州青年同盟に参加し、活動家としての才能を発揮し始めた。一九三一年（昭和六）の満州事変後は関東軍の嘱託となり、歯科医院を助手に譲り、奉天へ引っ越した。関東軍中枢の板垣征四郎《いたがきせいしろう》と石《いし》原莞爾《はらかんじ》のもとで、開作は石原たちが掲げる「民族協和」思想に共鳴し、平和な理想郷の建設を信じて活動した。そんな時期の一九三五年（昭和十）九月に三男が生まれ、板垣征四郎と石原莞爾から、それぞれ一字ずつもらい、征爾と名付けた。

征爾が生まれた翌年、一家は北京へ移り、開作は親日政権の支援組織、中華民国新民会の創立に関わり中心人物となった。一九三九年（昭和十四）には新民会を退き、「華北評論」という雑誌を刊行していた。人望があったので、小澤家にはいつもひとが集まっていたという。まともなビジネスはしていないのだが、経済的に困ったことはなかった。

征爾の音楽との出会いは、北京時代、母に連れられて通ったキリスト教会の日曜学校での賛美歌だった。日本人、東洋人でありながら、小澤は幼児期から西洋音楽に親しんでいたのである。「大陸生まれ」は小澤のキーワードのひとつとなる。

一九四一年（昭和十六）三月、開作は妻と子供たちを東京へ帰した。

小澤征爾は五歳から日本での生活を始めた。それまでも夏休みには家族で日本へ帰っていたので、日本の土を踏むのはこれが初めてだったわけではない。そして、彼が生地を再訪するまでには半世紀近くの歳月が必要となる。

さくらと子供たちは東京郊外、立川《たちかわ》に落ち着き、征爾は幼稚園に入り、一九四二年（昭和十七）に地元の国民学校に入学した。開作は四三年（昭和十八）に北京での活動に見切りをつけて東京に戻り、関東軍を離れていた石原莞爾の東亜連盟運動に携わった。

小澤征爾が十歳になった翌日の一九四五年（昭和二十）九月二日、日本は降伏文書に調印し、戦争は終わった。小学四年生での敗戦だ。

■音楽との出会い

小澤家にある楽器は、さくらが北京で買ったアコーディオンだけだった。征爾は小学生になると、七歳上の音楽好きの長兄・克己からアコーディオンを習い始めた。小学五年生になった一九四六年春、遠縁の家にあるピアノを譲り受けた。その年の一月から、征爾は中学校にあるピアノを使わせてもらい、克己から教わっていたが、これでようやく家で弾けるようになった。

調律師がピアノを調律し終えると、征爾は「ドミソ」の和音を弾いてみた。その時の感動が、音楽家になった理由のひとつだと後に語っている。秋には学芸会で《エリーゼのために》を弾いた。これが公の場での初めての演奏だった。「神童伝説」とは言えない。

小澤家はさくらの内職で生計を立てていたが、一九四七年に開作が友人とミシン会社を興し、その関係で立川から神奈川県足柄上郡金田村《あしがらかみぐんかねだむら》（現・大井町《おおいまち》）に引っ越した。小学六年生になっていた征爾は、小田原《おだわら》までピアノを習いに通った。兄・克己が小田原のシグナス合唱団の指揮をしていたので、伴奏を弾くこともあった。普通の「ピアノが弾ける少年」であり、「天才少年伝説」からも遠い。

征爾は私立の成城学園中学校へ進むと、ラグビー部に入った。学級委員や全校委員も務めるなどリーダーシップもあった。三年になると仲間を集めて「賛美歌グループ」を結成し、指揮をした。賛美歌以外にもレパートリーを広げ、「城の音」という合唱団に発展する。

さらに、父の友人の弟で著名なピアニスト豊増昇《とよますのぼる》にピアノを師事することになった。放課後は学校でラグビーの練習をし、その後に豊増のもとでピアノを習っていたのである。だが両立が難しくなると、ピアノを選んだ。豊増は月謝が滞りがちになると、征爾の才能を見込み、取らなくなっていた。師の期待に応《こた》えるためにも、ラグビーはやめなければならなかった。

このままだったら、ピアニスト・小澤征爾が誕生し、指揮者・小澤征爾は存在しなかったかもしれない。ところが、断念したはずのラグビーを、親に隠れて続けており、試合でスクラムの際に右手人差し指を骨折してしまった。日常生活には差し障りがないとしても、プロのピアニストになるのは断念せざるを得なかった。

しかし、音楽は続けた。豊増が、音楽を続けるのなら「指揮者というのがあるよ」と教えてくれたのだ。その時まで小澤は指揮者もオーケストラも見たことがなかった。

指揮者を意識したのは、一九四九年十二月二十三日に、兄に連れられて日比谷公会堂へ行き、日本交響楽団（現・NHK交響楽団）の演奏会を聴いた時だった。レオニード・クロイツァーが指揮するベートーヴェンのプログラムで、なかでもクロイツァーが弾き振りしたピアノ協奏曲第五番《皇帝》に感動した。

ピアニストにはなれない。ならば、指揮者か作曲家になろう――小澤征爾は改めて、決意した。

■齋藤秀雄との出会い

一九五〇年、小澤征爾は母方の親戚《しんせき》に音楽家がいると知り、いきなり訪ねてみた。その親戚は齋藤秀雄《さいとうひでお》という。指揮者でチェリストとして高名な人物だった。

齋藤秀雄は著名な英文法学者・齋藤秀三郎《ひでざぶろう》の息子である。秀三郎は英語の文法書や辞書を編纂《へんさん》したことでも知られる。そうした著作の印税収入もあったので、学者ではあるが裕福だった。秀雄は一九〇二年（明治三十五）に生まれた。当時の日本の家庭では珍しいピアノやオルガンがあり、姉たちが習っていたので、秀雄も音楽に親しむようになった。

齋藤秀雄は十六歳で宮内省雅楽部の多基永《おおのもとなが》からチェロを習い始めた。暁星中学に進み、仲間たちとマンドリン合奏団を結成すると、チェロ、マンドリン、ピアノを弾いた。上智大学哲学科に進学したが、学業とは別に編曲と指揮を学び、近衛秀麿《このえひでまろ》と知り合い、近衛がドイツ留学すると知ると、自分も行くと決めた。

こうして一九二三年（大正十二）、齋藤は近衛とともにドイツへ留学した。帰国したのは一九二七年（昭和二）で、前年に結成された新交響楽団（現・NHK交響楽団）に近衛の誘いで入り、首席チェロ奏者となった。二八年（昭和三）には指揮者としてもデビューした。

齋藤は再びドイツへ留学し、一九三二年（昭和七）に帰国すると新交響楽団に復帰したが、自宅で弟子を取り音楽教師も始めた。音楽への取り組み方がほかの楽団員と異なり、あまりに厳しかったせいか孤立して、一九四一年（昭和十六）に新交響楽団を退団した。

退団後は指揮者、チェリストとして活躍していたが、教育にも熱心だった。音楽は幼児期からの早期教育が重要だと感じ、一九四八年、ピアニストの井口基成《いぐちもとなり》、声楽家の伊藤武雄《いとうたけお》、評論家の吉田秀和《よしだひでかず》、作曲家の柴田南雄《しばたみなお》らとともに、市ヶ谷《いちがや》の家政学院の校舎を借りて「子供のための音楽教室」を発足させた。

この教室は成果をあげていった。やがて「子供」ではなくなった生徒たちの受け皿となる音楽高校が必要になった。家政学院には高校を設置する余裕はなかった。

小澤が齋藤秀雄を訪ねたのは、ちょうどこの頃、新たな高校を作ろうと齋藤が動いていた時期だった。「親戚の子」である小澤に、「来年、音楽高校を作るから、それまでしっかり勉強しておけ」と伝えた。

齋藤たちの奔走の結果、調布市《ちょうふ》にある桐朋《とうほう》女子高等学校に音楽科（男女共学）を併設する形で、一九五二年に音楽高校が設立され、さらに、その卒業生の受け皿として、五五年に桐朋学園短期大学、六一年に桐朋学園大学音楽学部が開校していく。

一九五一年春、小澤征爾は成城学園高校に進んだが、一年で中退し、五二年に桐朋学園女子高校付属音楽科が開校すると、第一期生として指揮科に入学した。約五十人の生徒のうち、男子は四人だけだった。

こうして小澤征爾は齋藤のもとで指揮を学び始めるのだ。一期生で指揮を専攻したのは小澤だけだった。クラスメートのいない、孤独な修業の日日となる。齋藤の指導は厳しく、徒弟制度の時代だったので、いまならパワハラ、アカハラとなる行為が日常茶飯事だった。

齋藤は桐朋とは別に個人的にも指揮教室を開いており、その生徒となっていたのが、小澤の三歳上の山本直純《やまもとなおずみ》である。直純の父、山本直忠《なおただ》も音楽家で、直忠は齋藤のドイツ留学生仲間という関係だ。小澤と山本は、歩む道は異なるが、親友となる。

山本直純は一浪した後、一九五二年に東京藝術大学作曲科に入学した。芸大では一学年上の打楽器科に指揮者になる岩城宏之《いわきひろゆき》がいた。

一九五〇年代、戦前の昭和初期に生まれた世代が大学生になっていた。すぐ上の世代が戦争のため数が少ないので、小澤の世代はどの分野でも若くして出世する。

■学生指揮者

小澤は一九五五年、桐朋学園短期大学音楽科の一期生となった。記念演奏会が五月に日比谷公会堂で開かれた。齋藤が東京交響楽団を指揮したが、小澤もモーツァルト

《フィガロの結婚》序曲だけだが、指揮をした。プロの楽団を指揮した最初だった。

この公演のリハーサルを、来日していたシンフォニー・オブ・ジ・エアの楽団員と指揮者ワルター・ヘンドルが見学している。トスカニーニが前年に引退したので、NBC交響楽団が解散させられ、その楽団員が結成した自主運営の楽団だ（第1章参照）。このシンフォニー・オブ・ジ・エアは、来日公演をした初めての欧米のオーケストラだった。

小澤はこのオーケストラのブラームスの交響曲第一番を聴きに行った。その時のことを『おわらない音楽』でこう回想している。

〈いきなりブッ飛んだ。日本のオーケストラとは音量も、響きもまるで違う。これが同じオーケストラかと思った。冒頭のティンパニの強烈な音は今も体に残っている。〉

桐朋学園オーケストラが結成され、一九五六年から定期演奏会を開くようになると、小澤も指揮の場が持てるようになる。さらに社会人の合唱団「三友会合唱団」の指揮や、毎日音楽コンクールのピアノ伴奏といった、細かい仕事もするようになっていった。

何事もなければ、小澤は一九五七年三月で短大を卒業するはずだったが、五六年のクリスマスの夜、成城の街を賛美歌を歌いながら歩いたのが原因で肺炎に罹り、卒業試験が受けられなかった。追試を受けて、夏に卒業したものの、指揮者に「就職先」

はない。そして音楽修業には終わりはない。小澤は齋藤の弟子でありアシスタントという状況が続く。

齋藤は仕事の紹介もしてくれた。成長するには場数を踏むのが最短の道だからだ。一九五七年には群馬交響楽団の北海道演奏旅行に指揮者として同行した。一九五六年に文化放送が日本フィルハーモニー交響楽団を設立すると、一九五七年十二月に開かれた第五回定期演奏会でのラヴェルのオペラ《子供と魔法》で、渡邉暁《わたなべあけ》雄《お》のもとで助手の仕事をした。

こういう貢献をしておくとチャンスも来る。日本フィルハーモニーは公開録音のラジオ番組「東急ゴールデン・コンサート」で演奏していたが、この番組で小澤はこの楽団を指揮する機会を得て、モーツァルトの交響曲第三十九番を演奏した。

■ヨーロッパへ

小澤征爾がヨーロッパへ行こうと決意したのは、一九五八年のことだった。ブリュッセルの万国博覧会での青少年音楽コンクールに、桐朋学園オーケストラが参加することになり、当然、小澤も行くつもりでいた。だが、資金調達ができず、この計画は実現しなかった。そこで小澤は単身でヨーロッパへ行こうと考えた。

〈外国の音楽をやるためには、その音楽の生まれた土、そこに住んでいる人間、をじかに知りたい。とにかくぼくはそう思った。〉と『ボクの音楽武者修行』には動機が記されている。ヨーロッパで生まれ育った音楽家たちとの決定的な違いが、ここにあった。小澤にとって、クラシック音楽は知らなければならない「異国の文化」なのである。しかし師として留学を勧めるべきなのに、齋藤は反対した。有能な助手がいなくなると不便になるからだろう。

小澤家には三男を外国へ留学させられるほどの経済力がない。小澤はフランス政府の留学生試験を受けたが、合格できなかった。

小澤家の家計は謎めいている。母が内職をして生計を立てていたかと思えば、息子を私立の中学へ通わせる。高名なピアノ教師に習わせ、最初は月謝を払っていたが、やがて滞る。開作の収入源は、はっきりしない。

その謎めいた人物の息子である二十三歳の青年は、自分で留学資金を集めてしまう。まずフランスまでは船で行くことにした。その船賃がない。そこで桐朋学園で同期だったピアニストの江戸京子《えどきょうこ》を通して、彼女の父、三井不動産社長の江戸秀雄《ひでお》に頼み、関連の三井船舶の貨物船に乗せてもらうことにした。江戸京子は先にパリに留学しており、後に小澤の最初の妻となる。

これでヨーロッパへの船賃は不要となった。次は、父の友人の紹介で富士重工業からスクーター、ラビット・ジュニア一二五ccを借りた。ようやく日本製の工業製品が欧米へ輸出されるようになった時代である。小澤は、自分がスクーターに乗って走りまわれば、そのメーカーの宣伝になると説得したのだ。条件として、日本人であることを示すためにヘルメットに日の丸を描き、音楽家と分かるようにギターをかつぐことにした。これでヨーロッパに着いてからの移動もしやすくなる。

残るは滞在費、学費だった。これは現金が必要だ。留学ローンなどないので、友人・知人からのカンパと借金で作るしかない。楽団の仲間たちから六万円が集まった。桐朋の父兄会も援助し、教員も助けてくれた。大口のカンパとしては、文化放送社長・水野《みずの》成夫《しげお》からの援助があった。水野は日本フィルハーモニー創設に尽力した、音楽に理解のある財界人だった。合計して四十五万円、当時のレートで一二〇〇ドルが集まったという。水野の紹介で文化放送が五十万円を用立てたとの説もあるが、いずれにしろ、当時のサラリーマンの平均月収が一万七千円前後なので、約二年分になる。貸した人も、返してもらえる保証はないのだから、実質的にはカンパだったろう。何の見返りも期待できないのに、これだけの資金が集まるほど、小澤征爾には「何か」があったということだ。

小澤征爾が日本を発《た》ったのは、一九五九年一月末のことだった。東京から神戸までは鉄道で、二月一日に神戸港を出航した。生涯にわたって続く「冒険」の始まりだった。

■ブザンソン国際指揮者コンクール

小澤を乗せた貨物船は、フランスのマルセイユに、三月二十三日に着いた。二か月弱の旅だった。マルセイユからは、約束通り日の丸のヘルメットでギターを背負って、スクーターでパリを目指し、四月八日に着いた。

「留学」と言っても、パリ音楽院へ入学するわけではなく、遊学に近い。何をどう学ぶのか、何ら具体的な計画はなかった。「日本を出たい」「ヨーロッパを見てみたい」という動機だけで、この青年はやって来たのだ。当然、「音楽」に接したい。いくつもの演奏会を聴いたのだろうが、最も感銘を受けたのは、シャンゼリゼ劇場でのミュンシュの指揮によるものだった。

六月になって、小澤は江戸京子から、フランスのブザンソンで指揮者コンクールが開催されると教えられた。優勝など無理でも、フランスのオーケストラを一回でも指揮できたら、それだけでも価値がある――小澤はそう思い、出場を決めた。だが参加申し込みの期日を過ぎていた。日本大使館に助けを求めたが、何もしてくれず、アメリカ大使館の音楽部のスタッフの計らいで、どうにか出場できた。

ブザンソン国際指揮者コンクールは一九五一年に始まったもので、指揮者コンクールとしては草分け的な存在だ。しかし、日本では存在すら知られていなかった。

ブザンソンはフランス東部の都市だ。コンクールは九月七日に始まり、五十四人が応募、実際には四十八名が参加した。日本人は小澤だけだった。二つの予選を通過して、九月十日の本選へ進めたのは小澤を含めて六人だけで、ドビュッシー《牧神の午後への前奏曲》とシュトラウス二世《春の声》、ビゴーの新作を初見で指揮した。

小澤征爾は一位になった。二十四歳にして、運命の扉が開いた。この後、いくつも経験する「日本人初」の最初だった。

打ち上げのパーティーにはミュンシュも来ていた。小澤は弟子にしてくれと申し出たが、「弟子は取っていないが、バークシャー音楽祭へ来れば、教えてやってもいい」と言われた。音楽祭は夏だ。一年近く先だった。

九月末にはベルリンを訪れた。フィルハーモニーを聴いて、シェーンベルクのオペラ《モーゼとアロン》を観て、終演後のパーティーに出て、シェーンベルクの未亡人や息子と会ったというから、すでに「音楽関係者」になっていたのだろう。いったんパリへ帰り、すぐにまたドイツへ行ってドナウエッシンゲンの現代音楽祭を聴いた。

プロとして、つまり出演料の出る最初の仕事は、一九六〇年になってからもたらされた。トゥールーズのオーケストラとの放送録音で、二週間近く指揮をして、約八万円の報酬を得た。日本のサラリーマンの月給五か月分くらいだ。

■バークシャー音楽祭

一九六〇年七月、小澤はミュンシュの言葉を信じて、空路、アメリカへ渡った。バークシャー音楽祭へ参加するためだった。後に「タングルウッド音楽祭」と改称される教育音楽祭である。マサチューセッツ州西部の森に囲まれたリゾート地、タングルウッドで開催される。アバドとメータが参加したのは、二年前の一九五八年だ。ミュンシュはここへ来れば教えてやると言っていたが、そう簡単ではない。指揮コースでミュンシュの指導を受けられるのは、オーディションで選ばれる三人だけだった。

小澤がタングルウッドに着いたのは七月三日で、二日間にわたるオーディションで見事に一位を獲得して、ミュンシュの指導を受けることになった。

その一方で、ミュンシュが指揮するボストン交響楽団の《ファウストの劫罰》、《ダフニスとクロエ》、ベートーヴェンの「第九」のコーラスに参加した。このあたり、ウィーンでアバドとメータが、ワルターやカラヤンの演奏会の合唱団に加わっていたのと同じだ。音楽青年の考えることはみな同じなのだ。

音楽祭の最後に優秀者に贈られる、二年前にアバドが受賞したクーセヴィツキー大賞の、この年の受賞者は小澤だった。「セイジ・オザワ」の名は、アメリカの音楽関係者の間でも知られていく。

■カラヤン、バーンスタインとの出会い

タングルウッドでの音楽祭が終わると、小澤征爾はニューヨークに数日滞在し、九月にヨーロッパへ帰った。パリは経由しただけで、次の目的地はベルリンだった。そこで開催される、カラヤンの弟子を決めるコンクールに出るのだ。当時のカラヤンはベルリン・フィルハーモニーとウィーン国立歌劇場の監督を兼任し、二つの都市を往復していた多忙な時期にあたる。しかし、帝王は次世代の教育にも手を伸ばす。コンクールで合格すると、カラヤンが半年の間に毎月一週間ほど、指導することになっていた。

パリでは先に留学していた江戸京子がコンクールの情報をくれたが、ベルリンで小澤をサポートしたのは、田中路子《たなかみちこ》だった。日本画家の娘で、東京音楽学校（現・東京藝術大学）へ入ったが、一九三〇年（昭和五）に渡欧し、ウィーン音楽院に留学した。以後、戦中も欧州で暮らし、声楽家や女優として活躍した。ドイツ・オーストリアの文化・藝術界に顔が広く、若い日本人の世話を熱心にした人物だ。小澤が世に出るには、田中の力がかなりあったと思われる。彼女が欧州へ出たのは、小澤の師である齋藤秀雄との関係が噂になったからという因縁もある。

小澤はベルリンのコンクールにも合格し、カラヤンの弟子になった。パリで三週間働き、ベルリンで一週間、カラヤンのレッスンを受ける生活が、十月、十二月、一月、四月と続く。

一方、九月二十二日と二十三日、ベルリンでバーンスタイン指揮ニューヨーク・フィルハーモニックの演奏会があった。小澤はそれを聴いて、レセプションにも出席し、バーンスタインに挨拶《あいさつ》した。二人とも、誰とでもすぐに「親友」になるタイプなので、その場で意気投合して、夜の街へ出て飲み歩いた。バーンスタインはタングルウッドでの小澤の評判を知っていた。それだけではない。この時点でニューヨーク・フィルハーモニックは小澤をアシスタント指揮者に雇おうと内定しており、バーンスタインと飲み歩くのは一種の面接だった。当然、その話が出た。

十月一日付の家族への手紙に、小澤は「来春、もしかすると、ニューヨーク・フィルハーモニーのアシスタント・コンダクターとして一か月くらい日本へ行けるかもしれない」と書いている。

かくして――七月のタングルウッドから、九月のベルリンまでの三か月間に、無名の日本人青年は、ミュンシュ、カラヤン、バーンスタインという三人の大指揮者と相次いで知り合い、その弟子になるのだった。

二月には、田中路子のおかげで、ベルリンでの日独修好一〇〇年記念演奏会で、ベルリン・フィルハーモニーを初めて指揮した。日本の音楽をドイツに紹介する趣旨の演奏会なので、石井眞木《いしいまき》の「小オーケストラのための七章」、入野義朗《いりのよしろう》の「小管弦楽のためのシンフォニエッタ」を披露し、さらにモーツァルトの交響曲第二十八番も指揮した。

■凱旋

二度目のアメリカへ行くため、小澤征爾がパリを旅立ったのは、一九六一年三月十六日だった。ニューヨーク・フィルハーモニックのアシスタント指揮者の仕事が待っていた。

この時の小澤の役職を「副指揮者」としている資料が多いが、本人の手紙には「アシスタント・コンダクター」とある。映画でいう助監督のようなものである。当時のニューヨーク・フィルハーモニックには小澤を含めて四人のアシスタント指揮者がいて、多忙なバーンスタインを支えていた。

バーンスタインは小澤の才能を見抜いていたのか、自分が振る四月十三日、十四日、十六日の定期演奏会で、プログラムにある黛敏郎《まゆずみとしろう》《饗宴《きょうえん》》を小澤に振らせた。一曲だけだが、ニューヨークに着いて一か月後に、小澤はカーネギー・ホールでニューヨーク・フィルハーモニックを指揮していたのだ。

そして翌週、バーンスタインとニューヨーク・フィルハーモニックは初の日本公演へ向かった。羽田に着いたのは二十四日で、小澤が先頭になって機内から現れ、それを背中からバーンスタインが抱きかかえ、親密ぶりを見せつけた。まるで飛行機に乗っている間、二人はずっと語り合っていたようだが、実際は、バーンスタインはファーストクラスなので席は離れていて、着陸してから二人は親密になったのである。すべてバーンスタインの演出だった。

「演出」と言えば、小澤をアシスタントに雇ったことが、この日本公演を成功させるための演出のひとつだった。もちろん、小澤の才能と能力を買ったのではあるが、初の日本ツアーという計画がなければ、雇わなかっただろう。アシスタントの人数は足りていたのだ。これは小澤が幸運、強運の持ち主だった証拠でもある。

こうして小澤征爾は二年二か月ぶりに帰国した。無名の青年は、世界トップクラスのオーケストラの「副指揮者」として、凱旋《がいせん》帰国したのだ。

ニューヨーク・フィルハーモニックの日本公演は、四月二十六日の東京文化会館で始まった。このホールは四月七日に開場したばかりで、十七日から一般公開され、東京世界音楽祭で開幕した。二十六日は小澤の出番はなく、その後、静岡、名古屋、大阪、神戸などの地方公演でも出番はない。

東京に戻っての五月五日の東京文化会館で、小澤は一曲だけ、振らせてもらえた。四月のカーネギー・ホールと同じ、黛敏郎《饗宴》だった。この日のプログラムはヒンデミットの「弦楽と金管楽器のための演奏会用音楽」と、ベルクの「管弦楽のための三つの小品」、チャベス《シンフォニア・インディアナ》、コープランド《エル・サロン・メヒコ》、そして《饗宴》という二十世紀の音楽ばかりで構成されていた。意欲的というか、斬新《ざんしん》なプログラムだったが、当時の日本の聴衆には受けなかった。

同時期に東ドイツのライプツィヒ・ゲヴァントハウス管弦楽団も来日し、ベートーヴェンやシューベルトを演奏しており、こちらのほうが人気があったのだ。ニューヨーク・フィルハーモニックの日本公演は集客も苦労した。バーンスタインとオーケストラはアメリカへ帰ったが、小澤は残り、九月まで滞在する。

■武満徹との出会い

日本にいる間に、小澤征爾は日本フィルハーモニー交響楽団の、彼のための特別演奏会（五月二十七日）や定期演奏会、都民劇場主催の演奏会を指揮し、日本の音楽ファンの前に本格的にデビューした。NHK交響楽団とも放送用の録音で共演を果たし、後の客演につなげる。

生涯にわたる交友が続く、作曲家の武満徹《たけみつとおる》との出会いもこの時期だった。武満の新作《環（Ring）》が、小澤の指揮で世界初演されることになっていたのだ。この曲は、フルート、テルツ・ギター、リュートの三重奏だが、小澤が指揮する。赤坂プリンスホテルの一室を借りてのリハーサルで、作曲家と指揮者は初めて会った。武満は小澤が曲を暗譜していたのに驚き、感激した。

《環》の初演は、八月二十六日、大阪御堂会館で野口龍《のぐちりゅう》・伊部《いべ》晴美《はるみ》・大橋敏成《おおはしとしなり》と小澤によって行なわれる。


武満は一九三〇年生まれなので、小澤の五歳上になる。生まれは東京だが生後すぐに満州の大連《だいれん》に渡り、小学校に入るまで同地で育った。このあたり、小澤と共通する。音楽は独学だ。東京藝術大学作曲科を受験したが、作曲に学校だの教育だのは無関係だと思い、二日目の試験は受けなかった。一九五〇年にピアノ曲「二つのレント」を発表し、作曲家としてデビューするが、すぐには評価されない。映画、舞台、テレビなどの音楽を作曲していた。一九五七年に作曲した「弦楽のためのレクイエム」が、一九五九年に来日したストラヴィンスキーに評価されると、認められるようになる。日本のジャーナリスト、評論家は「外国からの評価」に弱い。

一九六一年は、小澤、武満とも「外国人の評価」によって上昇気流に乗ったところである。以後、武満作品の多くが、小澤によって初演され、二人はともに国際的名声を得る。

■サンフランシスコでの成功

一九六一／六二シーズン開始に間に合うように、小澤は九月にニューヨークへ戻り、フィルハーモニックのアシスタント指揮者を六二年五月まで務めた。

そのあいだの一月五日に、江戸京子と結婚した。だがこの結婚は長くは続かない。

四月にバーンスタインがグレン・グールドと共演した有名な演奏会も、アシスタントとして立ち会った。

小澤自身が指揮する機会も、多くはないが、与えられた。いずれも、バーンスタインやほかのアシスタント指揮者と分け合うもので、ひとつの演奏会をひとりで指揮することはなかった。小澤としてはいつまでもこの仕事を続ける気はなく、このシーズンで辞めると決めた。バーンスタインもミトロプーロスの下でのアシスタント指揮者を長く続けなかったので、師に倣ったとも言える。大指揮者になる人は、下積みを長く続けない。

バーンスタインは面倒見がいいので、小澤をマネージメント会社、コロムビア・アーティスト・マネージメントのロナルド・ウォルフォードに紹介してくれた。以後、小澤のマネージメントはウォルフォードが担う。

小澤のプロとしての最初の大きなチャンスは、一月にやってきた。若者のサクセスストーリーによくある「大指揮者の急なキャンセルによる代役での成功」という物語だ。

米ソの緊張緩和の一環としての音楽外交が盛んな時期で、サンフランシスコ交響楽団に、ソ連の作曲家でもあるアラム・ハチャトゥリアンが指揮者として客演することになっていたが、直前にキャンセルされた。楽団の理事長は多くの指揮者を抱えているウォルフォードに泣きついた。名のある指揮者はみなスケジュールが詰まっていた。ウォルフォードは小澤を紹介し、もはや時間のないサンフランシスコ交響楽団は日本人青年に賭《か》けるしかなかった。

一月十日、小澤はサンフランシスコにデビューした。演奏したのは、ハチャトゥリアンのピアノ協奏曲、《幻想交響曲》などだった。聴衆の誰もが、若く経験がない指揮者が急な代役で臨んでいることを知っていた。お手並み拝見という気持ちで聴いていた人も多いだろう。しかし小澤の指揮から奏でられる音楽は、満員の聴衆を興奮させ、六回もカーテンコールで呼び出されるほどだった。

だが、かつてバーンスタインがワルターの代役でセンセーショナルに登場しても、すぐには正指揮者のオファーが来なかったように、一夜限りの成功に過ぎなかった。

■N響事件

一九六二年五月、ニューヨークでのアシスタント指揮者の契約が終わると、小澤征爾は日本へ向かった。六月からNHK交響楽団の指揮者になったのだ。

NHK交響楽団、通称「N響」は、一九二五年（大正十四）三月に、作曲家の山田《やまだ》耕筰《こうさく》らによって設立された日本交響楽協会（協会）が前身となる。翌年一月に近衛秀麿の指揮で最初の演奏会を開いた。しかし近衛らは二六年（大正十五）九月に脱退して新交響楽団（新響）を結成した。戦争中の一九四二年（昭和十七）に新響と日本放送協会を設立者とする日本交響楽団（日響）になった。ドイツから指揮者を招くのが伝統となっており、戦後もそれが続いていた。一九五一年八月にNHK交響楽団と改称し、現在に至る。

小澤は「客演指揮者」という肩書だったが、常任指揮者がいるわけではなく、実質的にはこのシーズンは小澤が常任指揮者だった。六月二十日から十月二十二日までの二十三の演奏会のすべてと、十一、十二月の定期公演と「第九」の演奏会を指揮する契約だ。

七月にはメシアン《トゥランガリラ交響曲》の日本初演をするなど、小澤は意欲的なプログラムで取り組んでいた。夏は北海道、十月二日からは香港、シンガポール、クアラルンプール、マニラ、沖縄と海外でも公演した。

しかし、この海外ツアーの頃から、小澤と楽団員の関係がぎくしゃくしてくる。小澤はまだ二十七歳の若輩で、大半の楽団員は年長だ。しかも、N響の楽団員は東京藝術大学の卒業生が多く、新興の桐朋を出た小澤を見下す雰囲気にあった。小澤が遅刻したとか、ミスをしたとか、さまざまな要因が積み重なったところに、十一月の定期演奏会が新聞で酷評されると、楽員代表による演奏委員会が「今後小澤氏の指揮するコンサート、録音演奏には一切協力しない」と表明する事態に発展した。楽団員は積極的に取材に応じ、いかに小澤が無礼な若者か、音楽の伝統を知らないかを吹聴《ふいちょう》した。マスコミは、小澤を「海外で賞をとり、チヤホヤされて増長した困った若者」という論調で揶揄《やゆ》し、批判した。

これに危機感を抱いたのは、同世代の若い文化人たちだった。演出家の浅利《あさり》慶太《けいた》や作家の石原慎太郎《いしはらしんたろう》は、小澤を救うために団結した。

N響が小澤に「協力しない」と内容証明を送ってきたので、小澤サイドは契約不履行と名誉毀損《きそん》で訴えるなど、泥沼化していった。小澤はデトロイトへの客演のため十一月二十二日からアメリカへ行くが十二月一日には帰国する予定だった。契約当事者でもあったNHKは、小澤との契約期間が十二月いっぱいだったので、小澤に「病気になったことにして、十二月いっぱいはアメリカにいてくれないか」と、「誰も傷つかないが姑息《こそく》な解決」を打診したが、小澤は断った。あくまで、十二月十一日から十三日までの定期演奏会と年末恒例の第九を指揮する姿勢を示した。

四日にリハーサルが始まったが、楽団員はボイコットして来ず、翌五日に事務局に小澤の降板を求めた。六日に事務局は楽団員に対し、定期演奏会に出れば、「第九」は小澤に振らせないと密約を持ちかけた。

浅利たちはNHKという巨大組織を巻き込んで戦線を拡大する戦術を取った。「演奏会中止」をNHK側から言わせるよう、十二月八日のNHKとの交渉の場であえて挑発的な態度をとり、曲目の変更、楽団員が協力する保障、NHKが遺憾の意を表明する、の三条件を提示した。NHK幹部は感情的になり、小澤を切ることにし、十二月十日、定期演奏会と第九の演奏会の中止を決定し通告した。N響史上初の「定期演奏会中止」だった。

この日は偶然にも、小澤の恩人の田中路子が、声楽家としての引退コンサートを日比谷公会堂で開いた日でもあった。

しかし、定期演奏会が予定されていた十二月十一日、小澤征爾は会場の東京文化会館へ向かった。ステージには楽団員の座る椅子と譜面台が並び、指揮台もあった。楽団員さえ来てくれれば、いつでも始められる状態だった。そんなステージに、小澤はひとりで座り、楽団員を「待って」いた。その様子が取材に来た報道陣に撮られ、新聞には「天才は一人ぼっち」「指揮台にポツン」などの見出しで報じられた。石原慎太郎と浅利慶太が「誰もいないステージ」の場面で、小澤に「孤独な天才」を演じさせ、カメラマンを呼んで撮らせたのだ。

そういう裏の事情は関係者しか知らない。ステージにひとりしかいない写真で、世論は一気に小澤に同情的になった。「若き天才」を「権威主義で意地の悪い狭量な楽団員」がいじめている構図になったのだ。

指揮者と楽団とのトラブルは世代間闘争へと発展していった。若き天才たちにとっては「他人《ひと》ごと」ではなかったのだ。中止が決まると、石原、浅利のほか、三島由紀《みしまゆき》夫《お》、谷川俊太郎《たにかわしゅんたろう》、大江《おおえ》健三郎《けんざぶろう》、團伊玖磨《だんいくま》、黛敏郎、武満徹といった当時の若手藝術家、文化人たちが「小澤征爾の音楽を聴く会」を結成し、N響とNHKに対して質問状を出すなど、社会問題となっていく。

この渦中に、恩師のミュンシュが日本フィルハーモニーへ客演するために来日していた。

一九六三年一月十五日、「小澤征爾の音楽を聴く会」という名称の演奏会が、日比谷公会堂で開かれた。オーケストラは日本フィルハーモニーで、小澤の指揮でシューベルト《未完成交響曲》やチャイコフスキーの交響曲第五番などが演奏され、聴衆は熱狂的な拍手を送った。

三島由紀夫は翌日の朝日新聞に「熱狂にこたえる道　小沢征爾の音楽会をきいて」と題してエッセイを書いた。〈最近、外来演奏家にもなれっこになり、ぜいたくになった聴衆が、こんなにも熱狂し、こんなにも興奮と感激のあらしをまきおこした音楽

会はなかった。正に江戸っ子の判官びいきが、成人の日の日比谷公会堂に結集した感がある。〉

小澤は、十七日に吉田秀和、黛敏郎らの仲介でNHKと和解した。訴訟を取り下げるという意味で、N響へ復帰するわけではない。

十八日、小澤は羽田空港からアメリカへ飛び立った。

この一連の出来事は「N響事件」と呼ばれる。これが小澤の勝利を象徴していた。「ベトナム戦争」がベトナムでは「アメリカ戦争」と呼ばれるように、この事件はN響にとっては「小澤事件」なのだが、世間でそう呼ぶ人はいない。誰もが小澤サイドに立ったので、「N響事件」となったのだ。

このとき小澤が「深く反省」し頭を下げてN響に復帰していたら、「世界のオザワ」は存在しない。出世術としても藝術上の成長の面からも、この青年は日本を離れたほうがよかった。すでにヨーロッパとアメリカで名は知られている。カラヤン、バーンスタイン、ミュンシュという超大物の後ろ楯《だて》もあれば、最強のマネージメント会社もついていた。日本にいる必要など、なかったのだ。

日本を出た小澤は、以後、そのキャリアのほとんどを「日本人初」として達成していく。

■ラヴィニア音楽祭

アメリカへ戻った小澤征爾には、N響よりも伝統のある名門楽団のステージが待っていた。四月のサンフランシスコ交響楽団への客演は、大きな反響を呼んだ。

七月にはシカゴ郊外のミシガン湖近くで開催される野外音楽祭、「ラヴィニア音楽祭」にデビューした。これも代役だった。ジョルジュ・プレートルが指揮する予定だったが、四十八時間前になって、突然、キャンセルしてきたのだ。音楽祭理事会は、プレートルのマネージャーに代役を見つけてくれと頼むしかなく、そのマネージャーが推薦したのが小澤だった。いうまでもなく、そのマネージャーはウォルフォードである。

七月十六日、小澤はラヴィニア音楽祭で初めてシカゴ交響楽団を指揮した。ベートーヴェン《レオノーレ》序曲第三番、グリーグのピアノ協奏曲（ピアノはバイロン・ジャニス）、ドヴォルザーク交響曲第九番《新世界より》で、またもセンセーションを巻き起こした。興奮のあまり、音楽祭の理事会の実力者は終演後、「この音楽祭を君にあげよう」と社交辞令を言うほどだった。十八日には盟友・武満徹の「弦楽のためのレクイエム」を演奏した。

そして八月の終わりには、社交辞令は正式な契約となり、小澤は翌年からのラヴィニア音楽祭音楽監督に就任する。日本人初の欧米の音楽祭の音楽監督だった。

ニューヨーク・フィルハーモニックとは絶縁したわけではないので、八月下旬からの一か月にわたるアメリカ国内ツアーに呼ばれ、バーンスタインとプログラムを分け合った。

一方、十月二十日、日本では日生劇場が開場した。この劇場の役員として名を連ね、実際に公演の企画を立てていたのが石原慎太郎と浅利慶太だった。柿落《こけら》しはベルリン・ドイツ・オペラの引っ越し公演で、カール・ベームとロリン・マゼールが指揮をしてオペラを上演したが、小澤も呼ばれて、武満の「弦楽のためのレクイエム」、ビゼーの交響曲、ブラームスの交響曲第二番を指揮した。

以後日本へもN響以外の仕事をしに帰ってくるが、拠点は北米大陸になる。

一九六四年一月七日には、カナダのトロント交響楽団にデビューした。ここでもプログラムには武満の「弦楽のためのレクイエム」を入れた。小澤は武満作品の伝道者であった。ベートーヴェンやモーツァルトではほかの指揮者と比較されるので、誰も聴いたことのない音楽で勝負をする戦術でもあったのだろう。ほかにプロコフィエフとチャイコフスキーも演奏した。

トロントへのデビューは、カーテンコールが十五分も続いたという伝説があるほどの大成功となった。当時のトロント交響楽団はワルター・ジュスキントが音楽監督だったが、一九六四／六五シーズンで退任することになっていた。デビュー・コンサートの成功を受けて、六五／六六シーズンからの音楽監督を、小澤が務めることが決まった。

かくして小澤征爾は日本人として初の欧米の楽団の音楽監督となる。N響にボイコットされて、まだ一年と少ししか過ぎていない。小澤が急成長したわけではないだろうから、N響楽団員のほうが、「音楽が分かっていない」ことが、分かった。

■音楽祭とオーケストラの監督

一九六四年六月十六日、音楽祭として迎えるラヴィニア音楽祭が始まった。この音楽祭で中心になるのはシカゴ交響楽団だ。小澤は八月一日までの一か月半の間に、十二回の演奏会を指揮した。

秋からの一九六四／六五シーズン、バーンスタインは一年間の休暇を取ることになっていた。作曲に専念したいという理由だった。そこでニューヨーク・フィルハーモニックは、小澤をアシスタント指揮者として再契約した。アシスタント指揮者ではあるが、今度は何回かの演奏会を指揮できた。

一九六五年三月には、ロンドン交響楽団にデビューした。

そして――九月一日に三十歳になると同時に、トロント交響楽団音楽監督としてのシーズンが始まった。カナダでは、インド生まれのズービン・メータが一九六〇年からモントリオール交響楽団の音楽監督をしており、この時期、二つの楽団が東洋人を監督としていたことになる。メータは六二年からはロサンゼルス・フィルハーモニックの音楽監督と掛け持ちするが、小澤もそれと似た形でキャリアを積んでいく。トロントという拠点を得たが、小澤は安住しない。客演の仕事は次から次と入った。日本にも年に一回は帰り、日本フィルハーモニーや読売日本交響楽団を指揮していた。

一九六六年六月十八日にはウィーン交響楽団を指揮し、音楽の都にもデビューした。六月半ばからはラヴィニア音楽祭で、それが終わると、小澤はザルツブルクへ向かった。カラヤンに招かれる形で、ウィーン・フィルハーモニーの演奏会を指揮したのだ。シューベルトの交響曲第五番、ブレンデルとシューマンのピアノ協奏曲、ブラームスの交響曲第二番という、ドイツ音楽ど真ん中のプログラムだった。

九月二十一日にはベルリン・フィルハーモニーの定期演奏会にデビューした。プログラムは、ベートーヴェンの交響曲第一番、ボレットと共演してシューマンのピアノ協奏曲、ヒンデミット《画家マティス》で、ここでもドイツ音楽を披露した。

二か月の間に、ウィーンとベルリンのフィルハーモニーを指揮したのである。

一方、この一九六六年に江戸京子と離婚した。四年足らずの結婚生活だった。音楽家同士の結婚は長続きしないとよく言われるが、その典型例となった。小澤が世に出るには、京子の父である江戸英雄の後ろ楯や経済的援助があったが、この頃にはもうそれを必要としていなかった。

十月から、トロント交響楽団の二年目の一九六六／六七シーズンが始まった。

このシーズンはソ連からの客人を迎えた。音楽外交としてのアメリカ・ツアーをしていたチェリストのムスティスラフ・ロストロポーヴィチがトロントにも来たのだ。小澤もロストロポーヴィチも、誰とでもすぐに親友になるタイプなので、体制の違いを乗り越えた友情が築かれた。一九六七年二月七日と八日に二人は共演し、ショスタコーヴィチとドヴォルザークのチェロ協奏曲を演奏した。

■トロントからサンフランシスコへ

トロントで小澤が二年目のシーズンを奮闘している頃、サンフランシスコでは、音楽監督ヨーゼフ・クリップスの「次」が取り沙汰《ざた》されるようになっていた。

同じカリフォルニア州のロサンゼルス・フィルハーモニックは、一九六二年から若いメータを迎えて、活況を呈していた。サンフランシスコは一九三五年から五二年まで続いたピエール・モントゥーの後は、エンリケ・ホルダ、ヨーゼフ・クリップスと堅実だが地味なタイプの指揮者が音楽監督だったので、客足がにぶっていた。そこで、客演で大成功してた小澤を呼ぼうという雰囲気になっていたのだ。

一九六七年十一月、小澤はニューヨーク・フィルハーモニックの定期演奏会に出て、武満徹《ノヴェンバー・ステップス》を世界初演した。この楽団が創立一二五周年記念に武満に委嘱した作品だった。琵琶《びわ》と尺八とオーケストラによる曲である。

一九六八年一月には、ボストン交響楽団の定期演奏会を初めて指揮した。この楽団に正式に「指揮者」として認められたことになる。

その翌月、サンフランシスコ交響楽団は、小澤が一九七〇／七一シーズンから音楽監督になると発表した。クリップスは七〇年をもって円満に退任する。一方、トロント交響楽団と小澤の契約も、六八／六九シーズンまでとなった。楽団は後任を探し、チェコ・フィルハーモニーの音楽監督カレル・アンチェルに打診し、受諾されていた。

一九六八年夏もラヴィニア音楽祭で、シカゴ交響楽団を指揮し、ここでも武満《ノヴェンバー・ステップス》や、外山雄三《とやまゆうぞう》の「ラプソディ」を披露した。

自分の音楽祭が終わると、小澤はザルツブルクへ向かい、カラヤンのアシスタントとして《ドン・ジョヴァンニ》の公演を手伝った。

小澤に欠けているのが、オペラの経験だった。日本には常設のオペラハウスはなかった。同世代のアバドはミラノというスカラ座のある都市で生まれ育ち、同じ東洋人でもメータはウィーンで学んでいた時期に国立歌劇場へ通っていたが、小澤はオペラ観劇の経験数も絶対的に不足していた。偶然にも、ミュンシュもバーンスタインも、オペラ指揮者ではなかった。だがカラヤンは、「オペラとコンサートは指揮者にとって車の両輪」と考える人だ。小澤にもオペラを学ばせなければならないと、この師は考えたのだ。

オペラを指揮するには、歌劇場の練習指揮者から始めるのがいいが、小澤にはそんな時間はない。カラヤンは自分がどのようにオペラを作っていくかを間近で見せようと、アシスタントにならないかと誘った。この時点ですでに、翌六九年に小澤にモーツァルト《コジ・ファン・トゥッテ》を振らせようとも決めていた。

ザルツブルク音楽祭が開催されている間の八月二十日深夜、ソ連軍を中心としたワルシャワ条約機構軍がチェコスロヴァキアの国境を突破して侵攻し、全土を占領下に置いた。この国で進んでいた民主化・自由化の改革「プラハの春」は弾圧された。アンチェルはこの時、タングルウッドにいた。トロントに行くことも決まっていたので、亡命を宣言した。

一九六八年に小澤は再婚した。相手は白系ロシア人貴族の血を引く、モデルの入江《いりえ》美樹《みき》だった。子が二人生まれ、小澤征良《せいら》はエッセイスト、小澤征悦《ゆきよし》は俳優になる。

■日本フィルハーモニー

日本フィルハーモニー交響楽団は一九五六年の発足以来、渡邉暁雄が常任指揮者として、定期演奏会の半数近くを指揮していた。だがスイスに移住することになり、六八年二月をもって退任した。この楽団は三月にイーゴリ・マルケヴィチを「名誉指揮者」としていたが、八月に小澤がミュージカル・アドヴァイザー兼首席指揮者に就任した。日本フィルハーモニーは、日本の楽団のなかでは、最も小澤と関係が深いので、適任だった。

首席指揮者としての最初の演奏会は九月三日だった。トロントの仕事もあるので、ずっと日本にいるわけではないが、故国にも拠点を置くことになったのだ。

トロントは一九六八／六九シーズンが最後となる。シーズン後半の六九年二月から三月は、ニューヨーク・フィルハーモニックを四週間にわたり指揮した。このシーズンをもって、バーンスタインはニューヨークを退任することになっていたので、後任候補に小澤の名も挙がったが、当人がニューヨークに暮らす気はなかった。

四月にはトロント交響楽団と来日し、「大阪国際フェスティバル」に参加し、その後に東京でも演奏した。六二年のニューヨーク・フィルハーモニックと来日した時はアシスタント指揮者だったが、七年後には音楽監督として凱旋《がいせん》したのだ。

五月十四日がトロントでの、最後の演奏会となった。プログラムは《ばらの騎士》組曲で、四シーズンにわたる音楽監督の仕事を終えた。

一週間後の二十一日には東京で日本フィルハーモニーの定期演奏会で、《コジ・ファン・トゥッテ》を演奏会形式で上演した。夏にザルツブルク音楽祭で指揮する予定だったので、小澤にとっては予行練習のひとつだっただろう。

東京の次は、ヨーロッパだった。ニュー・フィルハーモニア管弦楽団（現・フィルハーモニア管弦楽団）に客演し、ベルリンへ向かって、フィルハーモニーの定期演奏会を指揮した。アメリカへ戻ると、ラヴィニア音楽祭だった。しかしこの夏は監督は降板し、六月二十六日から七月六日までに六つの演奏会を指揮するだけだった。ザルツブルク音楽祭でオペラを指揮するので、その準備のために前年よりも早く、ザルツブルクへ行かなければならなかった。

■最初の失敗

ザルツブルク音楽祭でのモーツァルト《コジ・ファン・トゥッテ》の初日は七月二十八日で、八月二十六日までに六公演を指揮した。日本人初のザルツブルク音楽祭でのオペラの指揮だ。

ブザンソンの指揮者コンクールで優勝して以来、小澤は各地のデビュー戦を連戦連勝でかざっていたが、このオペラは失敗に終わった。不評だったのだ。もっとも、それが小澤の指揮のせいなのか、ポネルの演出のせいなのか、歌手に問題があったのか、そのあたりは明確にはならない。二年契約だったのか、翌一九七〇年も小澤はザルツブルクでこのオペラを振るが、以後、オペラから遠ざかってしまう。

前年（一九六八）にミュンシュがツアー先のアメリカで亡くなっていたので、ザルツブルク音楽祭では、パリ管弦楽団がベルリオーズのレクイエムを演奏し、その指揮を、ミュンシュの弟子である小澤が担った。これがきっかけで、以後、パリ管弦楽団へ客演するようになる。

秋から一九六九／七〇シーズンだが、サンフランシスコの音楽監督は翌シーズンからなので、アメリカでの常任ポストのないシーズンとなった。

最初の仕事はニューヨーク・フィルハーモニックで、八月三十日からのアメリカ十都市をまわる国内ツアーの指揮を担い、九月二十一日までに十七公演を指揮した。二十三日のニューヨークでのシーズン開幕公演も、小澤だった。

十一月はクリーヴランド管弦楽団とボストン交響楽団に客演、十二月は大西洋を渡って、パリ管弦楽団を指揮した後、日本へ来て、十二月十一日から一月二十七日までの四回の定期公演を指揮した。一月十六日はバーンスタインの交響曲をプログラムにした。ヨーロッパ大陸とアメリカ大陸を移動する日日が続いていた。

一九七〇年夏は、タングルウッドのバークシャー音楽祭の音楽監督に就任した。ボストン交響楽団の音楽監督が兼務するポストだが、六九年にラインスドルフの後任となったウィリアム・スタインバーグが、高齢とピッツバーグ交響楽団音楽監督との兼任なので、バークシャーまでは面倒を見きれないと固辞したので、小澤が就任したのだ。

バークシャー音楽祭が終わると、ニューヨーク・フィルハーモニックの日本公演に同行した。バーンスタインの後任の音楽監督はまだ空席だったので（七一年にピエール・ブーレーズが就任）、バーンスタインと小澤の二人のスター指揮者が同行したのだ。十月はベルリン・フィルハーモニーとパリ管弦楽団、十一月はボストン交響楽団に客演した。

小澤征爾とサンフランシスコ交響楽団のシーズン開幕演奏会は、十二月二日だった。両親をサンフランシスコに招待しており、父開作はその日を楽しみにしていたが、出発直前の十一月二十一日に、急死した。小澤はその日はニューヨークでボストン交響楽団を指揮する予定だったが、報《しら》せを受けて、キャンセルして帰国した。

葬儀は十一月二十五日だった。小澤が首席指揮者をしている日本フィルハーモニーは、市ヶ谷に練習場を設けていたので、そこを借りて葬儀が営まれていた。その日の昼前、市ヶ谷の自衛隊駐屯地では、三島由紀夫が乗り込み、自衛隊員にクーデターを呼びかけたが、同調する者はなく、切腹した。世に言う「三島事件」である。N響事件の際に小澤を支援した文化人のひとりが、小澤の父の葬儀の日に自決したのだった。

小澤には父の死を悲しみ、支持者であり盟友でもあった三島の死を嘆く時間はなかった。太平洋の向こう、サンフランシスコが、彼を待っていた。

■ボストンとサンフランシスコ

一九七〇年十二月二日、サンフランシスコのウォー・メモリアル・オペラハウスで、サンフランシスコ交響楽団のシーズン開幕公演が開かれた。日本人の音楽監督が、第二次世界大戦での戦後処理を確定したサンフランシスコ平和条約が調印された場所に建てられたホールで、音楽監督として指揮するのである。プログラムは、ハイドン《テ・デウム》、バーンスタイン《チチェスター詩篇《しへん》》、ベルリオーズ《幻想交響曲》だった。

小澤征爾は三十五歳だった。

隣のロサンゼルスでは、三十四歳のメータが音楽監督だ。一九三〇年代生まれが第一線に出ていた。そのレースで、小澤は先頭集団にいた。

そしてさらに小澤は加速する。サンフランシスコ交響楽団音楽監督の二シーズン目の途中、一九七二年二月に、ボストン交響楽団の音楽監督就任が決まるのだ。打診された時、サンフランシスコが気に入っていたし、まだ二年目なので離れるわけには行かないと、断ろうとした。だがボストンは、サンフランシスコとの兼任でいいと言う。

小澤は計算した。音楽監督はオーケストラの顔なので、シーズンの開幕公演と最後の公演は指揮すべきだ。幸いなことに、サンフランシスコのシーズンは十二月から翌年五月までで、ボストンは九月から翌年四月までと、ずれがある。この二つの楽団なら、双方のシーズン開幕と最後の公演に出られる。それぞれに十五週間前後を割り振ることも可能なようだった。

このほかにも日本フィルハーモニーもあるし、ベルリンやロンドン、パリへもシーズンごとに客演するので、かなり多忙にはなるが、不可能ではなさそうだった。

何よりも、若さが味方をした。小澤はボストンからの要請も受けた。任期は一九七三／七四シーズンからと決まる。

■新日本フィルハーモニー

一九七二年五月、サンフランシスコ交響楽団のシーズンを終えて、日本へ帰ってきた小澤を待っていたのは、日本フィルハーモニーの解散という事件だった。

日本フィルハーモニーは文化放送の専属楽団として一九五六年に発足したが、五九年からはフジテレビの専属楽団にもなっていた。六九年には財団法人となり、両放送局が運営資金を提供していた。しかし楽団員の給料が低かったので、七一年には労働組合が結成され、同年十二月にはストライキのため、第九の演奏会が中止になった。

フジテレビは財界が主導して開局した放送局である。当時は左翼陣営が強く、また労働運動も盛んだったが、このテレビ局の経営陣にはそれを抑圧する体質があった。

ストライキという事態を受けて、フジテレビと文化放送の経営陣は態度を硬化させ、七二年五月に、六月三十日をもって、楽団への運営資金を打ち切り、放送契約も解除、財団を解散すると言い渡した。組合を潰《つぶ》すために楽団ごと潰そうとしたのだ。

小澤は楽団員と相談し、解散ではなく存続の方法を模索することにした。ようするに、フジテレビと文化放送に代わる、新たなスポンサーが見つかればいい。小澤は一九七二年度の日本藝術院賞を受賞し、その授賞式が六月七日にあった。これは天皇が臨席するもので、小澤は昭和天皇に、「日本フィルを助けてください」と訴えた「天皇直訴」事件を起こす。

小澤の必死の嘆願も財界人の心を動かしはせず、昭和天皇が何かをするはずもなく、六月三十日での財団法人としての解散は避けられない事態となった。六月十六日が最後の定期演奏会となり、小澤の指揮でマーラーの交響曲第二番《復活》が演奏され、歴史的熱演となった。

こうして、小澤征爾は、一九六二年にN響と絶縁したのに続いて、またも日本でのオーケストラを喪った。この天才指揮者を活《い》かせる土壌が、日本にはまだなかったのである。

だが、日本フィルハーモニーは消滅しなかった。楽団員の間で、今後について意見が割れて分裂し、組合員は日本フィルハーモニー交響楽団の名称のもとで労働争議と音楽活動を連動させていく道を選んだ。この路線にはついていけない楽団員は脱退して、新日本フィルハーモニー交響楽団を設立した。潰されるどころか、二つになったのである。とはいえ、両楽団とも前途は多難だった。

小澤は組合色の強い日本フィルハーモニーではなく、脱退した楽団員が結成する新日本フィルハーモニーにつくことにしたが、アメリカでの仕事が待っており、何もできそうもない。そこで盟友のひとり、山本直純に任せた。山本は齋藤秀雄に頼み顧問になってもらい、自分は指揮者団の幹事となった。

七月一日に、新日本フィルハーモニーの結成が表明された。小澤はその指揮者のひとりとなった。十二月に帰国し、新しいオーケストラで《天地創造》と第九を指揮し、翌七三年二月末から三月初めにかけては香港フェスティバルに参加する。

■ボストン交響楽団

一九七二／七三シーズンは、サンフランシスコ交響楽団の音楽監督として三年目であり、翌シーズンはボストン交響楽団との兼任が決まっていた。しかし、ボストンは小澤を待ちきれず、七二／七三シーズンも音楽顧問（ミュージック・アドバイザー）となったので、実質的には兼任が始まっていた。

シーズン終わりの一九七三年五月から六月は、サンフランシスコ交響楽団とヨーロッパ・ツアーに出かけ、ソ連へも行った。

一九六五年にトロントで小澤と共演したロストロポーヴィチはこの時、ソ連音楽界で干されていた。反体制作家ソルジェニーツィンが困窮していたので別荘を貸すなど援助したことで、演奏機会が激減したのだ。ソ連は音楽興行も国営会社がすべて担っており、演奏家は自由に演奏できない。ロストロポーヴィチは世界的名声を得ていたので西側を含め各国から客演要請があったが、窓口の国営会社がすべて「病気」を理由に断っていた。さらにモスクワでは当人が演奏したいと申請してもホールの使用許可が下りない。地方都市でしか演奏できない状況だった。

小澤は親友がそういう境遇にあることを知っていた。ソ連へ行くことが決まると、「モスクワではロストロポーヴィチを共演者にしたい」と、ソ連の国営興行会社に申し入れた。ソ連側は「ロストロポーヴィチは出演できない」と懸命に説得したが、小澤は譲らなかった。このままではソ連公演そのものがなくなってしまいかねないと、ソ連側はロストロポーヴィチの出演を認めた。

こうして、モスクワの聴衆の前に、久しぶりにロストロポーヴィチは登場した。演奏会は熱狂のうちに終わった。

夏はタングルウッドの音楽祭で、九月二十八日、ボストン交響楽団の音楽監督としてのシーズンが始まった。開幕演奏会ではベルリオーズ《ファウストの劫罰》を指揮した。

小澤征爾は三十八歳になったばかりだった。

一九七〇年代のアメリカのメジャー・オーケストラはどんな布陣だったのか。ニューヨーク・フィルハーモニックはバーンスタイン時代が終わり、ブーレーズが一九七一年から七八年まで音楽監督で、その後をメータが引き継ぐ。シカゴ交響楽団はショルティが六九年に音楽監督になり、九一年まで務める。クリーヴランド管弦楽団は、セルが七〇年に日本公演の直後に急死し、ブーレーズが一シーズンだけ音楽顧問となった後、七二年から八二年までマゼールが音楽監督になる。フィラデルフィア管弦楽団は戦前の一九三八年に音楽監督になったオーマンディが健在で八〇年まで務める。

こういう巨匠たちに、小澤征爾は並んだのだ。そして七〇年代の音楽監督たちが退任、あるいは亡くなった後も、小澤だけは八〇年代、九〇年代を乗り越えて、二〇〇一／〇二シーズンまで、二十九シーズン、三十年にわたりこのポストにあり続ける。

無名の指揮者には時間はいくらでもあるが、仕事は来ない。名門楽団の音楽監督になると、その名声から世界各国からの客演の招聘《しょうへい》が来て、時間はいくらあっても足りない。小澤征爾はすべてが好転していった。サンフランシスコとボストンは同じ国家だが、大陸の西と東にある。さらにベルリンやパリ、ロンドン、そして日本へと飛びまわる日日が続く。

この三十年を細かく追っても、作曲家名と曲名と地名と日付けの羅列になるだけなので、いくつかのトピックのみを記していく。

■オペラへの再挑戦

新日本フィルハーモニーは「世界のオザワ」となった小澤征爾の名声もあって、外国ツアーも成功させた。結成二年目の一九七四年十月から十一月はアメリカ、フランス、イギリス、西ドイツへのツアーをし、各地で歓迎された。

一九七五年六月は、サンフランシスコ交響楽団を率いて、来日した。しかし、七五／七六シーズンが十二月に始まる前に、このシーズンで小澤が音楽監督を辞任すると発表された。後任が決まらないため、七六／七七シーズンも音楽顧問として残るが、それをもって、サンフランシスコを離れた。小澤が着任してからの観客動員はすさまじく、どの公演もほぼ満席となった。評論家からの評価も高かった。この人気を背景にして、小澤は現代音楽など意欲的なプログラムを提供することもできた。

一方、楽団員の採用をめぐり、人種差別と女性差別があると訴えられる事件もあり、小澤も巻き込まれたので、それが離任の理由のひとつかもしれない。それでも喧嘩《けんか》別れをしたわけではなさそうだ。

サンフランシスコの音楽監督としての最後の演奏会は五月二十六日から二十九日で、

マーラーの交響曲第三番を指揮し、大興奮のうちに、終わった。音楽監督として六シーズンを務めたことになる。

こうして小澤征爾は常任のポストはボストン交響楽団音楽監督に絞った。

ザルツブルク音楽祭での失敗から、小澤はオペラには手を出さないでいたが、一九七六年六月に二期会でムソルグスキー《ボリス・ゴドゥノフ》(日本語訳詞版)を指揮し、この分野への挑戦を再開した。翌七七年夏のタングルウッド音楽祭でも、モーツァルトの初期の短いオペラ《劇場支配人》を採り上げた。

そして一九七九年五月、パリ・オペラ座で、ラヴェル《子供と魔法》とストラヴィンスキー《エディプス王》を指揮してデビューし、以後、この歌劇場でオペラに取り組んでいく。

八〇年三月にはプッチーニ《トスカ》を指揮して、スカラ座にデビューした。カバイヴァンスカ、パヴァロッティ、ヴィクセルを配しての公演だったが、評判は芳しくなかった。イタリア・オペラの総本山でのイタリア・オペラの指揮は難しく、カラヤンでも苦労したのだから、無理もない。

日本では、八〇年五月に新日本フィルハーモニーや晋友会とともにマーラーの交響曲第八番を演奏した後、二期会で《カルメン》を指揮、七月二十六日にはタングルウッド音楽祭でも《トスカ》を採り上げた。

ボストン交響楽団を率いての日本ツアーは、一九七八年三月に実現した。福岡、小倉《こくら》、広島、大阪、京都、金沢、名古屋、横浜、東京とまわり、最後の公演には桐朋学園オーケストラも参加した。師である齋藤秀雄は七四年九月に亡くなっているので、この光景を見ることはできなかった。

■中国へ

同じ一九七八年の六月には、中国へ単身招かれ、北京の中国中央楽団を指揮した。一年半前の一九七六年十二月にも、小澤は母と兄たちと北京を訪問していたが、それはプライベートな旅で、音楽家としての訪問は、これが初めてだった。七六年まで続いた文化大革命の間、クラシック音楽はブルジョワジーの音楽として聴くのも演奏するのも禁止されていたので、中国の音楽事情は、惨憺《さんたん》たるものだった。

一九七八年の小澤の訪中は、文革後最初の外国人指揮者の来訪となった。ブラームスの交響曲第二番を指揮したが、楽団員の大半が、それまでブラームスを聴いたこともなかった。楽器もひどかった。しかし、熱意はあった。小澤は、敗戦直後の何もなかった日本でクラシック音楽と出会った頃の自分と重ね合わせたのかもしれない。

北京の首都体育館では三回の演奏会と二回の公開リハーサルが開かれ、合計して二万五千人が詰めかけた。リハーサルの初日、小澤の譜面台には三枚の写真が置かれていた。齋藤秀雄、シャルル・ミュンシュ、そして父・開作。彼がこの日の姿を見せたいと思ったのはこの三人だったのだ。

一連の公式日程の後、小澤は同行していた母や弟とともに、かつて自分たちが住んでいた家を訪れた。

翌一九七九年三月、ボストン交響楽団を率いての中国公演が実現した。一月に米中の国交が正常化したのを記念しての、両国共同の国家イベントであった。その演奏会は、両国でテレビ中継された。その公演を指揮するのが、文化・人種の東西では東に属すが、政治・経済体制では西に属す日本の小澤征爾だったのだ。

ボストン交響楽団とは、一九八一年十月に同楽団の創立一〇〇周年を祝い、記念ツアーを日本から始めて、パリ、フランクフルト、ベルリン、ウィーン、ロンドンとまわった。

■日本での活躍

一九八〇年代まで、日本の音楽雑誌での、指揮者のガイド、あるいは年間のレコード（CD）のベストテンものの記事などでは、日本人演奏家は別枠とされていたが、小澤征爾だけは、カラヤンやバーンスタインと並ぶ、「世界の指揮者」のなかに置かれるようになっていた。まさに「世界のオザワ」だった。ドイツ・グラモフォン、フィリップスなどのメジャー・レーベルからも、年に何枚もレコードがリリースされていた。

一九八五年に五十歳になった小澤は、ボストンを拠点とした欧米での活動が広く深くなる一方で、日本での活動の場も築いていく。

一九八四年九月、小澤が中心となり、齋藤秀雄没後十周年を記念して「齋藤秀雄メモリアル・コンサート」が大阪と東京で開かれた。齋藤の門下生を中心に「桐朋学園メモリアル・オーケストラ」が臨時編成され、小澤と秋山和慶《あきやまかずよし》が指揮をした。

同窓生たちとの交流で、小澤は自分たちが同じ音楽言語のもとで生きていると分かった。そしてこの仲間たちともっと音楽をともにしたいと思い、三年後の八七年夏、桐朋の同窓生たちを再結集させ、臨時編成のオーケストラではあるが、「サイトウ・キネン・オーケストラ」（SKO）と名乗り、ヨーロッパ・ツアーに出た。九月八日のウィーンに始まり、ロンドン、ベルリン、パリ、フランクフルトとまわり、その一糸乱れぬアンサンブルは絶賛された。

SKOは二年後の一九八九年も再結集し、第二回ツアーとして、九月十一日から十七日までかけて、ウィーン、フランクフルト、ミュンヘン、ベルリン、ブリュッセルとまわった。一九九〇年夏にはザルツブルク音楽祭にも招かれ、その足でキール、ハンブルク、ロンドン（エディンバラ、ベルリンとまわった。ハンブルクやベルリンでは盟友ロストロポーヴィチも加わり、ドヴォルザークのチェロ協奏曲を弾いた。

SKOはこの頃から年に一度だけ集まるので「七夕オーケストラ」と呼ばれるようになっていた。一九九一年はヨーロッパの後、アメリカへも渡った。

しかし、日本人によるオーケストラなのに、日本では公演しない、奇妙な楽団でもあった。小澤の国際的知名度なしにはありえない楽団だ。

一九九二年、SKOが日本に凱旋することになった。それも単にどこかのホールで演奏するのではなく、長野県松本《まつもと》市で、SKOを中心とする音楽祭、「サイトウ・キネン・フェスティバル松本」が開催されたのだ（二〇一五年から「セイジ・オザワ松本フェスティバル」）。小澤は総監督となり、演奏会のみならず、オペラも上演していく。九二年はストラヴィンスキー《エディプス王》を上演し、世界二十四か国で放映された。

SKOの活動をきっかけに、日本国内で、小澤をトップに置くプロジェクトが次々と生まれた。

一九九〇年に吉田秀和が館長となる水戸藝術館の専属楽団として水戸室内管弦楽団が結成されると、小澤は音楽顧問・指揮者となり、定期演奏会の指揮を引き受けた。この楽団は常設ではなく、ソリストかオーケストラの首席奏者として活躍している者から選ばれ、演奏会のたびに集まってリハーサルをして臨むスタイルだ。結成時はSKOのメンバーから選抜された。

二〇〇〇年からは、実践を通して若い音楽家を育成するコンセプトの「小澤征爾音楽塾オペラ・プロジェクト」を立ち上げ、さらに二〇〇九年からは「小澤征爾音楽塾オーケストラ・プロジェクト」も加わった。このように教育活動にも力を入れるようになる。

二〇〇五年に東京都が始めた東京文化会館での「東京のオペラの森」（現「東京・春・音楽祭」）で音楽監督となり、サイトウ・キネン・オーケストラのメンバーを中心に「東京のオペラの森管弦楽団」を結成し、《エレクトラ》を指揮した。

新日本フィルハーモニーには音楽監督というポストはなく、小澤は「指揮団の首席」という立場で関わっていたが、一九九一年から名誉藝術監督となり、九九年からは桂冠名誉指揮者となった。

「世界のオザワ」は日程や条件が合えば、どの楽団も指揮したが、ひとつだけ、彼を絶対に呼ぼうとしない楽団があった。NHK交響楽団である。小澤にもこの楽団を指揮する必要は何もない。

しかし一九六二年十二月の事件から三十二年が過ぎた一九九五年一月二十三日、小澤征爾はこの楽団と共演した。両者が絶縁状態にあると知ったロストロポーヴィチが、和解を勧め、仲介したのだ。N響の定期演奏会ではなく、日本オーケストラ連盟主催による、身体の故障で演奏活動ができないオーケストラ楽員のための慈善演奏会で、ロストロポーヴィチもソリストとして参加した。直前に阪神淡路《はんしんあわじ》大震災も起きていたので、最初に犠牲者追悼としてバッハ《G線上のアリア》が演奏され、バルトーク「管弦楽のための協奏曲」、ロストロポーヴィチのソロでドヴォルザークのチェロ協奏曲、そして最後に再び震災の犠牲者追悼として、ロストロポーヴィチがバッハの無伴奏チェロ組曲第二番「サラバンド」を演奏し、テレビでも中継された。

和解はしたが、小澤がN響の定期演奏会に出ることはなく、次の共演は十年後の二〇〇五年十月のNHK音楽祭での「子供たちのためのコンサート」と銘打たれた演奏会だった。

■オペラ修業

一九八六年十月、東京にクラシック音楽専門のホールとしてサントリーホールが開場した。そのオープニング・シリーズではカラヤンとベルリン・フィルハーモニーが演奏する予定だったが、カラヤンが急病で来られなくなり、小澤が代役を務めた。カラヤンとバーンスタインという二人の師も高齢となっており、最後の日が近かった。

カラヤンは一九八九年七月、バーンスタインは九〇年十月に亡くなる。

一九八八年五月、小澤はついにウィーン国立歌劇場で、チャイコフスキー《エフゲニー・オネーギン》を振って、この歌劇場にデビューし、絶賛を浴びた。ウィーンへの登場にあたり、小澤は周到な準備をしていた。六九年にモーツァルト《コジ・ファン・トゥッテ》という、観客が知り尽くしているものでザルツブルクにデビューして失敗したので、今回は、ドイツやイタリアものは避け、ロシアもので勝負したのだ。《エフゲニー・オネーギン》は、それまでもコヴェント・ガーデンやスカラ座で指揮しており、得意としていた。

その勢いで、夏のザルツブルク音楽祭では、ウィーン・フィルハーモニーのオネゲルのオラトリオ《火刑台上のジャンヌ・ダルク》を振り、これも成功した。

ウィーンとザルツブルクでの共演で、ウィーン・フィルハーモニーとの関係も深まり、一九九〇年一月十三日、定期演奏会に初めて登場した。以後、毎年のように定期演奏会に呼ばれ、レコーディングも始まった。九三年のウィーン・フィルハーモニーの日本公演の指揮者にも選ばれた。

そして一九九〇年夏、ザルツブルク音楽祭に、モーツァルト《イドメネオ》で二十年ぶりにオペラを振った。

だが、ウィーン国立歌劇場には一九九二年にチャイコフスキー《スペードの女王》、九三年にヴェルディ《ファルスタッフ》を指揮したが、それで出演は途絶えてしまう。

ウィーンでの小澤征爾は、コンサートはよくてもオペラはまだまだ、という評価だったようだ。

しかし、スカラ座、パリのオペラ座、ニューヨークのメトロポリタン歌劇場、フィレンツェ歌劇場などに呼ばれ、サイトウ・キネン・フェスティバルなどで公演を重ねることでオペラ指揮者としての経験を積んでいく。

マーラーやトスカニーニはオペラ指揮者としてキャリアを始め、五十歳前後にコンサート指揮者に転じたが、小澤はその道を逆走するのだ。

■ボストンからウィーンへ

一九九八年に長野で開催された冬季五輪で、小澤は音楽監督となった。開会式では、世界五大陸を衛星通信でつなぎ、ベートーヴェンの第九を演奏、五大陸の合唱団が同時に歌うという企画を指揮した。数十分ではあったが、小澤の指揮のもと、世界はひとつになった。

一九八〇年代には、オーケストラの音楽監督は「長くて十年」となっていたが、小澤のボストン交響楽団音楽監督は一九九〇年を過ぎても続いていた。

小澤は一九九〇年代半ばには、そろそろ日本に落ち着きたいと発言するようになっていたが、辞める理由もなく、契約は更新されていった。

二〇〇〇年で小澤は六十五歳になる。ボストンを辞めたら、師であるバーンスタインのようにどこの楽団の監督にもならず、日本を拠点にしてフリーランスとなって世界各地へ客演しようと、漠然と考えていた。

小澤がそろそろボストンを離れたがっているという意向は、音楽エージェントのネットワークで伝わっていく。しかし、この著名な指揮者を招聘しようという楽団はなかった。小澤の名はあまりにも大きくなっていた。ボストンよりも格上となれば、ベルリン・フィルハーモニーかウィーン・フィルハーモニーしかないが、前者はアバドの後任はもっと若い世代になるし、後者は監督を置かない。

だが、ボストンよりも上で、ベルリンとウィーンのフィルハーモニーと同格のところがあった。ウィーン国立歌劇場である。一九九一年にアバドが辞任してから、音楽監督は空席だった。総監督のイオアン・ホーレンダーは小澤に、音楽監督の座を提示した。ホーレンダーは総監督である自分の座を脅かすような政治的野心がなく、音楽監督で満足してくれ、なおかつ客が呼べる知名度のある指揮者を求めていた。

一九九八年十二月、小澤は五年ぶりにウィーン国立歌劇場に呼ばれ、ヴェルディ《エルナーニ》のグラハム・ヴィックによる新演出を指揮した。新演出公演の指揮を任されたのは、この時点で音楽監督候補となっていたのを意味する。九九年五月から六月も呼ばれ、《スペードの女王》と《エルナーニ》を指揮した。

公演が終わった六月二十三日、小澤が二〇〇二年九月からウィーン国立歌劇場音楽監督に就任すると発表された。

その時点で、小澤はボストン交響楽団に二〇〇一／〇二シーズンでの退任の意向を伝え、了承されていた。ボストンは後任探しに難航し、二〇〇四年から、ジェームズ・レヴァインがメトロポリタン歌劇場と掛け持ちして音楽監督になる。

国立歌劇場音楽監督に決まったことで、小澤とウィーン・フィルハーモニーとの関係も深まった。二〇〇〇年十一月の日本公演は、小澤が指揮し、ブラームスの全交響曲を演奏した。

すでに小澤は数え切れないほどの「日本人初」を達成してきたが、二〇〇二年一月一日、日本人指揮者として初めてウィーン・フィルハーモニーのニューイヤー・コンサートを指揮した。例年どおり、世界同時生中継されたが、この年初めてテレビで見た日本人も多い。ＣＤが発売されると、日本では、クラシック音楽では異例のミリオンセラーとなった。

こうして「ウィーンの小澤」を世界に印象づけると、四月二十日、小澤征爾のボストン交響楽団音楽監督としての最後の演奏会が開かれた。曲はマーラーの交響曲第九番で、小澤がステージに現れた時点で会場は総立ちとなる、スタンディング・オベーションとなった。

ボストン交響楽団との本当の告別は七月だった。タングルウッド音楽祭で、七月二十四日に、《幻想交響曲》を指揮し、別れを告げた。

小澤がミュンシュの弟子になろうと、タングルウッドを初めて訪問したのは一九六〇年七月だった。あれから四十二年が過ぎていた。日本では昭和が終わり、東西冷戦が終わり、ソ連が崩壊し、二十世紀も終わった。無名の青年は世界トップクラスの指揮者になっていた。

六十七歳の小澤征爾はウィーン国立歌劇場という魑魅魍魎《ちみもうりよう》が跋扈《ばつこ》する世界へと、足を踏み入れた。そこはカラヤンですら虚《むな》しく敗北した場所だった。

■ウィーン国立歌劇場

ウィーン国立歌劇場音楽監督としての任期は二〇〇二年九月に始まったが、小澤の初登場は十一月九日のヤナーチェク《イェヌーファ》だった。二月二十四日にデイヴィッド・パウントニーによる新演出として小澤の指揮で上演され、評判が良く、その再演でスタートしたのだ。

続いて十一月三十日に《サロメ》を振り、十二月十六日、クルシェネク《ジョニーは演奏する》が、音楽監督就任後、初の新演出オペラとなった。一九二二年初演の「現代オペラ」である。ジャズも取り入れられた斬新な音楽で人気があったが、ナチス時代には退廃音楽として上演されなくなった。ウィーン国立歌劇場での上演は七十一年ぶりである。こういう人気作ではないものを、最初の新演出として取り上げるのは、小澤がまだ冒険心を喪っていない証拠でもあった。

ヤナーチェクやクルシェネクは、評論家の受けはよくても、観客動員は見込めない。歌劇場の経営を安定させるのは定番ものである。小澤はモーツァルト《コジ・ファン・トゥッテ》《ドン・ジョヴァンニ》、プッチーニ《トスカ》も指揮し、バランスを取っていた。

小澤の任期中のウィーン国立歌劇場の日本への引っ越し公演は二回あり、小澤が指揮したのは、二〇〇四年は《ドン・ジョヴァンニ》と《フィガロの結婚》、二〇〇八年は《フィデリオ》だった。

小澤の任期は二〇〇二年九月から〇七年八月までの五シーズンだったが、歌劇場側からの申し出があり、三シーズン延期され、二〇一〇年までとなった。

しかし、二〇〇六年一月に帯状疱疹で倒れ、さらに慢性上顎洞炎、角膜炎とも診断され、半年ほど静養した。六月に指揮活動を再開したが、ウィーン国立歌劇場への復帰は二〇〇七年四月だった。

ウィーンでの任期は二〇一〇年八月までだったが、同年一月に食道がんと診断され、六月まで活動を休んだ。

結局、音楽監督としての最後のオペラ公演は二〇〇九年十月の《エフゲニー・オネーギン》だった。

監督としての八シーズンで小澤がウィーンで指揮したのは、十四のオペラで一二九公演になる。カラヤンの監督時代も八シーズンにわたったが、時代と就任時の年齢が違うとはいえ、二十九作品、二三四公演を指揮し、さらに大半は演出も担い、ベルリン・フィルハーモニーも振っていたことを思うと、少ない。

ウィーンを退任した後の小澤征爾は常任のポストには就いていない。健康状態を理由に公演をキャンセルすることが多いが、二〇一九年十二月のいまも現役の指揮者である。

追記

小澤征爾は、晩年は療養生活に入っていた。二〇一九年のセイジ・オザワ松本フェスティバルも出演せず、カーテンコールにサプライズで登場しただけだった。二二年八月二十六日の同フェスティバルに三年ぶりに姿を見せ、客席を沸かせた。姿を見せるだけで、観客は満足した。同年十一月には、サイトウ・キネン・オーケストラを、無観客・生中継で、国際宇宙ステーションに滞在する若田光一に向けて、ベートーヴェンの《エグモント序曲》を指揮した。最後の指揮は、宇宙へ向けての演奏だったのだ。

二〇二三年のセイジ・オザワ松本フェスティバルには、ボストン時代の盟友であるジョン・ウィリアムズが指揮者として客演し、九月二日のコンサートのカーテンコールに、小澤はサプライズで車椅子に乗って登場した。これが公の場に出た最後となった。

二〇二四年二月六日、小澤征爾は東京都内の自宅で心不全のため亡くなった。八十八歳だった。

第10章
「革新者」
サイモン・ラトル

Simon Rattle

1955年1月19日〜

イギリス、リヴァプール生まれ

◉常任した楽団・歌劇場など

バーミンガム市交響楽団、ベルリン・フィルハーモニー、
ロンドン交響楽団

最後に登場するのは、イギリス人のサイモン・ラトルである。

かつて世界を支配していた大英帝国は、富が集積し、早くから音楽興行が盛んな国だ。しかし音楽史上、偉大な作曲家、偉大な演奏家の少ない国でもある。

イギリスが生んだ最大の音楽家は、おそらくザ・ビートルズであり、偶然なのか、サイモン・ラトルもあの四人組と同じリヴァプールの出身だ。

戦争が終わり十年が過ぎた頃に生まれ、イギリスという政党間の政権交代はあっても革命などの大きな変化はない国で育ち、冷戦が終わる前後から第一線で活躍した世代なので、「歴史の波に翻弄《ほんろう》される人生」ではないので、その生涯には、トスカニーニやフルトヴェングラーたちのような歴史と連動する大きな物語はない。

■生い立ち

サイモン・ラトルは一九五五年一月十九日に、イギリスの港町リヴァプールに生まれた。前年十一月にフルトヴェングラーが亡くなり、ベルリン・フィルハーモニーが二月に予定しているアメリカ・ツアーのため、カラヤンと交渉している時期にあたる。

ジョン・レノンとポール・マッカートニーが出会うのは、ラトルが二歳になる一九五七年である。

ラトルの父はアジア諸国との間で工作機械や医療機器、造花を輸出入する仕事をしていた。ジャズが好きで、家ではレコードをよく聴き、演奏することもあった。母も音楽好きで、姉も音楽が好きだった。だが親戚《しんせき》にはひとりもプロの音楽家はいない。イギリスの中産階級のごく普通の家で、サイモンは育ったのである。

五歳の年に、九歳上の姉から楽譜の読み方を教わったのが、「音楽との出会い」となる。それ以前から音楽に興味は持っていた。

一年後に両親はサイモン少年にドラム一組を与えた。気に入っているレコードに合わせ、近所迷惑になるほど、叩《たた》きまくる日日が始まった。

八歳になるとサイモンはピアノも習い始めた。しかし、ピアニストへは進まない。打楽器のほうに夢中になる。

ザ・ビートルズの人気が出ており、姉は聴いていたが、サイモン少年はロックに夢中になることはなかった。

サイモンは九歳の年にロイヤル・リヴァプール・フィルハーモニックの演奏会に連れて行ってもらい、チャールズ・グローヴズの指揮でマーラーの交響曲第八番という大作を聴いて、理解はできなかったが、衝撃を受けた。続いてジョージ・ハーストの指揮によるマーラーの交響曲第二番《復活》を聴くと、今度は明確に「指揮者になろう」と決意した。

本格的に音楽を学ぶようになり、最初の師がダグラス・ミラーだった。当時すでに八十歳を超えていたミラーは、グリーグやラフマニノフと知り合いで、レオポルド・ゴドフスキーに習ったという歴史上の人物に近い人だった。

サイモンは十歳になると、リヴァプール・フィルハーモニックの青年部であるマージーサイド・ユース・オーケストラに、ティンパニー奏者として入団した。リヴァプールのあるマージーサイド州の青年オーケストラだ。

■指揮者デビュー

十五歳の年、ラトルはマージーサイドの慈善演奏会で初めて指揮をした。さらに、リヴァプール・フィルハーモニックの臨時雇いの打楽器奏者となり、初めて、音楽での収入を得た。最初に出た演奏会はヘンデル《王宮の花火の音楽》だった。

さらにナショナル・ユース・オーケストラにも入り、前半がブーレーズ《ル・マルトー・サン・メートル(主のない槌《つち》)》、後半がベートーヴェンの第九というプログラムの演奏会をリヴァプールで開く計画を立てた。第九は無理だったが、《ル・マルトー・サン・メートル》は実現寸前までいったものの、歌手が扁桃腺炎《へんとうせん》となり、中止になった。この計画を立てる時、ラトルは作曲者で指揮者でもあるピエール・ブーレーズと出会い、以後、師事する。音楽院などの教育機関での師事ではなく、個人的な交流を通して、音楽について、指揮について学ぶのだ。

ラトルによれば、ブーレーズは「いつでも誰にでも時間を割いてくれる、圧倒的に魅力的で、温かい心を持つ、やや伝統的な人物」だった。ブーレーズは一九七一年からロンドンのBBC交響楽団の首席指揮者とニューヨーク・フィルハーモニックの音楽監督を兼任していたので、ロンドンにいる機会も多かった。

十五歳からのラトルは、リヴァプール・フィルハーモニックと、ナショナル・ユース・オーケストラで、打楽器とピアノを演奏していたが、一九七一年にロンドンの王立音楽アカデミーに入学を許可され、ピアノと打楽器と指揮を学んでいく。

ラトルは学生時代から、アイデアを実現する実務能力と、人びとをまとめる統率力を発揮していた。音楽アカデミーの学生食堂で、いきなり「空いている教室を見つけたんだ。一緒にブルックナーの九番をやらないか」と大声で呼びかけると、たちまちオーケストラが結成されたという。

そんな感じで一九七三年十二月六日、ラトルはアカデミーに無許可で学生オーケストラを結成して、マーラーの交響曲第二番《復活》を演奏した。この演奏会には音楽エージェントも聴衆として来ていて、ラトルにフィルハーモニア管弦楽団への客演と、グラインドボーン音楽祭への出演を打診した。しかし、ラトルは舞い上がったりせず、自分にはまだ早いと断った。

一九七四年にアカデミーを卒業すると、ラトルはジョン・プレイヤー指揮コンクールに参加した。優勝者にはボーンマス交響楽団とボーンマス・シンフォニエッタのアシスタント指揮者のポストと、年俸三〇〇〇ポンドが提供される。約二百人が参加したこのコンクールで、ラトルは見事に優勝し、十九歳にしてプロの指揮者のポストを得たのだ。

ボーンマス交響楽団は一八九三年に設立されたボーンマス市立管弦楽団が前身で、一九五四年からこの名称となった。イギリスでは長い歴史を持つ楽団だ。

ラトルはさらに、イギリス室内管弦楽団、ノーザン・シンフォニア、ロイヤル・リヴァプール・フィルハーモニックなどのオーケストラにも客演した。

一九七六年八月にはロンドンのロイヤル・アルバート・ホールで夏に開かれる、BBCプロムナードコンサート（略称・プロムス）にデビューした。プログラムはイギリスの現代音楽の作曲家ハリソン・バートウィッスル《メリディアン》と、アルノルト・シェーンベルクの室内交響曲第一番だった。

さらにロイヤル・フェスティヴァル・ホールでフィルハーモニア管弦楽団へのデビューも果たした。

この年にはロンドン・スクールズ交響楽団のアメリカ・ツアーで、ロサンゼルスで指揮して、アメリカにもデビューした。この公演を聴いたロサンゼルス・フィルハーモニックの支配人は、すぐに客演をオファーした。ラトルはこれを受け、七九年に客演する。

一九七七年にはグラインドボーン音楽祭でヤナーチェク《利口な女狐の物語》を指揮してオペラにもデビューした。

このように、ラトルは二十世紀の音楽で、指揮者としてデビューし頭角を現していく。

一九七七年にはリヴァプール・フィルハーモニックのアシスタント指揮者となり、七八年からは指揮者として、年に十二回の演奏会を任された。

生まれ育ったリヴァプールで、ラトルは指揮者生活をスタートした。リヴァプール・フィルハーモニックは一八四〇年に設立された歴史のある楽団だ。二十世紀前半にはヘンリー・ウッド、トーマス・ビーチャムという名指揮者が客演していた時期もあり、第二次世界大戦中の一九四二年から四八年までは、マルコム・サージェントが首席指揮者だった。一九五七年に「ロイヤル」の称号が冠され、正式には「ロイヤル・リヴァプール・フィルハーモニック管弦楽団」となる。ラトルが指揮者になった七七年からはワルター・ウェラーが首席指揮者になった。

ラトルはロサンゼルス・フィルハーモニックに客演すると、アメリカではシカゴ交響楽団とサンフランシスコ交響楽団、カナダのトロント交響楽団にも客演した。ヨーロッパでは、ベルリン放送交響楽団でも指揮する。

二十代の指揮者は少しずつ、知られるようになっていった。大手レコード会社EMIと専属契約を結び、フィルハーモニア管弦楽団とのレコーディングも始めた。

■バーミンガム市交響楽団

サイモン・ラトルの名は、バーミンガム市交響楽団の首席指揮者・音楽監督として、広く知られるようになる。

だが、この楽団はイギリスのなかでも、一流オーケストラとは思われていなかった。その名の通り、バーミンガム市にあり、設立は一九二〇年で、当時はバーミンガム市管弦楽団といった。現在の名称になったのは、戦後の一九四八年である。

バーミンガムはイギリスではロンドンに次ぐ第二の都市とされる工業都市だ。ラトルの生地であるリヴァプールとロンドンの中間にあたる。ラトルの生涯が「リヴァプールからロンドンへ」としてまとめられるのを予言しているかのような場所だ。もっとも、この青年はロンドンへ着く前に、ベルリンへ飛んでしまうのだが。

バーミンガムは蒸気機関のワットや、金属加工のボールトンなどが活躍した都市で、近くに鉄鉱山もあったので、自動車・航空機などの重工業、化学薬品工業が発達していた。一七四〇年頃からオーケストラの演奏会が開かれていたという。

アップルビー・マシューズというバーミンガム市出身の作曲家・指揮者が、一九二〇年にオーケストラを結成したのがこの楽団の始まりで、最初の演奏会はエドワード・エルガーが自作を含むプログラムを指揮した。マシューズは初代指揮者として二四年までこの楽団の基礎を築き、二四年からはエイドリアン・ボールトが三〇年まで首席指揮者となった。

どの楽団もそうだが、発足時は伝統もないので財政的に厳しかった。一九三五年にBBCがこの楽団を、英国ミッドランド地域の放送オーケストラとすることになり、財政的に安定した。バーミンガム市も援助するようになり、一九四四年にようやくフルタイムの楽団となり、四八年には初のロンドン公演も行なった。

戦後はレコーディングにも積極的だったが、国際的な知名度は低いままだった。一九八〇年、創立六〇周年を迎えた年に、バーミンガム市交響楽団は二十五歳のラトルを首席指揮者に起用した。八〇年九月からの三年契約だった。

バーミンガム市交響楽団は、ロンドンの楽団ほど時間に追われることがなく、まだレパートリーも多くない若い指揮者にとっては、理想的な環境だった。リハーサルの時間が充分に取れたのだ。

最初の演奏会では、マーラーの未完の交響曲、第十番のデリック・クック補筆版を取り上げた。マーラー自身が完成させたのは第一楽章のみで、残りの楽章を残された草稿をもとにクックが完成させたものだが、演奏頻度は低い。ほかの指揮者と比較されないですむという利点もあるが、大編成を必要とし、また一時間以上の大曲で、決して簡単ではない。誰もが知っている名曲ではないので、音楽の力で聴衆を感動させなければならない。

リスクもあったが、マーラーの十番は、成功した。

若い指揮者を得て、最初の一年でオーケストラは変わった。ルーチンワークになっていた演奏が、熱の入った演奏となり、技術的にも向上していくのだ。若い指揮者が来たというので、演奏会の客層も若返り、集客率も上がり客席に対して九七パーセントになった。

巨匠クラスの指揮者が低迷していた楽団を鍛え上げて立て直す例はあるが、若い指揮者が、自分よりも年長の楽団員を鍛え上げていく例はそう多くはないだろう。二十五歳のラトルに巨匠のような威厳と風格があったわけがない。当時のバーミンガム市交響楽団は、三十歳未満のラトルと同世代の楽団員が多かった。だからこそ、意見の対立もあったという。

「マエストロ」でも、「ミスター・ラトル」でもなく、「サイモン」と呼ばれることを望んだ首席指揮者は、楽団員と指揮者の垣根を取り除き、一体となって音楽を作り上げていくことに成功した。

当初の契約では、ラトルの首席指揮者の任期は三年だったが、一九八六年まで延長され、さらに更新され、九〇年からは音楽監督となり、結局、九八年まで十八年、ラトルはこの楽団と共にあった。

ラトルは指揮者としての出発時点から、二十世紀の音楽を重視してきた。ヘンツェ、ベリオ、ブーレーズ、ピーター・マックスウェル＝デイヴィスなどの現代音楽の作曲家の作品を楽団のレパートリーにし、デイヴィスの交響曲第一番の世界初演もした。ほかにも、ヤナーチェク《グラゴル・ミサ》、ミヨー《世界の創造》《キャラメル・ムー》、クラリネット協奏曲など、めったに演奏されない曲を取り上げていく。

現代音楽は「難解」というイメージがあるので、演奏会での演奏機会は少ない。クラシックの演奏会は、定番の名曲を聴きに行くものと思われている。だが、ラトルはこの慣習を打ち破り、聴いたことのない曲を聴ける新鮮な体験の場へと変革した。

古典派やロマン派の名曲を演奏しても、過去の巨匠たちと比較され、「まだまだ修業が足りない」と言われるだけなので、あえて避けていたとも言えるし、まだ名曲を指揮するだけの知見がないと自覚していたとも言える。

そういう意味でも、この青年は戦略家だった。

ベートーヴェンを聴きたい人は巨匠の名演を望むので、ラトルにそれを求めはしなかった。ラトルがベートーヴェンの交響曲を演奏する日が来るとしたら、それはこれまでとは全く異なる解釈での演奏が、ラトルに可能になった時のはずだった。

バーミンガム市交響楽団の指揮者になってからも、グラインドボーン音楽祭には毎年のように出て、オペラを指揮していた。ハイドン《報いられたまこと》、リヒャルト・シュトラウス《ナクソス島のアリアドネ》《ばらの騎士》、ラヴェル《子供と魔法》《スペインの時》、ガーシュウィン《ポーギーとベス》、モーツァルト《イドメネオ》、《フィガロの結婚》、《コジ・ファン・トゥッテ》、《ドン・ジョヴァンニ》、ベートーヴェン《フィデリオ》などである。

ラトルとバーミンガム市交響楽団は国外のツアーにも出たが、EMIからリリースしたCDによって、その実力は知られていった。六十枚以上になるディスコグラフィーには、ヤナーチェク、シェーンベルク、ベルク、ヴェーベルン、バルトーク、ストラヴィンスキー、ショスタコーヴィチ、プロコフィエフ、ドビュッシー、ラヴェル、ブリテン、ヴァイル、ヴォーン＝ウィリアムズ、メシアン、エルガー、ヘンツェ、ジョン・アダムズ、タネジ、トーマス・アデス、シマノフスキ、グレインジャーなどがあり、たとえばカラヤンとベルリン・フィルハーモニーの膨大なディスコグラフィーに欠けているものがかなりある。

ディスコグラフィーで象徴的なのが交響曲だ。ベートーヴェンもブラームスもチャイコフスキーもそこにはなく、複数の曲を録音したのはマーラーとシベリウス、ショスタコーヴィチくらいと、かなり「定番」から外れたレパートリーである。

ラトル指揮バーミンガム市交響楽団の録音を集めたセットものを買えば、二十世紀の名曲の大半が聴けることになる。しかし、一方で、モーツァルト、ベートーヴェン、シューベルト、ブラームスといったドイツ音楽の本流は、そこにはほとんどない。

■ウィーンでの成功

バーミンガムで若い指揮者ががんばっているらしいとの噂は、イギリスの音楽ファンの間のみならず、欧米各国へも伝わっていく。

いつの間にかバーミンガム市交響楽団は世界的な楽団になっていた。演奏能力が飛躍的に向上したのもさることながら、二十世紀音楽を中心とした斬新《ざんしん》なレパートリーが注目されていったのだ。ラトルの革命、ラトルの冒険は、カラヤンやバーンスタインといった巨匠たちの時代が終わった一九九〇年代、「クラシック音楽の未来」のサンプルとなっていった。

ラトルはバーミンガムだけでなく、各地のオーケストラに客演していくが、なかでも、ロサンゼルス・フィルハーモニックとは一九八一年から一九九一年まで首席客演指揮者を務め、親密な関係となった。アメリカではほかにボストン交響楽団やフィラデルフィア管弦楽団にも多く客演した。

そして一九九三年十二月四日と五日、ラトルは初めてウィーン・フィルハーモニーの定期演奏会に呼ばれ、マーラーの交響曲第九番を指揮した。当時この楽団のウィーンでの定期演奏会は一シーズンに十回しかない(一回につき二回の公演)。そのなかのひとつを、ラトルは任されたのだ。ほかに、このシーズンに振ったのは、ムーティ(二回)、アバド、プレヴィン、ドホナーニ、ハイティンク、メータ、ブーレーズ、小澤の八人で、みなラトルより一世代上のマエストロたちだ。

ウィーン・フィルハーモニーは年十回の定期演奏会以外に、特別演奏会も開いている。初めてこの楽団を指揮する場合は、通常はこの特別演奏会枠で指揮する。一種の採用試験で、これで成功してから、定期演奏会に呼ばれるのである。だが、ラトルはいきなり定期演奏会に呼ばれたので、この楽団の期待度がうかがえる。

しかし、名門楽団と若い指揮者はリハーサルで対立した。当時、大半のオーケストラは、客席から見て左手前に第一ヴァイオリンが陣取り、その隣に第二ヴァイオリンという配置で演奏していた。これは二十世紀になってストコフスキーが始めたとされる配置で、「ストコフスキー配置」とも呼ばれる。それ以前は、第一ヴァイオリンは同じだが、第二ヴァイオリンは、ステージの右側最前列に陣取っていた。指揮者が中央にいて、左に第一ヴァイオリン、右に第二ヴァイオリンで、これを「対向配置」という。対向配置は左右からヴァイオリンの音が聞こえるので、ステレオのような音響効果がある。ストコフスキー配置は、オーケストラが巨大編成になったので、対抗配置だと、第一ヴァイオリンと第二ヴァイオリンが遠くなり、互いに聞き取れず、音が合わせにくくなったことから考案されたものだった。

一九七〇年代あたりから、音楽界では「古楽演奏」が新しい潮流となっていた。これは、作品が作曲された当時の楽器と奏法で演奏しようというものだ。「古楽器」と言っても、中古楽器のことではなく、十八世紀、十九世紀に作られたもの、あるいはその時代の作り方で作った楽器で、「オリジナル楽器」「ピリオド楽器」とも呼ばれる。楽器は長い年月を経て、基本的には「より大きな音」「より安定した音程」が出るように改良されていった。その結果、たとえばモーツァルトが聴いていたであろう音とは異なる音色、音量になってしまった。それを元に戻そうという藝術《げいじゅつ》運動が起きたのだ。

しかしカラヤンのようなマエストロたちは、現代の楽器（モダン楽器）での演奏を好んだ。ホールの大きさがモーツァルトの時代とは違うのだから、変わって当然だという考えだ。そのため、古楽演奏かモダン楽器演奏かは世代間闘争の面も持っていた。そのカラヤン世代が退場したので、古楽演奏は異端の新潮流から、新しい主役へと変わりかけていた。

オーケストラを対向配置にするのも、古楽演奏の方法である。ラトルは楽器はモダン楽器でも奏法は古楽の奏法に近づけようと考えており、ウィーン・フィルハーモニーに対向配置を求めたのだ。しかし、ウィーンの音楽家たちは保守的なのでこれに抵抗し、対立した。だがこういう場合、指揮者の希望が通る。演奏の責任をとるのは指揮者だからだ。反対意見はあったが、対抗配置で演奏することになった。

さらにラトルがバーミンガムで得ていた長いリハーサルが、ウィーンではできなかった。この楽団は、ウィーン国立歌劇場管弦楽団として、毎晩オペラをリハーサルなしで演奏しているので、長時間のリハーサルを嫌うのだ。

開演前に多くの議論と交渉があり、指揮者とオーケストラは一種の緊張関係のなか、本番を迎えた。ラトルとしてはぶっつけ本番に近い感覚でステージに立った。そして手探り状態で、九十分近くかかる大作であるマーラーの第九番が始まった。そこから流れ出した音楽は、ルーチンワークとは正反対の、緊張感あふれる鬼気迫るものとなった。もともと、起伏が激しく混沌《こんとん》とした曲だが、マーラーの狂気がラトルとウィーン・フィルハーモニーによって爆発し、最後はすべてが虚無の世界へと消えていき、沈黙の後、楽友協会ホールは拍手とブラボーの歓声に満ち溢《あふ》れた。

こうして一九九三年十二月、リヴァプール生まれのバーミンガムの若い指揮者は音楽の都ウィーンにセンセーショナルに登場した。

■ウィーン・フィルハーモニーとの蜜月

マーラーの九番での成功を受けて、ラトルは翌一九九四年十二月も、ウィーン・フィルハーモニーの十日と十一日の定期演奏に起用され、今度はマーラーの第七番を指揮した。

この二回の演奏会で、ラトルは「マーラー指揮者」としての評価を決定的にした。

一九九五年五月、アムステルダムでマーラー・フェスティバルが開催され、同地のコンセルトヘボウ管弦楽団、ベルリン・フィルハーモニー、ウィーン・フィルハーモニーの三つの楽団がマーラーを競演することになると、ラトルはウィーン・フィルハーモニーの指揮者に選ばれ、第七番を指揮したのだ。このマーラー・フェスティバルで指揮した、当代随一のマーラー指揮者たちはほかに、アバド、ハイティンク、シャイー、ムーティだった。

一九九六年七月二十八日と二十九日には、ザルツブルク音楽祭に客演し、ウィーン・フィルハーモニーと、バルトークの「オーケストラのための協奏曲」とベートーヴェン《田園交響曲》（第六番）を指揮した。その直後、EMIは、ラトルがウィーン・フィルハーモニーを指揮してベートーヴェンの交響曲全九曲をレコーディングすると発表した。内定していたが、ザルツブルクでの演奏会が最終審査のようなものだったのだろう。指揮者、オーケストラ、レコード会社の三者が「いける」と判断し、公表された。

ラトルとウィーン・フィルハーモニーとの蜜月《みつげつ》は続いた。

一九九七年四月十九日と二十日、ウィーンでの定期演奏会で、ラトルはハイドンの交響曲第七十番、リヒャルト・シュトラウス《メタモルフォーゼン》、ベルリオーズ《幻想交響曲》というプログラムを指揮した。そして、このプログラムを持ってラトルとウィーン・フィルハーモニーはヨーロッパ・ツアーへ出て、パリ、ロンドン、ハンブルク、ケルンとまわった。ロンドンの前はバーミンガムで、この都市の若き首席指揮者は世界最高の楽団を率いて凱旋《がいせん》した。

ウィーン・フィルハーモニーは音楽監督、首席指揮者のいない楽団で、一シーズン十回の定期演奏会やツアーには、さまざまな指揮者を呼んでくる。だが、一九九七／九八シーズン、ラトルは実質的にはこの楽団の首席指揮者だった。九八年に年が改まると、アルフレート・ブレンデルを独奏者とするベートーヴェンのピアノ協奏曲、一月下旬にザルツブルクで開催されるモーツァルト週間ではハイドンとモーツァルト、二月の定期演奏ではブレンデルとベートーヴェン《皇帝協奏曲》と、連続して指揮をした。

ウィーン・フィルハーモニーとの蜜月が、さらに続くかと思われた。だが、この若き天才指揮者をライバル都市が狙っていた。

■ベルリンへ

ラトルがベルリン・フィルハーモニーの演奏会に初めて登場したのは、ウィーンよりも六年早く、まだカラヤンが存命だった一九八七年十一月十五日である。

ベルリン（当時は西ベルリン）にデビューしたのはその十年前の一九七六年で、当時のベルリン放送交響楽団（現・ベルリン・ドイツ交響楽団）に客演したが、批評はさんざんだった。

ベルリンでは初めての楽団を指揮して失敗したので、次の機会には自分の楽団であるバーミンガム市交響楽団と一緒にベルリンへ行こうと、考えていた。一九八七年になって、秋の藝術週間にベルリン・フィルハーモニーを指揮しないかと打診があると、ラトルは「バーミンガム市交響楽団とならばベルリンへ行く」と答え、結局、バーミンガム市交響楽団も振り、ベルリン・フィルハーモニーも振ることになった。

バーミンガム市交響楽団との演奏会では、ラトルはドイツの忘れられた作曲家ベルトルト・ゴルトシュミット《シャコンヌ・シンフォニカ》を演奏した。戦前は指揮者としてベルリン・フィルハーモニーを指揮したこともある音楽家だったが、ユダヤ人だったので、ナチス政権になるとドイツを出て、戦後、ドイツに戻り作曲家として再スタートしたが無視されていた。会場には八十四歳になるゴルトシュミットも来ており、ラトルを絶賛した。この演奏会がきっかけで、この老作曲家は再評価される。

ベルリン・フィルハーモニーとの最初の演奏会にラトルが選んだのは、マーラーの交響曲第十番のクック補筆版だった。しかし楽団はこれに難色を示した。一度も演奏したことがなく、マーラー作品ではあるが、他人の手が入っているので異端扱いされている曲でもあったからだ。楽団は「この曲に必要なリハーサルに充分な時間がとれない」という婉曲《えんきょく》な断り方をしてきたので、ラトルも妥協し、第六番を選んだ。

一九八七年十一月のラトルによるマーラーの六番は荒々しく怒りに満ちていたので、賛否両論となった。これもラトルの狙いだった。穏便な安全運転はしないのだ。最初に衝撃を与えなければならない。それで受け入れられなければ、それはそれで仕方ない。三十二歳の指揮者はまだ若い。時間は充分にあった。

ラトルはベルリン・フィルハーモニーに接し、その音色と技術の高さに驚嘆した。これぞ理想のオーケストラだった。この楽団とならどんな曲でも演奏できると思った。

一九八九年三月、カラヤンは三十五年間務めたベルリン・フィルハーモニー首席指揮者・藝術監督を辞任し、七月に亡くなった。十月にオーケストラは次の首席指揮者にクラウディオ・アバドを楽団員の選挙で選んだ。この時、ラトルにも事前に打診があったが、さすがに断ったという。

アバド時代のベルリン・フィルハーモニーに、ラトルは客演していった。一九九〇年一月にラフマニノフの交響曲第二番とバルトークを演奏し、以後、たびたび、ベルリン・フィルハーモニーに客演する。九一年にはマーラーの交響曲第二番《復活》を指揮した。一九九五年六月には、ベルリン・フィルハーモニーが毎年シーズンの終わりに郊外で開く野外演奏会の「ヴァルトビューネ」で指揮をした。テレビでも中継されるので、ベルリン市民のみならずドイツ人の多くに、ラトルの名と顔を知らしめることになった。

一九九六年二月の客演では、八七年の初出演時に希望したマーラーの第十番のクック補筆版をようやく演奏することができた。

一九九七年に、ハイドン《天地創造》を指揮した頃には、ベルリン・フィルハーモニーの楽団員のなかには、次の首席指揮者はラトルがいいとの声が出ていた。ラトルは九八年の客演ではマーラーの第四番を取り上げた。

この頃からアバドと楽団との関係が悪化し、辞任するのではないかとマスメディアで取り沙汰《ざた》されるようになっていた。

■第六代首席指揮者に決定

一九九八年二月、アバドは「辞任する」との噂を否定するために、あえて現行の契約で定められた二〇〇二年までは首席指揮者を続けるが、以後、契約更新はしないと発表した。すぐには辞めないが四年後には辞めるということだ。

ニキシュ、フルトヴェングラーの「辞任」は彼らの「死」によるもので、カラヤンの辞任も唐突だった。いずれの時も楽団はすぐに後任を決めなければならなくなったが、今回は違った。選考に一年という時間を費やせた。

音楽ファンやマスコミはさまざまな候補者を挙げた。ダニエル・バレンボイム、エサ＝ペッカ・サロネン、インゴ・メッツマッハー、クリスティアン・ティーレマン、フランツ・ウェルザー＝メスト、ケント・ナガノ、マリス・ヤンソンス、そしてラトルだった。下馬評では最有力はバレンボイムだった。

首席指揮者は楽団員の投票による選挙で決まる。予《あらかじ》めもし選ばれたら受ける気があるかの打診がなされているが、この世界最高のオーケストラのシェフの座を断る者はいない。

アバドが退任を発表して一年後の一九九九年、六月の定期演奏会にラトルは客演し、マーラーの交響曲第七番で絶賛を浴びた。その直後に、楽団員は選挙で次の首席指揮者を選ぶことになっていた。

二度の投票でバレンボイムとラトルに絞られた。

キャリアからすれば、バレンボイムのほうが圧倒的に上だった。ベルリン州立歌劇場とシカゴ交響楽団の監督を兼任し、ピアニストとしても活動していた世界的巨匠だ。

ラトルはまだ知る人ぞ知るという存在でしかない。二人はニキシュの急死で後任を選ぶ際の、ワルターとフルトヴェングラーくらいの差があった。しかし、あの時は、ワルターは静観し、若いフルトヴェングラーがありとあらゆる手段を使ったというが、今回は若いラトルは何も政治工作はしなかった。直前のマーラーの七番での成功が、この指揮者にとっての唯一最大のデモンストレーションとなった。

そして——一九二二年にこの楽団が「変化」を求めてフルトヴェングラーを選んだように、一九九九年六月二十三日、ベルリン・フィルハーモニーは二十一世紀を託す指揮者として、五十七歳の世界的巨匠ではなく、若く未知数の四十四歳のイギリス人を選んだ。ラトルが獲得したのは四二パーセント、バレンボイムは二五パーセントだった。過半数に至らなかったので、さらに議論がなされ、最終的にラトルが信任された。

当日、ラトルは文書で声明を出しただけで、記者会見は開かず、翌日、子どもを連れて休暇としてアフリカへサファリ旅行へ行ってしまった。

その声明にはこうあった。「私の後半生を、比類なきヴィルトゥオーソ集団と過ごせると決まり、とても興奮します。(略)ベルリン・フィルハーモニーの伝統はもちろん驚異的です。フルトヴェングラーやカラヤン、アバドの遺産は健在であり、その息遣いを感じられます。しかし、ベルリン・フィルハーモニーは変化することも重要です。土台を崩すことなく、多くの新しいことが可能であるということです。これから、この偉大なオーケストラとともに歩めることは、名誉であり光栄なことです。」

三か月後の九月、ベルリン藝術週間が開催された。この年はマーラーの交響曲を全曲演奏することになっていた。ラトルがベルリン・フィルハーモニーの次期首席指揮者と決まって最初の演奏会となったのは二十四日で、第十番のクック補筆版を指揮した。

この藝術週間で、ラトルはウィーン・フィルハーモニーも指揮した。八日に演奏された第二番である。

かつてフルトヴェングラーやカラヤン、そしてアバドがそうだったように、ラトルはウィーンとベルリンの二つのフィルハーモニーを手にしていた。

■戦後処理

ラトルは戦後生まれであり、イギリス人なので、世代としても人種・国籍としても、ナチスの蛮行に責任はない。だが、二〇〇〇年五月七日、ラトルはウィーン・フィルハーモニーの戦後処理に付き合った。

ウィーン・フィルハーモニーも楽団員の大半は戦後生まれであり、年長の楽団員にしても、ナチス時代は子どもだったであろう。

だが、戦争終結から五十五年のこの年、ウィーン・フィルハーモニーはナチスがリンツの東約二十キロのところに作った、マウトハウゼン強制収容所の解放五十五周年記念式典で、ラトルの指揮で、ベートーヴェンの第九を演奏し、犠牲者を追悼した。ラトルとウィーン・フィルハーモニーはベートーヴェンの交響曲全曲録音のプロジェクトを企画し、この時期、ベートーヴェンをよく演奏していた。そういう背景もあって、ラトルが呼ばれたのかもしれない。

ベートーヴェン録音プロジェクトの機が熟したのは二〇〇一年で、まず夏のザルツブルク音楽祭と十月のベルリンで、九曲を一気に演奏した。ベルリンの次は日本で、十月に倉敷、名古屋、金沢で一回ずつ演奏した後、東京でベートーヴェンの交響曲全曲を演奏した。仕上げは翌二〇〇二年四月三十日から五月十四日までのウィーン藝術週間だった。このウィーンでの演奏をEMIはライヴ録音し、翌年セットものとしてリリースする。

すでにベルリン・フィルハーモニーの次期首席指揮者と決まっていたが、この時点でのラトルはウィーン・フィルハーモニーの指揮者だった。

■ラトルのベルリン時代、ベルリンのラトル時代

アバドが二〇〇二年五月まで首席指揮者を続けたため、ラトルはベルリンへ着任す

るまでに三年の準備期間を持てた。その間に、ラトルと楽団の間で、さまざまな契約事項が詰められていった。

まず、バーミンガム市交響楽団は彼らの音楽監督を喜んで送り出した。後任はフィンランド出身のサカリ・オラモが就任した。ラトルはベルリンに居を構え、常任のポストはフィルハーモニーだけに絞ったが、イギリスとの関係は保つ。エイジ・オブ・エンライトゥンメント管弦楽団への客演、グラインドボーン音楽祭でのオペラを継続するのだ。

ラトルとベルリン・フィルハーモニーとの間の最大の問題は、この楽団が二つの団体が重なりあっていることだった。日本ではあまり区別されていなかったが、この楽団はベルリン市の Berliner Philharmonisches Orchester としてコンサートで演奏し、国内外のツアーに出ていたが、レコーディングと映像では、カラヤンの時代から、Berliner Philharmoniker として活動し、そこから得られる収益は、Berliner Philharmonisches Orchester の会計には入らない。

ラトルはこれを統一するように求めた。その結果、財団法人 Berliner Philharmoniker に統合されることになった。ベルリン市やドイツ連邦共和国からも独立するが、助成金は引き続き受けられることになった。

首席指揮者としての最初の演奏会は二〇〇二年九月七日、曲はマーラーの交響曲第五番とイギリスの前衛作曲家、トーマス・アデス《アシュラ》だった。

マーラーは、従来のものとは八百箇所もの変更があるとされる、最新の研究による楽譜での演奏で、聴き慣れたこの曲を新鮮なものとして届けた。

こうして十年の契約期間で、ラトルのベルリン時代、ベルリンのラトル時代が始まった。

■教育プログラム、ネットでのコンサート中継

フルトヴェングラー時代はナチス時代と重なり、ベルリン・フィルハーモニーはドイツ精神の象徴となり特権を享受し、国家のオーケストラとして政権の求めに応じて、たとえばヒトラーの誕生日を祝賀する演奏会を開かなければならなかった。カラヤン時代はドイツの東西分裂と米ソ冷戦時代と重なり、ベルリン・フィルハーモニーは西ドイツの代表として外交使節の役割も果たしていた。アバド時代はポスト冷戦時代だった。国家の威信の象徴ではなくなり、オーケストラは政治との関わりは薄くなる。

そして二十一世紀になり、ラトル時代が始まる。オーケストラは財団法人となったが、国と市からの助成金を受けているからには、何らかの社会還元をしなければならない。ドイツ精神を鼓舞するのでも、西側の優位を宣伝するのでもない形で。

ラトルが推し進めたのは、将来の観客である子どもたちに、音楽を届けることだっ

た。

どの楽団も、地元の学校を訪問して演奏したり、子どもたちをホールに招待するなどして、音楽と触れ合う機会を与えるプロジェクトはしている。しかしラトルが考えたのは、子どもたちに向けて音楽を演奏するのではなく、子どもたちが音楽に参加する「教育プロジェクト」で、「未来@ベルリン・フィルハーモニー」と命名された。

最初の大規模なプロジェクトは、ストラヴィンスキー《春の祭典》だった。家庭の事情を抱える子どもたちが多い地域の学校の、十一歳から十七歳の少年少女二四〇名を、モダンダンスの振付師が指導し、その公演をラトル指揮ベルリン・フィルハーモニーが演奏するのだ。

公演までのドキュメンタリー映画も作られ、日本でも『ベルリン・フィルと子どもたち』として上演され、DVDとしてもリリースされた。

ラトルの演奏会は映像が収録されるものが多かったが、ベルリン・フィルハーモニーは、インターネットで演奏会を配信するようにもなっていく。

一方、レコード業界はネット配信が広がると、坂道を転げ落ちていくように売上が落ちて、統廃合を迫られていった。ラトルが契約していたEMIはワーナーに買い取られてしまった。不況にあえぐレコード会社は、何万枚も売れるわけではないクラシック部門は縮小していく傾向にあり、録音にコストのかかるオーケストラのCDは作られなくなっていった。

そこで欧米各国の名門楽団は自主レーベルを立ち上げて、自分たちの演奏会を録音・録画したCDやDVDとして発売、あるいはネット配信するようになっていく。最大のセールスが見込めるラトルとベルリン・フィルハーモニーも、その波に乗った。

■ロンドンへ

ラトルとベルリン・フィルハーモニーとの契約期間は十年だったので、二〇一一／一二シーズンが最後だったが、契約は更新された。

だが、二〇一三年一月、ラトルは契約終了となる二〇一八年六月をもって退任すると発表した。ベルリン・フィルハーモニーが世界最高のオーケストラであることに変わりはないが、その首席指揮者は「終身」のポストではないことを、アバドに次いでラトルも示した。

アバドは五十七歳で就任し、六十九歳で退任し、その後はフルタイムのポストには就かなかった。ラトルは四十七歳で就任し、二〇一八年には六十三歳だ。引退する歳ではなかった。といって、さらに五年も十年もベルリンにいたのでは、年齢的に「その後」にできることが限られてくる。ラトルにとっては、六十三歳での退任は、次のステージへ行くためにはギリギリの年齢だったのだろう。

もちろん残りの年月で、ベルリンでやるべきことができるとの見込みも立っていた。二〇一五年にはベートーヴェンの交響曲全曲を演奏する演奏会をベルリンや東京などで行ない、映像収録して世界へ配信、DVDとしてもリリースした。ウィーン・フィルハーモニーとの全曲録音から十三年が過ぎており、新たな決定版となる。

ベルリン・フィルハーモニーは二〇一五年に、二〇一九年からの首席指揮者に、ロシアのキリル・ペトレンコを選び、世界を驚かせた。一九七二年生まれのペトレンコは、一九九九年時点のラトルよりもさらに知名度の低い、「知っている人しか知らない」指揮者だったからだ。この楽団は常に変化を求め、一世代下の指揮者を連れてくるのが伝統だ。

ラトルはというと、二〇一五年三月に、「最後の仕事」として二〇一七／一八シーズンからロンドン交響楽団の音楽監督に就くと発表した。最後の一シーズンは二つの楽団の監督を兼任することになった。

港町リヴァプールで生まれ育ち、工業都市バーミンガムで頭角を現した指揮者は、ベルリンに寄った後、首都ロンドンへ辿《たど》り着いたのだ。

ロンドン交響楽団は一九〇四年に創立された、イギリス初の、楽団員による自主運営の楽団だった。最初の首席指揮者はハンス・リヒターで、以後十年ごとくらいに交代していくが、歴代の首席指揮者の中にはニキシュとアバドもいる。ラトルの前任はロシアのヴァレリー・ゲルギエフだった。

ラトルのロンドン交響楽団首席指揮者の任期は二〇一七年九月に始まった。ロンドンのバービカン・ホールでの就任演奏会は、ヘレン・グライムのファンファーレで始まり、トーマス・アデス《アシュラ》、ハリソン・バートウィッスルのヴァイオリン協奏曲（独奏・クリスティアン・テツラフ）、オリヴァー・ナッセンの交響曲第三番と続いて、最後がエルガー《エニグマ変奏曲》だった。有名なのはエルガーくらいで、ほかはかなりコアな音楽ファンでなければ知らないだろう。これがラトルらしさだった。

ベルリンでの首席指揮者としての最後の演奏会は二〇一八年六月二十日で、曲は、ラトルが最初にこの楽団を指揮した一九八七年十一月十五日と同じ、マーラーの交響曲第六番だった。

しかし、これで最後ではない。以後もラトルは客演指揮者としてベルリン・フィルハーモニーを指揮する。

ラトルの物語はまだ終わっていない。二〇二〇年で六十五歳。トスカニーニがNBC交響楽団を引き受けた時よりも若い。

あとがき

十人のうち、トスカニーニ、ワルター、フルトヴェングラー、カラヤンの四人は、好き嫌いは別として、「十大指揮者」のひとりとするのに異論のある人はいないと思う。あとの六人も、トップ50には入ると思う。そのなかから、選んだつもりだ。

十人は、師弟、先輩・後輩、友人、ライバルなど何らかの関係があるが、ムラヴィンスキーだけは、他の指揮者との関係がない。群れようとしない当人の気質もあるだろうが、ソ連という閉ざされた国に生きていたからだ。

最初の三人、トスカニーニ、ワルター、フルトヴェングラーの物語は、ひとつの大きな物語を異なる角度から見たものでもある。彼らは地球を西に東に、ときには南半球にまで移動していたが、二十世紀前半までの「音楽界」は狭い世界で、みな「知り合い」だった。それゆえ、濃い人間関係がそこにはある。

二十世紀前半の時点で、クラシック音楽はとっくに商業化されていたが、それでもまだ「藝術」の面が強く、彼らは偉大な藝術家として社会からリスペクトされ、偉大な人物として振る舞うことも期待された。それゆえ、ときの権力者からも利用、あるいは敵視された。

二十世紀の三大発明と言っていい航空機、放送、レコードは世紀の前半に実用化が始まり、戦争にも利用され、第二次世界大戦後に飛躍的に発達した。この三大発明は音楽界をも変え、「クラシック音楽」は時間と空間を飛び越えて拡散した。音楽家はヨーロッパとアメリカ、アジアを飛びまわり、本人が移動しなくても、その音楽は電波に乗って世界で同時に聴けるようになり、レコードによって「過去の名演」を家庭で聴けるようになった。

衣食住が満ち足りた先進国では、一九六〇年代に大衆教養主義時代を迎え、クラシックは必須《ひっす》アイテムとなった。この時代の象徴がカラヤンであり、バーンスタインだ。しかし東西冷戦が終結すると、なぜか大衆教養主義も終焉《しゅうえん》し、クラシック音楽の知識は社会人としての必須アイテムではなくなった。

一九六〇年代・七〇年代は「カラヤン」という名を知らないのは社会人として恥ずかしいことだったが、二十一世紀初頭、「アバド」「ラトル」を知っているのは、「変わった趣味の人」になってしまった。

「世界的指揮者」はいまも何人もいて、音楽の世界への影響力はあったとしても、世の中全体を動かすことはない。いまの藝術家には、トスカニーニやワルター、フルトヴェングラーが直面したような危機はなく、苦悩もない。それはそれでいいことなのかもしれない。

「十大指揮者」を書くことになり、十人は決まったものの、さて、どういうことを書こうかと、明確な方針というかテーマを見出《みいだ》せないまま、何人か書いたところで、編集者の菊地悟氏が「まさに人間交差点ですね」との感想をメールでくれ、ああ、そうだったのかと分かり、以後は書きやすくなった。「相互に関連する著名な人物たちの列伝」が、結果とし、この本のコンセプトとなった。

バーンスタインまでの七人については、これまで何冊かの本に書いてきた。『世界の10大オーケストラ』『戦争交響楽――音楽家たちの第二次世界大戦』『冷戦とクラシック――音楽家たちの知られざる闘い』『カラヤンとフルトヴェングラー』『カラヤン帝国興亡史』などで、興味のある方は、手にしていただけると、ありがたい。

主な参考文献

■トスカニーニ
『トスカニーニ　大指揮者の生涯とその時代』山田治生著（アルファベータ）
『トスカニーニ　生涯と芸術』ハワード・タウブマン著、渡辺暁雄訳（東京創元社）
『トスカニーニの時代』ハーヴェイ・サックス著、高久暁訳（音楽之友社）
『身近で見たマエストロ　トスカニーニ』サミュエル・チョツィノフ著、石坂廬訳（アルファベータブックス）
『トスカニーニ　指揮者の最高峰』河出書房新社編集部編（河出書房新社）
『Toscanini』Harvey Sachs 著（Harper & Row）
『Toscanini: Musician of Conscience』Harvey Sachs 著（Liveright Pub Corp; Reprint）
『Arturo Toscanini: The NBC Years』Mortimer H. Frank 著（Amadeus Press）

■ワルター
『ブルーノ・ワルター　音楽に楽園を見た人』エリック・ライディング、レベッカ・ペチェフスキー著、高橋宣也訳（音楽之友社）
『主題と変奏　ブルーノ・ワルター回想録』ブルーノ・ワルター著、内垣啓一・渡辺健訳（白水社）
『音楽と演奏』ブルーノ・ワルター著、渡辺健訳（白水社）
『ブルーノ・ワルターの手紙』ブルーノ・ワルター著、ロッテ・ワルター・リント編、土田修代訳

（白水社）
『マーラー 人と芸術』ブルーノ・ワルター著、村田武雄訳（音楽之友社）
『ブルーノ・ワルター 人と芸術』「音楽現代」編（芸術現代社）
『ブルーノ・ワルター』宇野功芳編（音楽之友社）
『名指揮者ワルターの名盤駄盤』宇野功芳著（講談社プラスアルファ文庫）
『マーラー 輝かしい日々と断ち切られた未来』前島良雄著（アルファベータ）

■フルトヴェングラー

『巨匠フルトヴェングラーの生涯』ヘルベルト・ハフナー著、最上英明訳（アルファベータ）
『フルトヴェングラー 悪魔の楽匠』サム・H・白川著、藤岡啓介・加藤功泰・斎藤静代訳（アルファベータ）
『フルトヴェングラー 音楽と政治』クルト・リース著、八木浩・芦津丈夫訳（みすず書房）
『巨匠フルトヴェングラー ナチ時代の音楽闘争』フレート・K・プリーベルク著、香川檀・市原和子訳（音楽之友社）
『ヴィルヘルム・フルトヴェングラー 権力と栄光』ジェラール・ジュファン著、下澤和義訳（音楽之友社）
『フルトヴェングラーの生涯』ハンス・フーベルト・シェンツェラー著、喜多尾道冬訳（音楽之友社）
『フルトヴェングラー 時空を超えた不滅の名指揮者』レコード芸術・別冊（音楽之友社）
『フルトヴェングラーのコンサート』山下山人著（アルファベータブックス）

『フルトヴェングラー　グレート・レコーディングズ』ジョン・アードイン著、藤井留美訳（音楽之友社）
『音楽ノート』ヴィルヘルム・フルトヴェングラー著、芦津丈夫訳（白水社）
『音楽を語る』ヴィルヘルム・フルトヴェングラー著、門馬直美訳（河出文庫）
『音と言葉』フルトヴェングラー著、芳賀檀訳（新潮文庫）

■ミュンシュ
『指揮者という仕事』シャルル・ミュンシュ著、福田達夫訳（春秋社）
『CHARLES MUNCH』D. Kern Holoman 著（OXFORD UNIVERSITY PRESS）

■ムラヴィンスキー
『ムラヴィンスキー　高貴なる指揮者』グレゴール・タシー著、天羽健三訳（アルファベータ）
『評伝エヴゲニー・ムラヴィンスキー』ヴィターリー・フォミーン著、河島みどり監訳（音楽之友社）
『ムラヴィンスキーと私』河島みどり著（草思社）
『ムラヴィンスキー　楽屋の素顔』西岡昌紀著（リベルタ出版）
『恐怖政治を生き抜く　女傑コロンタイと文人ルナチャルスキー』鈴木肇著（恵雅堂出版）
『世界初の女性大使　A・M・コロンタイの生涯』ミハイル・アレーシン著、渡辺温子訳（東洋書店）
『ショスタコーヴィチ　ある生涯』ローレル・E・ファーイ著、藤岡啓介・佐々木千恵訳（アルフ

ァベータ）

『ショスタコーヴィチ』千葉潤著（音楽之友社）

■カラヤン

『カラヤン全軌跡を追う』音楽之友社編（音楽之友社）

『ヘルベルト・フォン・カラヤン』リチャード・オズボーン著、木村博江訳（白水社）

『カラヤン　栄光の裏側に』ローベルト・C・バッハマン著、横田みどり訳（音楽之友社）

『カラヤン　自伝を語る』フランツ・エンドラー記、吉田仙太郎訳（白水社）

『カラヤン　帝王の光と影』ロジャー・ヴォーン著、堀内静子訳（時事通信社）

『カラヤンの生涯』フランツ・エンドラー著、高辻知義訳（福武書店）

『カラヤン調書』クラウス・ラング著、村上彩訳（アルファベータ）

『カラヤンの遺言』リチャード・オズボーン著、高橋伯夫訳（JICC出版局）

『カラヤンとウィーン国立歌劇場』フランツ・エンドラー他著、浅野洋訳（アルファベータ）

『カラヤンとともに生きた日々』エリエッテ・フォン・カラヤン著、松田暁子訳（アルファベータ）

『カラヤンとフルトヴェングラー』中川右介（幻冬舎新書）

『カラヤン帝国興亡史』中川右介（幻冬舎新書）

■バーンスタイン

『バーンスタインの生涯』ハンフリー・バートン著、棚橋志行訳（福武書店）

『レナード・バーンスタイン』ジョーン・パイザー著、鈴木主税訳（文藝春秋）
『レナード・バーンスタイン』ポール・マイヤーズ著、石原俊訳（アルファベータ）
『バーンスタイン　わが音楽的人生』レナード・バーンスタイン著、岡野弁訳（作品社）
『レナード・バーンスタイン　ザ・ラスト・ロング・インタビュー』ジョナサン・コット著、山田治生訳（アルファベータ）
『写真集レナード・バーンスタイン』（アルファベータ）

■アバド

『アッバード、ベルリン・フィルの挑戦』リディア・ブラマーニ編、辻野志穂訳（音楽之友社）
『写真集ベルリン・フィルハーモニーとクラウディオ・アバド』（アルファベータ）
『クラウディオ・アバド』ONTOMO CD BOOKS Artist Series 1（音楽之友社）

■小澤

『音楽の旅人　ある日本人指揮者の軌跡』山田治生著（アルファベータ）
『ボクの音楽武者修行』小澤征爾（新潮文庫）
『おわらない音楽　私の履歴書』小澤征爾著（日本経済新聞出版社）
『指揮者を語る　音楽と表現』小澤征爾著、１００年インタビュー制作班編（ＰＨＰ研究所）
『やわらかな兄　征爾』小澤幹雄著（光文社知恵の森文庫）
『音楽』小澤征爾・武満徹著（新潮文庫）
『小澤征爾さんと、音楽について話をする』小澤征爾・村上春樹著（新潮文庫）

『山本直純と小澤征爾』柴田克彦著（朝日新書）
『小澤征爾 覇者の法則』中野雄著（文春新書）
『小澤征爾とウィーン』音楽之友社編（音楽之友社）
『満州ラプソディ 小澤征爾の父・開作の生涯』江宮隆之著（河出書房新社）
『時の光の中で──劇団四季主宰者の戦後史』浅利慶太著（文春文庫）
『わが人生の時の人々』石原慎太郎著（文春文庫）

■ラトル

『サイモン・ラトル ベルリン・フィルへの軌跡』ニコラス・ケニヨン著、山田真一訳（音楽之友社）
『Rattle at the Door: Sir Simon Rattle and the Berlin Philharmonic 2002 to 2008』Angela Hartwig著・編（Evrei-Verlag）

■指揮者

『マエストロ』全3巻、ヘレナ・マテオプーロス著、石原俊訳（アルファベータ）
『偉大な指揮者たち 指揮の歴史と系譜』ハロルド・C・ショーンバーグ著、中村洪介訳（音楽之友社）
『指揮台の神々 世紀の大指揮者列伝』ルーペルト・シェトレ著、喜多尾道冬訳（音楽之友社）
『新世代の8人の指揮者』フィリップ・ハート著、木村英二訳（音楽之友社）
『偉大なる指揮者たち トスカニーニからカラヤン、小澤、ラトルへの系譜』クリスチャン・メル

ラン著、神奈川夏子訳（ヤマハミュージックメディア）
『巨匠《マエストロ》神話――だれがカラヤンを帝王にしたのか』ノーマン・レブレヒト著、河津一哉・横佩道彦訳（文藝春秋）
『指揮者とオーケストラ　2002』（音楽之友社）
『戦争交響楽　音楽家たちの第二次世界大戦』中川右介著（朝日新書）
『冷戦とクラシック　音楽家たちの知られざる闘い』中川右介著（NHK出版新書）

■オーケストラ、歌劇場、音楽祭

『ベルリン・フィル　あるオーケストラの自伝』ヘルベルト・ハフナー著、市原和子訳（春秋社）
『ベルリン・フィル　その歴史秘話』菅原透著（アルファベータ）
『世界最高のオーケストラ　ベルリン・フィル』アンネマリー・クライネルト著、最上英明訳（アルファベータ）
『第三帝国のオーケストラ　ベルリン・フィルとナチスの影』ミーシャ・アスター著、松永美穂・佐藤英訳（早川書房）
『ベルリン・フィル物語』ヴェルナー・エールマン著、福原信夫訳（立風書房）
『ベルリン三大歌劇場　激動の公演史』菅原透著（アルファベータ）
『栄光のウィーン・フィル』オットー・シュトラッサー著、ユリア・セヴェラン訳（音楽之友社）
『音楽祭の社会史　ザルツブルク・フェスティヴァル』スティーヴン・ギャラップ著、城戸朋子・小木曾俊夫訳（法政大学出版局）
『イスラエル・フィル誕生物語』牛山剛著、深沢聡子協力（ミルトス）

『N響80年全記録』佐野之彦著（文藝春秋）
『ヒトラーとバイロイト音楽祭　ヴィニフレート・ワーグナーの生涯』ブリギッテ・ハーマン著、鶴見真理訳、吉田真監修（アルファベータ）
『第三帝国と音楽家たち　歪められた音楽』マイケル・H・ケイター著、明石政紀訳（アルファベータ）
『世界の10大オーケストラ』中川右介著（幻冬舎新書）

<写真>

第1章　GRANGER.COM/アフロ
第2章　アフロ
第3章　アフロ
第4章　Mary Evans Picture Library/アフロ
第5章　Mary Evans Picture Library/アフロ
第6章　IMAGNO/アフロ
第7章　AP/アフロ
第8章　IMAGNO/アフロ
第9章　The New York Times/アフロ
第10章　ロイター/アフロ

本書は書き下ろしです。

至高《しこう》の十大指揮者《じゅうだいしきしゃ》

中川右介《なかがわゆうすけ》

令和2年 1月25日 初版発行
令和6年 12月5日 4版発行

発行者●山下直久

発行●株式会社KADOKAWA
〒102-8177 東京都千代田区富士見2-13-3
電話 0570-002-301(ナビダイヤル)

角川文庫 22012

印刷所●株式会社KADOKAWA
製本所●株式会社KADOKAWA

表紙画●和田三造

●お問い合わせ
https://www.kadokawa.co.jp/ (「お問い合わせ」へお進みください)
※内容によっては、お答えできない場合があります。
※サポートは日本国内のみとさせていただきます。
※Japanese text only

ISBN 978-4-04-400475-0 C0173

角川文庫発刊に際して

角川源義

第二次世界大戦の敗北は、軍事力の敗北であった以上に、私たちの若い文化力の敗退であった。私たちの文化が戦争に対して如何に無力であり、単なるあだ花に過ぎなかったかを、私たちは身を以て体験し痛感した。西洋近代文化の摂取にとって、明治以後八十年の歳月は決して短かすぎたとは言えない。にもかかわらず、近代文化の伝統を確立し、自由な批判と柔軟な良識に富む文化層として自らを形成することに私たちは失敗して来た。そしてこれは、各層への文化の普及滲透を任務とする出版人の責任でもあった。

一九四五年以来、私たちは再び振出しに戻り、第一歩から踏み出すことを余儀なくされた。これは大きな不幸ではあるが、反面、これまでの混沌・未熟・歪曲の中にあった我が国の文化に秩序と確たる基礎を齎らすためには絶好の機会でもある。角川書店は、このような祖国の文化的危機にあたり、微力をも顧みず再建の礎石たるべき抱負と決意とをもって出発したが、ここに創立以来の念願を果すべく角川文庫を発刊する。これまで刊行されたあらゆる全集叢書文庫類の長所と短所とを検討し、古今東西の不朽の典籍を、良心的編集のもとに、廉価に、そして書架にふさわしい美本として、多くのひとびとに提供しようとする。しかし私たちは徒らに百科全書的な知識のジレッタントを作ることを目的とせず、あくまで祖国の文化に秩序と再建への道を示し、この文庫を角川書店の栄ある事業として、今後永久に継続発展せしめ、学芸と教養との殿堂として大成せんことを期したい。多くの読書子の愛情ある忠言と支持とによって、この希望と抱負とを完遂せしめられんことを願う。

一九四九年五月三日

角川ソフィア文庫ベストセラー

クラシック音楽の歴史　中川右介

人物や事件、概念、専門用語をトピックごとに解説。時間の流れ順に掲載しているため、通して読めば流れも分かる。グレゴリオ聖歌から二十世紀の映画音楽まで。「クラシック音楽」の学び直しに最適な1冊。

ジャズの歴史物語　油井正一

ジャズはいかなる歴史を歩んだのか。そして、挫折と栄光に彩られた、巨人たちの人生の物語とは──。ジャズ評論に生涯をささげ、草分けとして時代の熱情を見つめてきた第一人者が描き出す、古典的通史。

音楽入門　伊福部　昭

真の美しさを発見するためには、教養と呼ばれるものを否定する位の心がまえが必要です──。日本に根ざす作品世界を追求し、「ゴジラ」の映画音楽でも知られる作曲家が綴る、音楽への招待。解説・鷺巣詩郎

落語名作200席（上）　京須偕充

「子別れ」「紺屋高尾」「寿限無」「真景累ヶ淵」ほか、寄席や口演会で人気の噺を厳選収録。演目別に筋書や会話、噺のサゲ、噺家の十八番をコンパクトにまとめる極上の落語ガイドブック。上巻演目【あ〜さ行】。

落語名作200席（下）　京須偕充

「文七元結」「千早振る」「時そば」「牡丹灯籠」ほか、落語の人気演目を厳選収録。圓生、志ん朝、小三治など、名人の落語を世に送り出した名プロデューサーならではの名解説が満載。下巻演目【た〜わ行】。

角川ソフィア文庫ベストセラー

落語ことば・事柄辞典
榎本滋民 編／京須偕充

落語を楽しむ616項目を、時・所・風物／金銭・暮らし・衣食住／文化・芸能・娯楽／男と女・遊里・風俗／武家・制度・罪／心・体・霊・異の6分野、五十音順に配列して解説。豊富な知識満載の決定版。

増補版 歌舞伎手帖
渡辺 保

上演頻度の高い310作品を演目ごとに紹介。歌舞伎評論の第一人者ならではの視点で、「物語」「みどころ」「芸談」など、項目別に解説していく。観劇前の予習用にも最適。一生使える、必携の歌舞伎作品事典。

歌舞伎 型の魅力
渡辺 保

「型の芸術」といわれる歌舞伎。鬘（かつら）、衣裳、台本、せりふほか「型」は役を大きく変える。歌舞伎評論の泰斗が16の演目について、型の違いと魅力、役者ごとの演技を探求。歌舞伎鑑賞のコツをつかめる！

女形とは
名女形 雀右衛門
渡辺 保

なぜ男性が女性を演じるのか。その美しさはどこから来るのか？ 名女形・中村雀右衛門の当たり芸を味わいながら、当代一流の劇評家が、歌舞伎における女形の役割と魅力を平易に読み解き、その真髄に迫る。

能のドラマツルギー
友枝喜久夫仕舞百番日記
渡辺 保

盲目の名人・友枝喜久夫の繊細な動きの数々に目をとめ、そこに込められた意味や能の本質を丁寧に解説。舞台上の小さな所作に秘められたドラマと、ひとりの名人の姿をリアルに描き出す、刺激的な能楽案内。

角川ソフィア文庫ベストセラー

浮世絵鑑賞事典
高橋克彦

歌麿、北斎、広重をはじめ、代表的な浮世絵師五九人を名品とともにオールカラーで一挙紹介！　生い立ちや特徴、絵の見所はもちろん技法や判型、印の変遷など豆知識が満載。直木賞作家によるユニークな入門書。

パリ、娼婦の館
メゾン・クローズ
鹿島　茂

19世紀のパリ。赤いネオンで男たちを誘う娼婦の館があった。男たちがあらゆる欲望を満たし、ときに重要な社交場になった「閉じられた家」。パリの夜の闇にとける娼館と娼婦たちの世界に迫る画期的文化論。

パリ、娼婦の街
シャン＝ゼリゼ
鹿島　茂

シャンゼリゼ、ブローニュの森、アパルトマン。資本主義の発達と共に娼婦たちが街を闊歩しはじめた。あらゆる階層の男と関わり、社会の縮図を織りなす私娼の世界。19世紀のパリを彩った欲望の文化に迫る。

乳房の神話学
ロ　ミ
訳・解説／高遠弘美

稀代の趣味人にして大収集家・ロミ。彼が集めたポスターや絵画など莫大な資料とともに、あっと驚く乳房表象の歴史をたどる。古来人々が乳房に見てきたものは、豊饒か、禁忌か……空前絶後の乳房学大全！

ALL ABOUT COFFEE
コーヒーのすべて
ウィリアム・H・ユーカーズ
訳・解説／山内秀文

歴史・文化・経済・技術ほか、コーヒーに関するあらゆる分野を網羅した空前絶後の大著『ALL ABOUT COFFEE』を、本邦初で文庫化！　コーヒー史を外観する、愛飲家垂涎の新たなバイブル、ここに誕生！

角川ソフィア文庫ベストセラー

麺の歴史
ラーメンはどこから来たか
奥村彪生
監修／安藤百福

「チキンラーメン」生みの親の安藤百福と、日本の伝承料理研究家の奥村彪生がラーメンのルーツを解き明かす！ 経済、文化、歴史……多様な視点で、現在に至るまでの世界の麺食文化のすべてを描き尽くす。

マメな豆の話
世界の豆食文化をたずねて
吉田よし子

醤油や味噌、豆腐に納豆……こんなに豆料理があるのは日本だけと思いがちだが、世界の豆食文化も凄かった！ 多彩な豆食文化を求め中国・インド・東南アジア・中南米を探査。人間の知恵と豆のパワーに迫る。

ジャパノロジー・コレクション
妖怪 YOKAI
監修／小松和彦

北斎・国芳・芳年をはじめ、有名妖怪絵師たちが描いた妖怪画100点をオールカラーで大公開！ 古くから描かれてきた妖怪画の歴史は日本人の心性の歴史でもある。魑魅魍魎の世界へと誘う、全く新しい入門書。

ジャパノロジー・コレクション
和菓子 WAGASHI
藪　光　生

季節を映す上生菓子から、庶民の日々の暮らしに根ざした花見団子や饅頭まで、約百種類を新規に撮り下ろし、オールカラーで紹介。その歴史、意味合いや技などもわかりやすく解説した、和菓子ファン必携の書。

ジャパノロジー・コレクション
根付 NETSUKE
駒　田　牧　子
監修／渡邊正憲

わずか数センチメートルの小さな工芸品・根付。仏像彫刻等と違い、民の間から生まれた日本特有の文化である。動物や食べ物などの豊富な題材、艶めく表情など、日本人の遊び心と繊細な技術を味わう入門書。

角川ソフィア文庫ベストセラー

角川ソフィア文庫ベストセラー

少年の憂鬱
千夜千冊エディション
松岡正剛

失ったものを追いつつ、無謀な冒険に挑む絶対少年たち。長じた大人たちはそれをどのように振り返り、どんな物語にしていったのか。かつての妄想と葛藤を描いた名著・名作が、次から次へと案内される。

面影日本
千夜千冊エディション
松岡正剛

『枕草子』、西行、定家、心敬などの日本を代表する文筆・詩歌や、浦島太郎や桃太郎などの昔話の不思議、枕詞や連歌のスキルなどから、日本の内外にうつろう面影を堪能する。キーワードは「常世、鳥居、正月、翁、稜威」。

理科の教室
千夜千冊エディション
松岡正剛

蝶、カブトムシ、化石、三葉虫、恐竜、電気。子どものときは大好きだった理科。いつのまに物理は苦手、とか言うようになったのか。かつて理科室でわくわくしていた文系人間がすらすら読める愉快な一冊!

感ビジネス
千夜千冊エディション
松岡正剛

グローバルな仕事のしくみを論じてから、感覚的にビジネスをとらえた本を厳選。仕事とはそもそもどういうものか。かつての合理主義を切り捨て、センスを重視した、仕事人すべてにとって気になる話題が満載。

芸と道
千夜千冊エディション
松岡正剛

日本の芸事は琵琶法師や世阿弥や説経節から始まった。そこから踊りも役者も落語も浪曲も派生した。世阿弥、円朝、森繁、山崎努……この一冊に、それぞれの道を極めた芸道名人たちの「間」が躍る。